LES FRICHES DANS LE MASSIF CENTRAL

MYTHES ET RÉALITÉS

LES FRICHES DANS LE MASSIF CENTRAL

MYTHES ET RÉALITÉS

Centre d'Etudes et de Recherches Appliquées au Massif Central,
à la moyenne montagne et aux espaces fragiles

CERAMAC
Maison de la Recherche, 4 rue Ledru
63057 Clermont-Ferrand Cedex 1

La publication de cet ouvrage n'aurait pu avoir lieu sans le travail de mise en page de Mme Frédérique Van Celst, technicienne du CERAMAC.

La friche engendre de multiples fantasmes : la marginalité, l'abandon social, le « désert » et, au bout du compte, la mort des territoires gagnés à l'agriculture par la sueur de générations paysannes. Cette « lèpre » du paysage retient toute l'attention d'une partie de l'opinion publique, alertée par des articles et des émissions à sensation dénonçant une « France en friches ». Les agriculteurs sont accusés. Mauvais fils envers une nature par définition généreuse, ils ne parviendraient plus à entretenir les finages. Et beaucoup se sentent coupables et ont tendance à occulter ou à cacher les parcelles plus ou moins abandonnées.

Les hautes terres du Massif central sont au cœur du débat. La moyenne montagne a du mal à suivre le rythme infernal imposé par la course à la productivité et la concurrence interrégionale. L'avantage comparatif ne s'établit pas en sa faveur. Si les « reprises » sont insuffisantes, la « déprise » n'est jamais loin. Champs et pâtures délaissés se couvrent de friches.

Les idées générales correspondent-elles aux réalités de terrain ? Rien n'est moins sûr. Seules de minitieuses enquêtes permettent de départager ceux qui soutiennent que la friche envahit peu à peu des campagnes sans hommes et ceux qui, au contraire, estiment que le phénomène est tout compte fait limité. Il est donc indispensable de bien définir d'abord ce que l'on entend par friche, de quantifier l'étendue de la déprise, de s'interroger sur les causes et de souligner les différences spatiales à l'intérieur même du Massif central.

Soutenus financièrement par des crédits du FEOGA (1998-2000), encouragés par la DATAR et le Commissariat à l'Aménagement et au Développement du Massif central, les géographes du Centre d'Etudes et de Recherches Appliquées au Massif Central, à la moyenne montagne et aux espaces fragiles (CERAMAC) se sont attelés à cette tâche en élaborant une méthodologie et en encadrant des étudiants qui ont effectué des enquêtes de terrain approfondies. Les documents peuvent être

consultés dans leur intégralité au Département de géographie de l'Université Blaise Pascal. Il s'agit de :

• S. BOUCHET, *Déprise et risques de déprise en Margeride et Aubrac lozérien* (mémoire de maîtrise), 175 p. + 1 volume annexe de 112 p.

• D. CHAMOULAUD, *Friches et enfrichement dans quatre communes du nord-ouest cantalien* (mémoire de maîtrise), 156 p.

• J.L. ETIEN, *La déprise agricole en montagne bourbonnaise : état des lieux et perspectives. L'exemple de la commune de Saint-Clément* (mémoire de DEA), 139 p.

• M. LEGAY, *Les risques de déprise territoriale de l'agriculture dans les monts du Forez, l'exemple du canton de Noirétable (Loire)*, mémoire de maîtrise), 138 p.

• L. MONTMAIN, *Friches et enfrichement dans deux communes des monts du Beaujolais et des monts du Lyonnais* (mémoire de DEA), 143 p. + 1 volume annexe de 46 p.

• A. TEUMA, *Les risques de déprise territoriale de l'agriculture du Haut Limousin, l'exemple du canton de Gentioux-Pigerolles (Creuse)* (mémoire de maîtrise), 144 p. + annexes.

• J. WIART, *Déprise et risques de déprise sur le Causse Noir et dans le massif de l'Aigoual* (mémoire de maîtrise), 325 p. + 1 volume annexe non paginé.

Les résultats de l'ensemble des travaux ont été présentés et discutés lors d'un séminaire tenu avec les équipes de l'INRA, du CEMAGREF, et de l'ENITA qui collaborent dans l'axe de recherche « Territoires ruraux sensibles ».

Cet ouvrage rassemble les conclusions essentielles de cette étude. Il s'organise en trois parties :

• Des aspects généraux touchant au Massif central et aux montagnes françaises en général.
• Des études de cas.
• Des entrées particulières sur une thématique spécifique.

LES CAUSES FONDAMENTALES
D'UN INÉGAL DÉVELOPPEMENT DE LA FRICHE

LA FRICHE DANS LE MASSIF CENTRAL

DU CONSTAT À L'ESSAI EXPLICATIF

J.P. DIRY, C. MIGNON
CERAMAC, Université Blaise Pascal, Clermont-Ferrand II

I – LA DIFFICILE MESURE DE LA FRICHE

A – Une problématique complexe

L'étude de la « friche » constitue l'exemple même de la thématique pluridisciplinaire pouvant être appréhendée par plusieurs « entrées », les unes relevant des sciences naturelles, les autres des sciences humaines et sociales.

Le point de vue qui a été privilégié dans cette approche est celui du **géographe**, ce qui revient donc à insister sur la dimension anthropique et sur le jeu des acteurs contemporains qu'ils soient endogènes ou exogènes par rapport à l'espace considéré, sans négliger pour autant le milieu naturel. Cependant, ce milieu naturel n'impose pas ses « *conditions* » *une fois pour toute. Ses* « *avantages* » *ou ses* « *inconvénients* » sont relatifs. Il n'existe pas de « vocations » spécifiques : tout dépend en fait des techniques et de leur évolution, des exigences des forces économiques locales ou globales, des demandes sociales, l'ensemble de ces variables étant à l'origine de dynamiques spatiales qui sont l'objet même de la géographie.

Le Massif central, dans la seconde moitié du XIXe siècle, a été plein d'hommes. Dans le cadre d'une économie agricole encore peu ouverte, la surpopulation et la nécessité absolue de produire des vivres ont poussé les défrichements à leur paroxysme, la forêt étant probablement réduite à un minimum absolu depuis l'âge des premières cultures. En un siècle, sous l'effet de mutations économiques et sociales aujourd'hui bien analysées, le processus s'est radicalement inversé. L'espace agricole s'est contracté, la forêt a reconquis une partie du terrain perdu sous l'effet de la pression démographique. Le Massif central n'est plus la « tête chauve » de la France.

La révolution technique agricole des années 1950 et 1960 a sans aucun doute amplifié la tendance. Comme toutes les montagnes, le Massif central a pâti d'un milieu naturel alourdissant les coûts de production, handicap majeur dans une économie de marché. Lorsque, dans les années 1980, la surproduction globale des pays développés a exacerbé la concurrence interrégionale et a conduit à imaginer des solutions autoritaires, on a pu craindre que la sélection des espaces s'exerce tout d'abord au détriment des hautes terres et que faute de repreneur, le foncier libéré par la disparition des agriculteurs âgés, se couvre de « friches » avant d'être submergé par le manteau forestier. Or, la friche a mauvaise réputation. Elle est signe d'abandon et bientôt de mort. Elle suscite crainte et rejet car « *la conception d'un paysage campagnard* [...], *propre, tenu, fait intimement partie de notre culture* » (Derioz, 1994). Renoncer à des terroirs pouvant être cultivés aurait en somme quelque chose de malsain, de « contre nature », voire de sacrilège dans un pays qui, depuis des siècles, a manqué de terres. On comprend le débat des années 1980 amplifié par les projections alarmistes de certains. Les media s'étant emparés de l'affaire, les affirmations sans le moindre début de preuve, les simplifications en tout genre, se sont multipliées. Or, la « déprise » est au contraire un phénomène extrêmement complexe qui conduit à poser cinq questions :

• Qu'est-ce que la friche ?
• Où se localise-t-elle ?
• Pourquoi une telle géographie ?
• Quelles sont les dynamiques contemporaines ?
• Quelles sont les perspectives d'avenir ?

B – La déprise : essai de définition

La définition du terme « friches » a varié dans le temps et dans l'espace et aux réalités objectives (la composition du tapis végétal et son évolution), s'ajoute une perception par les uns et par les autres qui n'est pas toujours dénuée d'arrière-pensées. P. Marty, dans un article fort éclairant sur les Hautes Fagnes belges et le Lévezou, montre bien comment les landes parfaitement intégrées au système agricole traditionnel ont été, avec les révolutions agricoles, considérées d'un autre œil, et destinées à d'autres usages. « *A la veille de la guerre, le sort en est jeté, la lande est une friche (ou si elle ne l'est pas encore, elle est perçue comme telle) et ne manquent que les moyens pour y transférer les activités et le paysage du progrès moderne* », entendons par là le reboisement – en 1950, les sept neuvièmes des Hautes Fagnes ont été drainées et enrésinées – ou la mise en culture et donc le « défrichement » qui grignote les parcours jusqu'à les faire quasiment disparaître (le Lévezou après 1960).

Cet exemple souligne l'ambiguïté des termes. Dans un dictionnaire récent, la friche est une « *terre inculte et non travaillée* ». Les précisions suivantes sont ajoutées : « *la friche est appropriée mais elle n'est pas exploitée et se trouve hors assolement soit en raison du manque de main-d'œuvre, soit parce que son exploitation n'est pas estimée rentable, soit encore en raison de stratégies d'attente, ne pas confondre avec le jachère... En fait, la friche, en dépit de son nom, correspond souvent à une terre jadis défrichée, mais abandonnée depuis un certain temps. La multiplication locale des friches est un signe de déprise. Elle peut être entraînée par l'intensification de la culture et l'élévation de la productivité provoquant la surproduction et le « gel des terres » dans la politique agricole commune de l'Europe occidentale* ». On arrive donc, à travers la définition proposée à la confusion la plus totale. Est friche ce qui n'est pas travaillé, hors assolement... ce qui sous-entend donc que les landes, terrains de parcours, voire les « prairies naturelles » sont des friches ! Mais cette acception est corrigée puisque la friche « *n'est pas exploitée* » ; elle est « *abandonnée* » (par qui ?) depuis un certain temps. Elle semble donc « *hors agriculture* ». Coup de grâce final : le gel des terres est assimilé à la friche ! (*Les Mots de la Géographie*, p. 208).

Les chercheurs ou les professionnels qui ont sérieusement réfléchi à la question ont eux aussi du mal à s'accorder sur une définition et doivent constamment introduire des nuances.

« *La **déprise agricole** est une moindre exploitation des espaces cultivés ou pâturés pouvant conduire à un abandon partiel ou total des terres au profit de la **friche** ou de tout autre occupations et utilisation de l'espace* » (Chambre d'agriculture du Rhône et Conseil général du Rhône, 1993, p. 5).

« *La **friche** est une zone improductive qui a connu à un moment l'intervention humaine mais qui n'est plus exploitée depuis un temps suffisamment long pour que l'embroussaillement commence à s'opérer sans toutefois que la strate arborée ne soit développée* » (B. Prost, 1991, 4).

« *Un processus de réduction de l'emprise de l'activité agricole sur l'espace, sans apparition d'usages alternatifs* » (J. Baudry, D. Deffontaines, RGA, 1995, 3).

Il est évidemment indispensable de s'accorder sur les définitions employées. Il convient tout d'abord d'opérer une distinction essentielle entre « **contraction de l'espace agricole** » et « **dégradation de l'espace agricole** ». Dans le premier cas, la superficie agricole se réduit sous l'effet de multiples transformations : boisements volontaires, lotissements, zones industrielles, infrastructures de transport, équipements sportifs..., les exploitations agricoles restantes pouvant être parfaitement tenues et le clivage entre agricole et non-agricole rester très net. Dans le second cas, l'espace agricole lui-même est affecté, selon des degrés variables par un entretien insuffisant qui conduit à une colonisation par des végétaux de peu d'utilité agricole, voire franchement nuisibles à tel

Contraction et dégradation de l'espace agricole

1 - Contraction de l'espace agricole

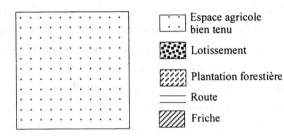

Espace agricole contracté
(mais non dégradé)

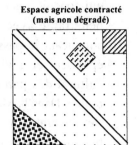

Légende :
- Espace agricole bien tenu
- Lotissement
- Plantation forestière
- Route
- Friche

2 - Dégradation de l'espace agricole

Espace agricole dégradé
(mais non contracté)

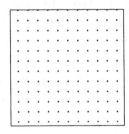

Espaces colonisés par les végétaux non utiles à l'agriculture
Densités plus ou moins fortes

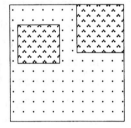

3 - Contraction et dégradation de l'espace agricole

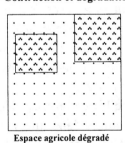

Espace agricole dégradé

Espace agricole contracté
et dégradé

point qu'au bout du compte certaines parcelles peuvent être abandonnées par les paysans. On passe ainsi brutalement ou par transitions successives de la dégradation à la contraction.

On parlera de **friche** lorsque l'espace non affecté par une intervention anthropique depuis longtemps, évolue « naturellement », ce qui conduit à une **fermeture du paysage**, à une végétation difficilement pénétrable avec éventuellement la présence d'arbustes et d'arbres, annonçant le passage à la forêt. En fonction du milieu naturel (pente, épaisseur et qualité du sol, exposition, environnement végétal, passé cultural des parcelles), la transformation végétale est plus ou moins rapide. Dans la Montagne limousine, caractérisée par un climat océanique très favorable à l'arbre, il faut environ un siècle pour qu'à la lande à bruyères abandonnée se substitue la hêtraie climacique. A la place des champs labourés et amendés, il suffit cependant d'une trentaine d'années pour qu'une jeune hêtraie se constitue. En revanche, dans les fonds hydromorphes, les délais sont nettement plus longs : 100 à 150 ans pour qu'une forêt mixte apparaisse (pins sylvestres, chênes, hêtres) et plus de deux siècles pour qu'une hêtraie atteigne son plein développement. Avant le stade forestier, le couvert végétal passera par de multiples étapes intermédiaires allant de l'embroussaillement progressif à la friche. « *Il faut 6 à 10 ans pour qu'une lande sèche délaissée se piquète d'arbustes pionniers (sorbiers des oiseleurs, alisiers), de jeunes arbres (bouleaux, pins sylvestres) et de buissons (genévriers)... A bout de 15 à 20 ans, le piquetage se diversifie sensiblement et s'enrichit en espèces (apparition du chêne)... En 30 ans, la lande... fait place à une friche arborée* » (André, 1995). Toute friche est donc relativement récente, à moins que les sols ne soient extrêmement pauvres ou qu'elle soit maintenue dans une sorte d'équilibre par le pâturage ou par tout autre procédé.

On parlera de **déprise** lorsque des parcelles embroussaillées et donc partiellement entretenues entrent néanmoins dans un système agricole. Elles sont à ce titre encore exploitées. **Un système très extensif conduit, en effet, à prodiguer peu de soins (peu ou pas d'engrais, drainage limité) à certaines parcelles (et en particulier aux prairies pâturées) qui se dégradent** (touffes de joncs, de genêts, ronces...). En fait, ces parcelles sont parfaitement intégrées dans le système agricole et **il suffit de peu de choses** pour inverser la tendance. Un équilibre peut être trouvé, le couvert végétal restant en l'état, mais si, sur la longue durée, la **charge pastorale** est insuffisante ou si l'espace est utilisé temporairement (pâturage durant quelques semaines, abandon total certaines années), l'**embroussaillement** s'accroît : le **processus d'enfrichement** est en route.

C – Une méthode d'étude

1 – Afin d'éviter des généralisations abusives et pour mieux maîtriser le sujet, dans un premier temps, c'est l'échelle du finage qui a été privilégiée. Autrement dit, les observations ont été conduites **au niveau communal**.

2 - L'appréhension de la déprise conduit à prendre en compte des parcelles ayant une morphologie végétale très diverse. Or, les sources dont on dispose actuellement négligent cette variabilité. Le cadastre, les recensements généraux de l'agriculture, les enquêtes TER-UTI, l'inventaire forestier national, les photographies aériennes ou les images Spot – qui n'ont pas été établies dans le but de cerner les friches -, présentent des limites telles que, dans le meilleur des cas, seules des idées générales peuvent être dégagées. La question de l'échelle et l'imprécision dans la description de la couverture végétale, sont les principaux obstacles à l'utilisation de ces documents. Il est inutile de revenir longuement sur les critiques formulées au sujet de ces différentes sources qui, sans être inutiles, ne permettent pas de cerner le phénomène, surtout si l'on travaille à grande échelle (Derioz, 1993).

3 - Il était donc obligatoire d'en revenir, par l'**enquête de terrain, à un recensement exhaustif reposant sur l'état végétal de chaque parcelle et sur l'appréhension visuelle de la part occupée par les plantes « indésirables »** (genêts, ronces, joncs, fougères, ligneux bas, arbres isolés...). L'adjectif peut certes prêter à contestation. Certaines plantes, à première vue, mal venues, sont parfois perçues positivement par les agriculteurs (abri pour animaux, nourriture éventuelle...).

Cependant, il s'agit de cas particuliers. Le mot « indésirable » tend à souligner le contraste avec le modèle classique du champ ou de la prairie parfaitement entretenus.

Par convention, on a considéré qu'un recouvrement de la parcelle par :

- 10 à 50 % de plantes indésirables pour l'agriculture définissait les parcelles « embroussaillées » ;
- 50 à 90 % les parcelles en « voie d'enfrichement » ;
- plus de 90 % « les friches ».

Les enquêteurs munis des feuillets du plan cadastral, réduits au format A3 afin d'en faciliter l'utilisation, ont parcouru la campagne afin de ranger chaque parcelle dans l'une des catégories suivantes, chacune étant dotée d'une couleur :

- champs, prairies naturelles et artificielles parfaitement tenues, sans présence de formations végétales indésirables (bleu) ;
- parcelles dont le couvert végétal indésirable est inférieur à 10 % (jaune) ;
- parcelles dont le couvert végétal indésirable est compris entre 10 et 50 % (orange) ;
- parcelles dont le couvert végétal indésirable est compris entre 50 et 90 % (rose) ;
- parcelles dont le couvert végétal indésirable est supérieur à 90 % (rouge) ;
- plantations forestières (vert foncé) ;
- autres forêts (vert clair) ;
- autres parcelles (zone industrielle, golf...) (noir).

En outre, dans le cas spécifique des Cévennes, il a fallu prendre en compte la châtaigneraie qui peut être entretenue et pâturée, ou à l'inverse abandonnée avec de nombreux stades intermédiaires. Pour Bassurels, les parcelles bien entretenues ont été laissées en blanc et différents dégradés de bleu ont été affectés à la châtaigneraie.

A l'issue de ce travail, il devenait donc possible de procéder à une **cartographie** à plusieurs échelles (feuilles cadastrales, terroirs spécifiques) et ainsi de répondre aux questions sur la localisation des parcelles en déprise et sur l'importance de l'enfrichement (planche 1).

Outre le temps nécessaire pour effectuer les relevés, **la méthode retenue pose au moins trois problèmes**. D'une part, il existe des différences sensibles entre le plan cadastral et les réalités du terrain. Certains chemins ont disparu ; des parcelles ont été réunies et il n'est pas toujours aisé de se repérer. D'autre part, l'appréciation sur le couvert végétal est laissée au jugement de l'observateur. Comment, visuellement, quantifier la couverture végétale de la parcelle ? 48 % ? 52 %. Or, selon le choix retenu, la parcelle est rangée dans telle ou telle catégorie. En outre, la disposition des plantes indésirables est fort variable. Elles peuvent être réparties régulièrement ou bien être concentrées en quelques lieux précis ce qui, évidemment, n'a ni la même signification paysagère, ni surtout les mêmes conséquences économiques. Les parcelles, surtout si elles sont vastes – ainsi sur le Causse Noir – offrent parfois une nette dualité entre une partie boisée ou en voie d'abandon et une autre mieux entretenue. De même, dans la Montagne bourbonnaise, à Saint-Clément, « *Dans la parcelle A 458, qui s'étage entre 650 et 700 m d'altitude et couvre 1 ha 09 a 45 ca, au fur et à mesure que l'on dévale la pente, la végétation devient plus dense, toute la partie inférieure disparaît sous les ronces, les fougères, les genêts et le taillis qui partent à la conquête du haut **encore fauché**. La parcelle C 211 connaît aussi un envahissement prononcé (supérieur à 50 %), mais là à 740 m d'altitude, la pente reste faible. D'énormes blocs de granit se dressent au cœur de ce pré dont la superficie se réduit devant l'avancée des fougères et genêts qui ont écrasé les clôtures* » (Etien, 1999, p. 51). Chaque parcelle est un cas particulier, une réalité extrêmement complexe, à très grande échelle. Enfin, l'ampleur de la tâche imposait la visite d'un nombre restreint de communes ou de partie de communes. On s'est efforcé, à partir d'une connaissance du Massif central acquise depuis longtemps dans ses dimensions naturelles et humaines, de varier les choix et ainsi de souligner la diversité des situations dans ce vaste ensemble hétérogène couvrant près de 15 % du pays. Cependant, si les exemples étudiés permettent de souligner des tendances, des règles générales quant au processus envisagé, il est indispensable de prendre de grandes précautions pour tirer des conclusions générales applicables aux différentes « régions » du Massif.

GRILLE D'INTERPRÉTATION

A – Le milieu naturel

1 – La pente :   1 – Faible   2 – Moyenne   3 – Forte
2 – Qualité agronomique : 1 – Bonne   2 – Moyenne   3 – Médiocre
3 – Accessibilité et distance à l'exploitation :
                    1 – Proche   2 – Moyenne   3 – Eloignée
4 – Environnement écologique :
        1 – Parcelle entourée de terres entretenues
        2 – Situation intermédiaire
        3 – Parcelle entourée de terres boisées et/ou en friche

B – Conditions foncières

5 – Taille de la parcelle : 1 – Grande   2 – Moyenne   3 – Petite
6 – Propriété :   1 – Privée   2 – Collective
7 – Propriété :   1 – Locale agricole 2 – Locale non agricole   3 – Foraine
8 – Faire-valoir :   1 – Direct et fermage   2 – Vente d'herbe

C – Conditions humaines et économiques

9 – Age :   2 - < 50 ans   4 - > 50 ans avec successeur ou repreneur
                6 - > 50 ans sans repreneur
10 – Autres ressources :
1 – Ressources agricoles > aux ressources non agricoles
2 – Ressources agricoles = ressources non agricoles
3 – Ressources agricoles < ressources non agricoles
11 – Nombre d'actifs par exploitation :
        1 – Plus de deux personnes   2 – Deux personnes   3 – Une personne
12 – Besoins en surface selon système de production
        1 – Fort   • lait spécialisé si S < 30 ha
                • viande si S < 50 ha
        2 - Moyen, hors cas 1 et 3, systèmes mixtes à troupeau complémentaire
        3 – Faible • lait si S > 30 ha et charge < 1,1
                • viande si S > 50 ha et charge < 0,8

En dépit de ces obstacles, les résultats obtenus apparaissent satisfaisants. Même si la mesure du couvert végétal était parfaitement objective, des effets de seuil, inévitables dès que l'on établit une typologie, se manifesteraient. Surtout, si les cartes dressées montrent des parcelles affectées par la déprise et dispersées, elles soulignent aussi la concentration de l'enfrichement en certains endroits et donc une logique de localisation dues à l'existence de variables fondamentales favorisant la déprise.

4 - Dans une seconde étape, **une grille d'interprétation reposant sur des hypothèses de travail a été élaborée.** Par hypothèse, la déprise a été mise en liaison avec le milieu naturel, les conditions foncières, les systèmes agricoles et la population paysanne. Plusieurs facteurs ont été retenus avec attribution d'un coefficient de 1 à 6 selon leur importance présumée (voir p. 19).

La grille de lecture a été appliquée à toute parcelle non forestière ayant une couverture en plantes indésirables supérieure à 10 %. Lors du travail de terrain, certaines caractéristiques avaient déjà été notées pour chacune d'elles (pente, environnement végétal, taille...).

Ces renseignements ont été complétés par une enquête auprès des exploitants et des propriétaires, afin de recueillir les indispensables données humaines et économiques.

On a donc obtenu un tableau de l'ensemble des parcelles avec leurs différentes caractéristiques. C'est ce document de base joint à la cartographie qui a été interprété par études statistiques et traitement approfondi d'un certain nombre d'exemples.

D – Les communes étudiées

Les communes retenues sont loin de toute influence urbaine et de pôles d'emplois majeurs (à l'exception d'Albaret-Sainte-Marie, mais Saint-Chély-d'Apcher n'est qu'une petite ville à l'origine d'une périurbanisation et de formes de concurrence spatiale très limitée et de Saint-Cyr-le-Chatoux, dans l'orbite de Villefranche et de Lyon tout en étant déjà éloigné de ces deux agglomérations), et profondément

	Chaulhac	Albaret-Ste-Marie	Prinsuéjols	St-Cyr-le-Chatoux	Longessaigne
Localisation	Margeride occidentale (Lozère)	Margeride occidentale (Lozère)	Aubrac/Margeride (Lozère)	Haut-Beaujolais (Rhône)	Monts du Lyonnais (Rhône)
Altitude (en m)	900 à 1 026	760 à 1 132	1 087 à 1 286	380-843	560 à 788
Superficie (ha)	947	1 598	4 296	628	1 192
Topographie	A l'est , plateau de 1 000 à 1 020 m. Altitude diminue en allant vers l'ouest puis coupure de la Truyère	Plateau calme vers 950-1 000 m et versant de la vallée de la Truyère	Plateau mollement ondulé vers 1 200-1 250 m. Quelques puechs et sagnes	Grand versant orienté à l'ouest et regardant la vallée de l'Azergues et coupé par des vallées secondaires. Rareté des espaces plans. Fortes pentes	Pentes généralement modérées. Fréquence des espaces plats
Géologie	Socle (granits)	Socle (granits)	Au contact du granit de Margeride et des coulées volcaniques de l'Aubrac avec héritages glaciaires	Socle	Socle
Population (hab.)	79	452	163	107	511
Densités (hab./km²)	8	28	4	17	43
Tendance générale (1990-1999)	Tendance à la baisse	Tendance à la baisse	Stabilité	Tendance à la croissance. La quasi totalité des actifs travaillant à l'extérieur	Tendance à la croissance. La majeure partie des actifs travaille à Longessaigne
Boisement (% de la superficie communale)	27	36	15	50	11
Structures agraires	• 7 exploitations dont 6 de 80 ha à 120 ha). • Aucun agriculteur de plus de 50 ans • 3 villages dans la partie occidentale du plateau. • Fréquemment petites parcelles	• 10 exploitations dont 9 de plus de 50 ha. • 2 exploitations de plus de 50 ha sans successeurs • 5 villages. En grande partie remembrée suite au passage de l'autoroute	• 34 exploitations ayant souvent plus de 100 ha. • 8 agriculteurs de plus de 50 ans sans successeurs • 14 hameaux surtout à l'est de la commune. Parcellaire morcelé	• 4 exploitations ont leur siège dans la commune (10 à 30 ha). • Tous plus de 55 ans (2 avec successeurs). • Une partie des terres exploitée par six agriculteurs extérieurs.	• 35 exploitations dont la moitié tenue par des agriculeurs de moins de 45 ans. • Seulement 1/4 des exploitations de plus de 30 ha sans jamais dépasser 60 ha
Système de production	Elevage laitier mais cheptel limité, de 15 à 70 vaches laitières par exploitation	Elevage allaitant ou laitier ou mixte. Evolution vers élevage allaitant	Elevage allaitant avec accueil l'été de transhumants aveyronnais	Vaches laitières et chèvres (lait transformé en fromage) Systèmes extensifs Vaches allaitantes pour agriculteurs extérieurs	Vaches laitières. Secondairement, vaches allaitantes Petits fruits

St-Clément	Bassurels	Veyreau	Gentioux-Pigerolles	Gioux	St-Priest-la-Vêtre	La Chamba
Montagne bourbonnaise	Cévennes (Lozère)	Causse Noir (Aveyron)	Montagne limousine	Montagne limousine	Monts du Forez	Monts du Forez
480 à 904	500 à 1 565 Une grande partie de la commune à plus de 1 100 m	450 à 1 010	680 à 920	610 à 875	600 à 800	985 à 1 348
2 600	4 634	4 109	7 929	3 742	517	520
Une gouttière centrale (vallée de la Besbre) encadrée de plateaux (à l'ouest) et par de longs versants (rive droite). Plateaux occidentaux dominés par forte pente de la Montagne bourbonnaise	A l'ouest, dans les granits, Mont Aigoual, à l'est, « serres » dans les schistes. Diversité du relief surtout dans les schistes : rareté des espaces plats. Les fortes pentes, élément essentiel du relief	• Gorge de la Jonte • Plateau marqué par opposition entre croupe et «plans » aux sols médiocres et dépressions (dolines, combes, ...) tapissées de terra rossa et cultivables	Plateau, avec des pentes nombreuses, mais qui restent en général modérées	Plateau assez calme, avec une vallée en position centrale qui dissèque assez nettement le relief	Plateau, avec fonds de vallée assez plats et assez étendus	Grand versant montagnard du Vimont (ou Pic Pelé), exposé au Sud
Socle	Socle	Calcaire	Socle (granite)	Socle (granite)	Socle (granite)	Socle (granite)
330	47	109	364	213	120	56
13	1	3	5	6	25	11
Stabilité Très légère hausse (+ 2 hab.)	Forte baisse	Stabilité (légère hausse : + 3 hab.)	Tendance à la baisse	Tendance à la baisse	Tendance à la baisse	Tendance à la baisse
46	61	33	50 (Gentioux) 23 (Pigerolles)	41	22	47
	• 4 agriculteurs résidents. • Grandes exploitations sur schistes et calcaires • Un seul de plus de 50 ans • 5 « transhumants » Aigoual et périphérie (75 % des terres exploitées) • Habitat dispersé, mas et hameaux	• 11 exploitants dont 7 installés à Veyeau • Très grandes structures (souvent plus de 300 ha). • 5 agriculteurs ont plus de 50 ans. • Hameaux	• 6 exploitations à Pigerolles et 9 à Gentioux. • 4 ont – de 50 ha • 11 ont entre 95 et 260 ha suite à une très forte concentration foncière	• 4 exploitations de 105 à 240 ha. • Très forte concentration foncière dans la période récente.	• 3 exploitants résidents (1 de 15 à 30 ha, et 2 de 50 ha). • Nombreuses parcelles exploitées par des non résidents.	• 4 exploitants résidents (1 de 50 ha, les autres de 15 à 30 ha). • Nombreuses parcelles exploitées par des non résidents
Elevage extensif charolais naisseur. Quasi abandon de la production laitière qui s'était développée dans les années 1970	Elevage ovin-viande pour les résidents. Vaches allaitantes et ovins pour transhumants	Elevage ovin-lait et secondairement ovin-viande	Elevage viande largement dominant (race limousine)	Elevage viande largement dominant (race limousine)	Elevage laitier, avec un net développement de l'élevage viande dans la période récente	Orientation mixte lait et viande

La localisation des communes étudiées

agricoles, le secteur primaire étant de loin encore aujourd'hui l'activité dominante.

II – LES RÉSULTATS : LA VARIABILITÉ GÉOGRAPHIQUE DE LA DÉPRISE

L'observation de l'occupation du sol de chaque commune permet d'apprécier :
> • l'extension actuelle de l'espace agricole et son « **degré de contraction** » (SAU/Surface totale) ;
> • la qualité de cet espace agricole (bien entretenu, embroussaillé, enfriché) soit son « **degré de dégradation** », la coupure entre forêt et espace agricole pouvant être franche ou bien au contraire ménager des franges embroussaillées ou enfrichées.

Le tableau ci-après permet de résumer les principaux résultats :
1 – Inégale contraction du territoire agricole, qui résulte essentiellement de l'inégale présence de la forêt.
Deux groupes de situations :
> • une agriculture-clairière très contractée, où l'espace agricole conserve seulement la moitié ou moins du territoire communal : Cévennes, Causses, Haut Beaujolais, Haut Forez, Haut Limousin, Montagne bourbonnaise ;
> • une agriculture « dilatée » qui, dans un paysage très ouvert, contrôle toujours la majorité du territoire (des deux tiers à plus des trois quarts) : Margeride, Aubrac, Monts du Lyonnais.

2 – Inégale dégradation de l'espace agricole lui-même
Même opposition entre
> • des territoires agricoles très dégradés : les deux tiers de la SAU sont plus ou moins embroussaillés (et la plus grande part est envahie à plus de 50 % des surfaces par les végétaux indésirables) : Causses, Cévennes, Limousin, Forez, Haut Beaujolais ;

• des territoires agricoles très bien entretenus où les neuf dixièmes de la SAU sont exempts de broussailles : Aubrac, monts du Lyonnais, Margeride.

On constate donc que, à l'exception de la Montagne bourbonnaise, **contraction et dégradation de l'espace agricole varient dans le même sens**, et aboutissent à séparer schématiquement :
• des territoires agricoles solides ;
• des territoires agricoles en cours de désorganisation.

Etat des territoires agricoles : degré de contraction et degré de dégradation

% surfaces communales	◄——— Contraction — Forêt 1	Dégradation ———► Territoire agricole Surface agricole bien tenue	Surface agricole dégradée
Cevennes (Bassurels)	67	10	22 (17 + 5)*
Causse Noir (Veyreau)	48	24	28 (18 + 10)*
Haut Beaujolais (St-Cy-le-Ch.)	58	10	23 (3 + 20)*
Haut Forez (La Chamba)	47	20	33 (12 + 21)*
Montagne bourbonnaise (St-Clément)	58	27	15 (10 + 5)*
Haut Limousin (Gentioux)	50	17	33 (5 + 28)*
Margeride (Albaret) (Chaulhac)	38 29	49 61	13 (4 + 9)* 10 (3 + 7)*
Monts du Lynnais (Longessaigne)	10	83	7 (6,5 + 0,5)*
Aubrac (Prinsuejols)	15	75	10 (5 + 5)*

* (x + y) x = embroussaillé (10 à 50 % de la surface en végétaux indésirables)
          y = en voie d'enfrichement (plus de 50 % de la surface en végétaux indésirables)
CERAMAC – 1999

On notera que, dans tous les cas, la superficie forestière, établie à partir des relevés de terrain, est très sensiblement supérieure à celle indiquée par le cadastre (Bassurels : 50 % ; Veyreau : 33 % ; St-Clément : 46 % ; Albaret-Sainte-Marie : 24 % ; Chaulhac : 14 %, etc.).

La friche, telle qu'elle a été définie précédemment, peut être quasiment absente ou occuper une part très faible des finages (inférieure à 5 %). C'est la règle générale. Elle couvre plus de 10 % des superficies uniquement dans la Montagne limousine qui apparaît ainsi comme une sorte de bastion de la friche dans le Massif central.

En revanche, le poids des espaces en voie d'enfrichement est très variable. Parfois limité, à l'instar de la friche (moins de 5 % des superficies communales en Margeride, Aubrac, monts du Lyonnais, Montagne bourbonnaise et même Cévennes), il s'élève à près de 10 % (Haut Beaujolais, Causses) pour atteindre des records dans la Montagne limousine. La corrélation avec la friche n'est pas toujours respectée (cf. le cas de Veyreau ou de Pigerolles).

Dans certains cas, ce sont les parcelles « embroussaillées » (10 à 50 %) de végétaux indésirables qui représentent la majeure partie des terres dégradées. Il en est ainsi lorsque les taux globaux de déprise sont limités (Longessaigne dans les monts du Lyonnais, Prinsuéjols en Aubrac) mais aussi dans la Montagne bourbonnaise, les Causses et les Cévennes. En revanche, la situation est inverse dans le Haut Beaujolais, la Margeride, et la Montagne limousine. Il faudra sans doute évoquer le milieu naturel et/ou l'histoire de ces régions pour comprendre ces écarts.

Par ailleurs, **la déprise prend plusieurs aspects**. Elle peut être **diffuse** dans la totalité du finage sans localisation privilégiée. Elle s'insinue partout entre bois et parcelles bien tenues donnant au paysage une allure de peau de léopard et de mosaïque. Au contraire, elle est parfois géographiquement concentrée dans certains terroirs. Le premier cas suppose sans doute un développement non maîtrisé de la broussaille et de la friche véritable, s'inscrivant dans une « *dynamique de l'abandon* » (E. Bordessoule). Dans le second, le processus semble davantage contrôlé et aboutit à une sélection des espaces. Ici l'abandon, là au contraire une éventuelle reconquête. On posera comme hypothèse que ces différences témoignent d'une adaptation plus ou moins grande des systèmes agricoles aux exigences économiques contemporaines.

Dès lors, on comprend mieux les réactions du voyageur pressé et d'une grande partie des habitants (à l'exception notable de la plupart des agriculteurs qui éprouvent une sorte de sentiment de culpabilité et rejettent toute idée de friche du moins sur leur exploitation) qui soulignent souvent l'abandon des finages et dénoncent la progression de la friche. Effectivement, la superficie dévolue à l'agriculture apparaît le plus souvent réduite, et **la part des terroirs parfaitement tenus très réduite.**

III – ESSAI D'INTERPRÉTATION

Il est indispensable de travailler à deux échelles différentes : la parcelle et la région naturelle pour comprendre les mécanismes conduisant à l'embroussaillement.

A – Les facteurs de la déprise à l'échelle parcellaire

Quelles sont les causes du mauvais entretien ou de l'abandon de certaines portions du territoire agricole ? Il s'agit là d'une question difficile. La friche offre une géographie complexe, la distribution dans l'espace des terrains délaissés ne répond pas, en général, à des règles strictes. Les situations sont extrêmement variées. L'opposition entre un espace agricole bien tenu et des secteurs délaissés n'apparaît que rarement nettement tranchée. Dans la majorité des cas s'impose l'image d'une mosaïque où se mêlent sans logique apparente parcelles soignées et terrains dégradés témoignant d'un abandon plus ou moins prononcé. Ainsi, des parcelles en apparence douées d'aptitudes favorables (grande taille, mécanisables, proches du siège de l'exploitation) peuvent présenter des signes de déprise. A l'inverse, de petites tenures, au terrain accidenté, proches des bois, seront parfaitement entretenues. Il est donc impératif de se défier d'un déterminisme qui associerait la présence de la friche à tel ou tel facteur. S'il n'est pas possible d'établir un schéma régi par des lois intangibles, la friche ne saurait toutefois relever d'une distribution totalement aléatoire. L'analyse permettant d'identifier les principales

Nombre de facteurs défavorables	1	2	3	4	5	6	7	8	9	10	11
Prinsuéjols											
Parcelles en déprise	8,9	20	33,3	20	15,6	2,2					
Parcelles en voie d'enrichement		11,1	20,8	22,2	23,6	16,6	5,6				
Friches			15,4	42,4	7,7	34,6					
Chaulhac											
Parcelles en déprise	7,8	9,3	46,9	17,2	15,6	3,1					
Parcelles en voie d'enrichement		13,2	31,6	28,9	13,2	10,5	2,6				
Friches		4,7	31,3	42,2	4,7	14,1	3,1				
Albaret-Sainte-Marie											
Parcelles en déprise											
Parcelles en voie d'enrichement											
Friches											
Bassurels											
Parcelles en déprise			1,1	13,7	25,4	28,9	16,9	10,2	3,9		
Parcelles en voie d'enrichement				10,3	32,8	39,7	8,6	6,9	1,7		
Friches				2,4	7,3	33,3	5,7	26,8	8,1	15,4	
Veyreau											
Parcelles en déprise	0,4	5,3	27,4	38,7	19,5	6	2,6				
Parcelles en voie d'enrichement		6,9	16,9	28,1	26,9	12,5	6,9	1,9			
Friches			16,7	25	50	8,3					

Ex. : A Prinsuéjols, 33.3 % des parcelles en déprise sont affectées par trois facteurs défavorables.

% de parcelles et nombre de facteurs défavorables

causes de l'enfrichement sera menée à deux échelles : à très grande échelle tout d'abord, celle du parcellaire, puis à l'échelle communale.

Avant de présenter ces facteurs de déprise et les principaux résultats à l'échelle de la parcelle, il importe de faire deux remarques liminaires. Tout d'abord il est exceptionnel que la progression de l'enfrichement sur une parcelle résulte d'un facteur unique, clairement identifiable. A l'exception de cas extrêmes, le processus de déprise révèle toujours **la combinaison de différentes variables** agissant en interrelation de manière complexe. Nous pouvons citer pour exemple le cas des anciennes terrasses de la commune lozérienne de Bassurels au nord-est du massif de l'Aigoual qui associent les handicaps de la pente et de la petite taille des parcelles. A Chaulhac, 45 % des parcelles dégradées se situent sur les pentes de la vallée de la Truyère : à la déclivité s'ajoute l'étroitesse des parcelles et l'emprise du boisement ; 34 % sont localisées près des sources du Rieumonet : il s'agit là aussi de petites parcelles peu accessibles et toujours proches de bois. Ainsi, faute de pouvoir établir une hiérarchie rigoureuse entre les différentes variables, il faut se contenter tout au plus d'enregistrer des dominantes.

D'autre part, la dégradation actuelle d'une parcelle résulte d'une évolution plus ou moins longue. La prise en compte de cette dimension historique et la reconnaissance d'une succession de phases de déprise, à la signification d'ailleurs différente, implique que les **variables dominantes ne sont pas immuables dans le temps**. La déprise n'est pas linéaire mais se manifeste par des pulsations et des facteurs responsables d'un enfrichement hérité (pente, propriété foraine) peuvent ne plus jouer un rôle actif aujourd'hui. Ces préalables posés, nous pouvons ranger en trois grandes catégories la douzaine de variables retenues (cf. grille d'analyse p. 19) :

    • Des facteurs d'origine physique
       ◊ la pente,
       ◊ la qualité agronomique,
       ◊ l'environnement végétal des parcelles,
       ◊ l'éloignement au siège d'exploitation ou les difficultés d'accessibilité.

• Des facteurs d'origine foncière

◊ nature de la propriété (privée, collective),

◊ résidence du propriétaire ou de l'exploitant,

◊ taille des parcelles,

◊ modes de faire-valoir.

• Des facteurs relatifs aux conditions humaines

◊ âge des chefs d'exploitation,

◊ ressources agricoles et non agricoles,

◊ nombre d'actifs par exploitation,

◊ besoin en surface.

En fonction des différentes classes des parcelles, nous pouvons observer sur les tableaux (pp. 30-31) le pourcentage de parcelles affectées par tel ou tel facteur de déprise. Ceci à l'exception des dernières communes de la liste (Monts du Beaujolais et Haut Limousin) où les pourcentages portent sur sur l'ensemble des parcelles dégradées.

1 – Facteurs d'origine physique

◊ La pente

La part des parcelles embroussaillées marquée par une forte pente est en général inférieure à 50 %. La pente ne semble jouer un rôle important que sur les serres schisteuses de Bassurels et à Chaulhac avec la coupure de la Truyère. Ce rôle modeste de la topographie peut s'expliquer par :

> • l'importance limitée de la pente ou du moins des fortes déclivités dans des régions de plateaux ou de croupes mollement ondulées, somme toute assez représentatives du Massif central ;
>
> • une déprise sélective ancienne des plus fortes pentes pour l'essentiel déjà boisées.

◊ La qualité agronomique des sols ne paraît pas déterminante dans le contexte d'ensemble d'une certaine médiocrité du potentiel pédologique. Dès lors, cette variable ne va avoir un réel impact que dans les situations les plus extrêmes, bas fonds humides avec sols hydromorphes des

Les facteurs explicatifs de la déprise

	Pente forte	Médiocre qualité agronomique	Parcelles éloignées du siège de l'exploitation et/ou difficillement acessibles	Proximité de bois	Petite taille	Propriété collective	Propriété foraine
Prinsuéjols							
1	1,2	3,5	16,5	36,5	51,8	-	14,1
2	25	50	16,7	40,2	65,3	-	19,4
3	-		26,9	100	50	3,8	11,5
Chaulhac							
1	14	12,5	36	62,5	93,8	3,1	1,6
2	26,3	18,5	47,4	89,5	92,1	-	2,6
3	56,3	23,4	29,7	95,3	85,9	4,7	6,2
Albaret-Sainte-Marie							
1	11,2	5,6	16,7	27,8	27,8	-	11,1
2	28,6	-	14,3	33,4	76,2	-	19
3	6,3	-	37,5	62,5	75	-	25
Saint-Clément							
1	23,7	26,9	10,2	30,1	40,3		
2	42,3	57,7	19,2	50	40,4		
3	22,2	33,3	22,2	77,8	77,8		
Bassurels							
1	57	83,5	81,3	20,4	75,4	1,1	41,9
2	89,7	94,8	48,3	56,9	72,4	-	29,3
3	100	100	7,3	95,1	92,3	-	4,2
Veyreau							
1	1,9	60,5	33,8	24,1	68,8	3	55,3
2	3,1	77,5	34,5	47,5	59,4	2,5	55
3	-	75	25	66,7	83,3	-	75
Le Chambon							
1	29	29	23	82	89	2	68
2	35	39	42	79	85	14	59
3	6	9	13	86	100	13	80
St-Priest-la-Vêtre							
1	32	11	54	55	90	-	53
2	16	-	31	34	90	5	61
3	14	13	29	36	98	7	64
St-Cyr-le-C.*	46,4	10,7	32,1	52,3	55,9	-	53,6
Longessaignes*	12,5	17,2					
Pigerolles*	20	10	6	29	47	4	36
Gioux*	15	11	13	15	73	8	32
Gentioux*	18	35	6	31	69	6	36

	Vente d'herbe	Âgés de 50 ans sans repreneur	Ressources agricoles de l'exploitant < ressources non agricoles	1 seul actif par exploitation	Faible besoin en surface de l'exploitant
Prinsuéjols					
1	-	38,8	14,1	96,5	91,8
2	-	30,5	18	59,7	100
3	-	73	42,3	88,5	88,5
Chaulhac					
1	1,6	3,2	1,6	26,8	76,2
2	-	2,6	-	23,7	84,2
3	4,7	6,2	-	14,1	82,8
Albaret-Sainte-Marie					
1	-	16,7	22,2	55,5	100
2	-	23,9	22,8	57,1	100
3	-	18,2	25	56,2	100
Saint-Clément					
1		31,1	26,9		
2		23,1	32,7		
3		77,8	11,1		
Bassurels					
1		59,5	17,3	60,6	63
2		7,5	-	56,9	70,7
3		37,4	37,4	97,6	97,6
Veyreau					
1		3,4	-	9,4	100
2		16,9	-	18,8	100
3		-	-	-	100
Le Chambon					
1		21	-	100	-
2		17	-	100	-
3		-	-	100	-
Saint-Priest-la-Vêtre					
1		48	-	100	48
2		35	-	100	35
3		-	-	100	-
St-Cyr-le-C.		26,2	23,4	46,4	39,3
Longessaigne					
Pigerolles	7	4	-	-	43
Gioux	19	-	-	22	63
Gentioux	3	ε	3	23	45

1 - Entre 10 et 50 % de la parcelle embroussaillée   2 - Entre 50 et 90 % de la parcelle embroussaillée   3 - Au moins 90 % de la parcelle est embroussaillée

Lecture du tableau : 1,2 % des parcelles de la commune de Prinsuéjols embroussaillées, entre 10 et 50 % sont en forte pente ; 36,5 % sont à proximité d'un bois ; 51,6 % sont de petite taille. Cases en grisé lorsque le facteur touche plus de la moitié de la parcelle.

alvéoles du Haut Limousin, sagnes de l'Aubrac. On notera par ailleurs que par leurs caractères physiques, ces terroirs sont impropres à l'enrésinement volontaire et que le climax forestier ne peut être atteint que longtemps après l'abandon. *A contrario*, sur le Causse Noir, les fonds à « terra rossa » cultivables s'opposent vivement aux monts dont les sols squelettiques sont colonisés par des pins ou des bois. On notera cependant la rapidité de l'enfrichement sur les parcelles abandonnées, longtemps labourées et bénéficiant d'une certaine fertilité.

◊ Pour en terminer avec les facteurs physiques, il faut souligner l'impact de l'environnement végétal des parcelles. La progression des fronts de friche à partir des espaces boisés révèle la précarité de l'emprise agricole en limite des zones forestières et impose l'idée d'un véritable « métamorphisme » forestier dont les effets sont particulièrement sensibles sur les secteurs de Pigerolles et de Gentioux dans le Haut Limousin.

2 – Les facteurs fonciers

Il apparaît clairement que la petite taille du parcellaire prédispose à l'enfrichement. On observe même une nette progression des pourcentages de parcelles concernées en fonction des différentes classes retenues dans les communes de Veyreau, du Chambon, de Saint-Priest. Les parcelles, trop petites pour justifier un aménagement ou non rattachables à un bloc existant, sont vouées à l'abandon. D'autre part, la finesse du maillage parcellaire s'accompagne d'une multiplication des haies, talus, qui gênent la mécanisation et constituent autant de foyers d'embroussaillement. Ces obstacles compromettent, par les surcoûts qu'ils occasionnent, la reprise et le défrichement des petites parcelles.

En revanche, l'accessibilité de la parcelle ou l'éloignement du siège de l'exploitation ne jouent pas un rôle fondamental. Il est rare que plus du tiers des parcelles en voie d'enfrichement soient concernées par cette variable. Le foncier étant surabondant et la charge pastorale faible, l'idée, *a priori* séduisante, d'une organisation auréolaire des exploitations avec un « centre » près des bâtiments, bien tenu et une « périphérie » délaissée car trop éloignée et difficilement accessible ne résiste pas à l'examen. Ce qui ne signifie pas que, dans un certain nombre de cas (Causse noir, monts du Beaujolais), le schéma ne soit pas perceptible, mais il n'est pas généralisable à l'ensemble des communes étudiées.

Enfin la location de nombreuses petites parcelles à des propriétaires différents augmente les cas de faire-valoir précaire.

A Pigerolles et à Albaret-Sainte-Marie, les études ont mis en évidence une nette opposition entre la section remembrée où l'on observe une progression de la SAU par reprise des terrains délaissés et la portion non remembrée où à la faveur d'un parcellaire morcelé, les bois et les broussailles progressent.

◊ Vente d'herbe et propriété collective

Les ventes d'herbe fragilisent assurément le bonne tenue des terrains, mais elles ne représentent que des surfaces restreintes. Quant aux sectionnaux, beaucoup sont déjà boisés et donc soustraits à l'usage agricole. Toutefois en dépit de la crise des modes traditionnels de mise en valeur, les dynamiques sont souvent contradictoires. Beaucoup de reprises s'opèrent par allotissement, rénovation des structures d'utilisation, usage par des transhumants extérieurs. Il faut donc relativiser l'abandon et la sous-utilisation d'une partie de la terre collective.

◊ La propriété foncière

Il faut opposer ici la Montagne bourbonnaise et le Haut Forez où la propriété foncière favorise le boisement et l'abandon et le Causse où l'arrivée de transhumants extérieurs permet le maintien de la fréquentation de nombreux parcours. Une telle utilisation ne peut certes assurer un bon entretien des pâtures (l'usage est temporaire et la plus forte saison végétative, le printemps, n'est pas concernée). Toutefois, elle évite un abandon total et si, ces espaces sont mal entretenus, ils demeurent néanmoins ouverts.

3 – Les facteurs humains

La double activité est pour l'essentiel marginale et n'apparaît pas dans l'échantillon considéré comme une cause de sous-utilisation du territoire agricole. Par contre, le faible besoin en surface de vastes exploitations avec un seul actif joue incontestablemrnt un rôle dans le mauvais entretien ou l'abandon de certaines parcelles. Il faut sur ce point émettre deux remarques :

    • Cette situation se rencontre dans des contextes très différents (Haut Limousin, Causses). Dans le Haut Limousin, les facteurs humains s'avèrent très accessoires dans la diminution de l'emprise agricole. On ne peut évoquer le ranching sur le canton de Gentioux, le nombre d'UGB/UTH est équilibré dans de grandes fermes structurées et modernisées.

    • Il faut toutefois souligner qu'une telle situation assombrit les perspectives d'avenir et constitue sur ce point une lourde hypothèque.

Inversement, l'âge des exploitants ne semble guère intervenir à l'exception des parcelles les plus enfrichées de Prinsuéjols ou de Saint-Clément. On aurait pu penser *a priori* que les parcelles embroussaillées étaient tenues par des exploitants âgés et sans successeur. Or, si cette hypothèse se révèle parfois exacte, elle n'a rien d'universel. C'est exceptionnellement que plus de la moitié des parcelles sont concernées par ce facteur. Il est vrai que, depuis une vingtaine d'années, le rajeunissement des chefs d'exploitation est sensible. Les réformes de la PAC, les mesures en faveur de l'installation, probablement aussi la crise économique rendant plus incertains les débouchés urbains, ont conduit les jeunes à prendre la direction d'exploitations de plus en plus vastes. A Veyreau sur le Causse noir seulement trente-sept parcelles touchées par la déprise sont exploitées par un agriculteur âgé et sans successeur. A Chaulhac, aucun agriculteur ne dépasse la cinquantaine. Même à Bassurels, dans les Cévennes, un seul des quatre agriculteurs résidant à plus de cinquante ans.

Ailleurs, la proportion de jeunes est souvent moins flatteuse, mais elle n'est jamais catastrophique à une exception près : Saint-Cyr-le-Châtoux. Il faut donc en conclure à la mise en sommeil de ce facteur si important au cours de la période 1960-1980. En définitive, il convient d'insister sur l'importance des combinaisons qui s'établissent entre les différentes variables ainsi que sur leur impact différencié sur l'espace agricole. Les critères physiques induisent une friche sélective et localisée alors qu'elle revêt un aspect beaucoup plus diffus pour les autres éléments de l'analyse.

B – A l'échelle du massif : la signification de la déprise

La recherche d'explications de la déprise, à l'échelle de la parcelle, fournit une matière précieuse mais foisonnante, où il est parfois malaisé de retrouver une ligne directrice simple : trop de parcelles, trop de combinaisons possibles aboutissent peut-être à une trop grande variété de situations. Il apparaît souhaitable alors, en partant des mêmes données, de tendre à une interprétation plus ramassée et plus explicite du phénomène. Il faut, pour cela, modifier la perspective du raisonnement : renoncer à toute la richesse d'une analyse très fine à multiples facteurs pour tenter, en regroupant les variables en quelques ensembles majeurs, une synthèse explicative plus globale et plus facilement lisible ; changer, en même temps, d'échelle d'observation pour sauter du niveau du champ ou de la prairie à celui de la commune, puis, en confrontant les situations communales, atteindre à une vision régionale du problème, celle du Massif central tout entier ou de ses grandes composantes. Ainsi peut-on espérer, sans trahir l'analyse de détail antérieure, isoler quelques enseignements majeurs permettant de saisir la signification globale de la déprise.

Il apparaît alors, par le jeu des corrélations synthétiques entre l'intensité constatée de la déprise et quelques grands groupes de facteurs agissants, trois « ordres » principaux d'éléments qui interviennent très inégalement dans l'explication des situations et des tendances enregistrées :

> • Le premier, le moins signifiant, révèle – contre toute attente parfois – des corrélations peu ou pas vérifiées. Il indique de grandes variables qui interviennent peu ou de manière marginale dans le mécanisme actuel de déprise, des facteurs sinon indifférents, du moins « **accessoires** ». Globalement, la pauvreté initiale du milieu aussi bien physique (la rudesse des

conditions naturelles) qu'humain (le degré de dépérissement démographique) entre dans cette catégorie. Elle ne pèse que faiblement dans la marche de la déprise.

• Le second « ordre » de variables identifie des éléments qui jouent indiscutablement un rôle plus important sans être décisifs pour autant. On les qualifiera de facteurs « **secondaires** », agissant en association avec d'autres facteurs mais rarement susceptibles de déclencher à eux seuls le phénomène. Ils présentent souvent la caractéristique commune d'avoir été plus actifs, plus agressifs par le passé, pouvant ainsi facilement tromper l'observateur inattentif à la marche du temps sur leur efficacité réelle d'aujourd'hui. Les structures foncières, la pente, le degré de fermeture des paysages font partie de ce groupe.

• Le troisième « ordre » isole, enfin, les facteurs qui paraissent actuellement déterminants du mécanisme de déprise, les facteurs « **essentiels** ». Ils semblent répondre fondamentalement à des variables technico-économiques, soit, en définitive, à la nature des systèmes de production agricole.

1 – Des corrélations mal vérifiées : la modeste influence du milieu

Considéré au sens large, le milieu physique et humain, soit la rudesse des conditions de vie et d'exercice des agriculteurs, ne semble intervenir que très accessoirement dans le processus de recul spatial de l'agriculture. C'est là, pour bonne part, une conclusion assez inattendue : on aurait volontiers supposé *a priori* que la fragilité du territoire exploité serait d'autant plus grande que la nature apparaîtrait plus ingrate et que les hommes déjà l'auraient abandonnée en grand nombre pour ne laisser subsister que des densités très appauvries. Il n'en est pourtant rien.

a - La pauvreté naturelle et la déprise ne semblent pas aujourd'hui entretenir de relations privilégiées. Ni la rudesse du climat, aggravée par l'altitude, ni la médiocrité agronomique qui, ensemble, engendrent les conditions les plus difficiles pour la production agricole, ne semblent provoquer un recul plus significatif qu'ailleurs des espaces exploités.

Ainsi, il n'existe aucune corrélation manifeste entre **l'altitude** et l'enfrichement, comme si le handicap climatique ne jouait aucun rôle. Certes, localement au moins, l'effet de l'altitude ne peut être complètement négligé. Ainsi, dans le Forez ou dans la Montagne bourbonnaise, les zones les plus élevées subissent un recul agricole précipité, sensiblement plus intense que dans les secteurs plus bas du voisinage. Pourtant, ailleurs, la règle n'est guère vérifiée et, surtout, les contre-exemples abondent. A des altitudes comparables, les comportements s'affirment radicalement opposés selon les lieux. Dans le groupe des zones culminantes, *a priori* systématiquement défavorisées, l'Aubrac manifeste une remarquable solidité et conserve un territoire magnifiquement entretenu, alors que le Haut-Forez se ferme inexorablement et que le plateau de Millevaches semble trouver un nouvel équilibre... De même, aux basses altitudes, le Haut-Beaujolais en voie d'abandon et, pourtant très proches, les monts du Lyonnais, fort bien entretenus, divergent radicalement.

L'altitude, et par elle la rudesse climatique, ne jouent donc guère - sinon localement - dans le processus d'enfrichement.

L'inégale **valeur agronomique des sols,** que l'on peut saisir grossièrement au travers d'une simple carte géologique, ne pèse pas davantage de façon décisive. Sans doute les massifs de volcanisme ancien, assurément plus fertiles, semblent globalement plus avantagés que les médiocres montagnes cristallines aux sols maigres et pauvres. Mais, l'avantage ou le désavantage en la matière ne sont guère déterminants. La friche est aussi bien contenue sur les terres médiocres des Monts du Lyonnais cristallins que sur les bons sols volcaniques de l'Aubrac... ou du Devès.

De même, à comparer les milieux également médiocres, on constatera pourtant des comportements très différents entre le Haut Limousin et le Haut-Forez.

Isolée, la variable pédologique ne joue donc pas, non plus, un rôle déterminant. Au total, la qualité du cadre naturel - climat et sol réunis - ne semble donc guère influer sur le processus de déprise territoriale, sinon de manière annexe, et probablement moins qu'autrefois. On ne s'en étonnera qu'à demi. Les progrès techniques, même en montagne, permettent de s'affranchir de contraintes naturelles insurmontables dans le passé.

b - La pauvreté humaine, soit l'importance de l'affaiblissement démographique, ne peut, elle non plus, être considérée comme un élément particulièrement actif de la déprise actuellement enregistrée. En clair, il n'y a pas aujourd'hui de rapport manifeste entre la faiblesse des densités humaines et le processus actuel d'abandon de l'espace agricole. Avec très peu d'hommes - moins de 10 hab./km^2 -, l'Aubrac et même la Montagne limousine entretiennent leur territoire, alors que les massifs du Nord-Est, avec des densités équivalentes, et souvent plus élevées, subissent, dans l'ensemble, un recul inquiétant du territoire exploité. Ainsi, l'ampleur des pertes enregistrées depuis l'époque du maximum démographique, pas plus que sa conséquence évidente, le nombre plus ou moins réduit des hommes qui demeurent en place, ne règlent désormais l'intensité du processus de déprise spatiale. Cette dernière se révèle très variable alors que presque partout les agriculteurs sont devenus également clairsemés, à quelques nuances près.

En somme, **déprise territoriale et déprise humaine se trouvent dissociées,** et comme indifférentes l'une à l'autre. C'est là une nouveauté, surprenante de prime abord. Jusqu'ici, il était considéré comme normal que l'enfrichement progresse au rythme du recul démographique : la déprise spatiale était la conséquence directe et immédiate de la déprise humaine et le degré d'abandon se réglait sur le niveau d'affaiblissement des densités démographiques (Gachon, 1948).

La logique traditionnellement admise, justifiée et vérifiée, n'a plus cours désormais. La rupture tient probablement à un changement radical du rapport des hommes à la terre, à relier au processus d'abord lent puis finalement accéléré de liquidation de la petite paysannerie. La capacité à entretenir l'espace était, dans un contexte paysan, fonction directe du nombre des exploitations et par là du nombre des hommes : elle s'amenuisait au rythme de la dépopulation. La brutalité d'une concentration foncière spectaculaire, substituant aux paysans de grandes exploitations, a brisé les liens. L'entretien de l'espace dépend moins aujourd'hui du nombre des exploitants que de l'agrandissement de leurs exploitations. C'est bien ce qu'on peut constater en comparant les régions « bien tenues » comme l'Aubrac, et celles qui subissent un enfrichement inquiétant et que l'on rencontre souvent dans le Forez : les premières affichent aujourd'hui des structures confortables, avec des exploitations peu nombreuses mais de grande taille, alors que les secondes conservent des agriculteurs au moins aussi nombreux mais restés enfermés dans les cadres étriqués de la tradition paysanne.

Cependant, il serait tout aussi hasardeux de réduire la « loi » actuelle de la déprise territoriale au seul jeu de l'inégale concentration foncière. Les exemples des Causses, ou, à l'inverse, des Monts du Lyonnais, montreraient, s'il était besoin, l'insuffisance d'un tel raisonnement et la nécessité de prendre en compte d'autres variables que la seule dimension des exploitations. Nous y reviendrons plus loin. Il suffit, à ce stade du raisonnement, de noter le peu de pertinence, désormais, des facteurs liés à l'inégale pauvreté du milieu physique et humain comme éléments de compréhension de la dynamique territoriale agricole ; de constater, du même coup, la possibilité de transformation radicale de certaines logiques, décisives dans le passé, grandement inopérantes par la suite - ce qui impose aussi de tenir le plus grand compte de l'histoire et de ne pas confondre, dans les explications, les marques d'abandon du passé et la marche actuelle de la déprise...

2 – Les variables « secondaires » de la déprise

Il est des facteurs autrement plus agissants que l'altitude ou la densité humaine, qui jouent un rôle notable dans la déprise, sans pour autant constituer des variables décisives, susceptibles à elles seules de provoquer l'abandon. Elles le favorisent plus qu'elles n'en décident et, ainsi, n'acquièrent une véritable efficacité qu'associées à d'autres facteurs plus déterminants. Ce sont eux que l'on qualifiera de « secondaires ».

En fait, ce sont souvent des facteurs **devenus** secondaires, après avoir, dans le passé, joué un rôle beaucoup plus essentiel. Leur action, manifeste dans le paysage, est donc fréquemment en partie héritée et en partie actuelle, ce qui peut provoquer l'incertitude voire le risque d'erreur dans l'appréciation de leur influence réelle d'aujourd'hui.

Parmi eux, s'affirment notamment le facteur topographique (la pente), le degré de fermeture du paysage, soit la contraction variable de l'espace agricole et son corollaire, l'extension de la couverture forestière, et, enfin, la nature de la propriété foncière et du maillage parcellaire.

a - La pente, si elle est suffisamment vigoureuse, apparaît sans conteste comme un facteur limitant de l'activité agricole. Aussi se signale-t-elle immédiatement dans les paysages comme un site privilégié de fixation des friches et comme l'un des éléments sélectifs principaux de l'abandon agricole. On n'aura aucun mal à démontrer son influence en opposant les surfaces mollement ondulées de l'Aubrac ou des Monts du Lyonnais qui offrent peu de prise à l'enfrichement, au relief chaotique des « pays coupés » envahis de broussailles, dans les Cévennes, dans les monts du Beaujolais, sur les rebords de plateaux ou au long des vallées encaissées.

Les terroirs de côtes s'affirment donc comme des espaces d'élection de la déprise agricole. Et ceci de longue date. Dès la fin du siècle dernier, alors que la vie rurale traditionnelle est mise en déséquilibre, une relative réduction de la main-d'œuvre entraîne déjà leur désaffection, encore partielle : le pré que l'on ne fauche plus devient pacage et peu à peu se tache de broussailles ou de bosquets. Mais la rupture véritable est plus tardive et se manifeste avec l'usage de plus en plus systématique des machines. La pente constitue, dès lors, un obstacle rédhibitoire à la mécanisation : le handicap, déjà sensible auparavant, devient insurmontable et la pente constitue désormais un facteur sélectif essentiel de la déprise territoriale. Le passage à l'agriculture moderne et la généralisation rapide du travail mécanisé, surtout à partir des années 1960, promettent les versants trop déclives à l'abandon. La pente devient ainsi un facteur décisif, essentiel, de la déprise.

Mais la mécanisation date maintenant de plusieurs décennies et la sélection rigoureuse qu'elle a entraînée, dans l'utilisation du territoire, est aujourd'hui, pour l'essentiel, achevée depuis longtemps. L'enfrichement des pentes apparaît donc, en grande partie, comme un héritage, surtout dans le cas des versants les plus difficiles.

Beaucoup moins décisive qu'autrefois, l'influence de la pente n'a pas disparu pour autant et continue à peser sur le choix des agriculteurs. Mais elle n'intervient plus qu'associée à d'autres handicaps (la difficulté d'accès, l'exiguïté de la parcelle), dans le cadre d'une combinaison où elle n'apparaît pas forcément comme le facteur le plus négatif. Il est vrai qu'il ne s'agit plus, en général, que d'espaces de moindre déclivité (les espaces les plus pentus sont déjà abandonnés) que les perfectionnements du matériel permettent même de travailler mécaniquement à moindre risque.

b - Le degré de « fermeture » du paysage, lorsque le territoire agricole se trouve de plus en plus contraint par la progression forestière, se révèle partout comme un puissant facteur de déprise. Les exceptions sont rares où l'on ne constate pas une étroite corrélation entre l'importance de la couverture forestière et l'importance parallèle de la dégradation du territoire agricole. En d'autres termes, plus les bois sont étendus et plus l'espace encore exploité apparaît gangréné de broussailles et inversement. Finalement, comme en témoigne le tableau ci-dessous, contraction et dégradation du territoire utilisé vont de pair, forêts et friches avancent du même pas.

	Degré de contraction % SAU/surface totale	Degré de dégradation % SAU « embroussaillée»
Cévennes (Bassurels)	33	66
Causse Noir (Veyreau)	52	54
Haut Forez (La Chamba)	53	62
Haut Limousin (Gentioux)	50	66
Margeride (Chaulhac)	71	14
Aubrac (Prinsuéjols)	85	12
Mts du Lyonnais (Longessaigne)	90	8

Le vieil antagonisme entre agriculture et forêt est, ainsi, une fois encore, souligné : l'espace agricole recule, se défait, sous la pression agressive des bois envahissants. On connaît les mécanismes qui font de la forêt l'ennemi du champ : le voisinage de masses arborées rend l'entretien agricole plus difficile et la prolifération des friches plus rapide. L'ombre, l'acidification du sol, la diffusion spontanée des semis arbustifs, etc., créent les conditions d'un véritable « métamorphisme forestier » qui, par contagion, dégrade de proche en proche les espaces agricoles. Dans toutes les communes visitées, mais surtout dans les régions les plus boisées, les exemples sont légions qui montrent que le boisement est bien une **cause** importante de déprise agricole. Par voie de conséquence, on en vient à retirer d'un tel constat les principes mêmes de la défense du territoire agricole : limiter le boisement, le confiner en quelques lieux préalablement choisis réduiraient les risques d'enfrichement et permettraient de mieux entretenir le paysage. En somme, une gestion volontariste de l'espace résoudrait le problème ou du moins limiterait les dégâts. On retrouve en filigrane, dans ce raisonnement, l'opposition traditionnlle entre agriculture et forêt. Et il est vrai que, de la fin du XIXe siècle à la Seconde Guerre mondiale, le forestier a souvent été l'ennemi de l'agriculteur en imposant le boisement des terres communes ou en incitant les propriétaires à la plantation. L'évolution négative a ainsi été amorcée puis amplifiée par des mesures étatiques du moins dans certaines régions.

En fait, la question s'avère plus complexe et ne peut se résumer au raisonnement mécaniste qui vient d'être rappelé. Certes, l'action directe de la forêt à l'encontre des terres exploitées ne peut être niée. Mais elle n'est pas seule en cause et, notamment dans les phases de déprise paroxysmale, ne peut même apparaître comme la cause principale du repli agricole. Ce dernier trouve alors ses origines bien plus dans les comportements humains que dans l'agressivité physique de la forêt : c'est, dans ce cas, la désaffection préalable de l'agriculture qui facilite la progression de la forêt et non cette dernière qui « bouscule » l'agriculture. Le désintérêt pour des parcelles trop éloignées ou de moins bonne qualité lorsque l'émigration a rendu la terre moins rare et moins précieuse, la stratégie des propriétaires « forains », héritiers de terres qu'ils jugent encombrantes condamnent déjà de larges espaces à la déprise avant même l'intervention de la forêt qui, en définitive (la législation forestière aidant), ne fait que parachever un processus déjà engagé en dehors de sa responsabilité. La concurrence entre les deux espaces n'est plus ce qu'elle était. Depuis au moins deux décennies, l'abondance du foncier disponible n'est pas un facteur favorable à une mise en valeur intégrale.

Dans ce cas, fréquent, ce n'est pas la forêt qui avance et conquiert les terres exploitées, mais bien davantage l'espace agricole qui, spontanément, recule et s'abandonne au boisement. Dès lors, la progression forestière n'est pas la **cause** essentielle de la déprise mais bien plus la **conséquence** de la désaffection agricole. Les communes fortement boisées témoignent d'une sorte de rejet agricole et du même coup d'une propension à la friche. Bois et embroussaillement ne seraient que les deux facettes d'un processus unique conduisant peu à peu à l'exclusion d'une agriculture qui serait incapable de lutter à armes égales avec les producteurs des bas pays.

On conviendra volontiers qu'il est bien difficile de trancher avec sûreté : l'agressivité mécanique de la forêt ou l'affaiblissement permissif de l'agriculture peuvent agir conjointement, simultanément ou alternativement. L'exemple du Haut Limousin est à ce propos démonstratif : la « forêt paysanne », chère à M. Vazeille, apparaît d'abord comme complémentaire de l'agriculture paysanne et comme un gage de son maintien, avant de se muer en « enrésinement sauvage », incontrôlé et agressif, à la fois sanction de l'émigration et du repli agricole mais aussi cause agissante de la déprise. En définitive, il faut bien conclure que, si l'expansion forestière joue un rôle évident et parfois immédiat dans le processus de déprise, elle n'intervient souvent que de manière indirecte dans le sillage d'une désaffection agricole latente. Tout dépend, au fond, du rapport entre deux forces antagonistes - la pression forestière d'une part, la solidité agricole d'autre part - qui varient selon les époques.

Or, à considérer les dix ou vingt années écoulées, tout laisse à penser qu'après avoir atteint un paroxysme, la pression forestière tend à s'assagir, à être moins pressante. Sans disparaître, le rythme des nouveaux boisements semble s'amenuiser considérablement depuis la décennie 1980-90. C'est notamment ce que l'on peut constater dans les régions les plus concernées - Haut Limousin, Haut-Forez - où la couverture forestière n'a pas sensiblement varié au cours des dernières années. L'encadrement forestier pourrait ainsi apparaître aujourd'hui comme un facteur de déprise en partie « désactivé », hérité, au moins provisoirement, et en tout cas moins redoutable que par le passé.

c - Propriété et parcellaire

La nature de la propriété, les modes de faire-valoir, la structure parcellaire peuvent intervenir de manière appréciable dans les choix d'utilisation de l'espace. En fait, les conditions foncières jouent de façon négative chaque fois qu'elles introduisent un caractère de précarité ou de difficulté supplémentaire dans l'exploitation. Dans l'ensemble, leur rôle est aujourd'hui variable mais rarement déterminant, et certainement moins contraignant qu'il ne l'était autrefois.

La nature particulière de la propriété foncière, lorsqu'elle revêt la forme d'appropriation collective ou celle de la propriété « foraine », représente assurément une situation très fréquente dans le Massif central et souvent propice à l'enfrichement, à l'abandon, au boisement

On connaît le sort réservé aux **sectionaux** fréquemment marginalisés et délaissés. Outre leur médiocre qualité agronomique, ces espaces sont, en général, lourdement pénalisés par une réglementation coutumière mal adaptée aux conditions modernes d'utilisation et décourageant les derniers exploitants. Leur cas sera examiné plus loin, dans le détail (P. Couturier) et il n'est pas utile ici de s'y attarder davantage. Il convient cependant de remarquer, tout en tenant compte de la diversité des situations locales, que leur sort est le plus souvent scellé de longue date. Beaucoup ont été boisés, d'autres partagés, depuis plusieurs décennies. En définitive, sauf cas particuliers, ils ne constituent plus, autant que par le passé, une variable majeure de la déprise.

Les propriétés foraines, celles d'héritiers définitivement émigrés en ville, sont extrêmement courantes dans le Massif central. Partout ou presque, elles ont pu apparaître aux yeux des agriculteurs comme un obstacle à une bonne exploitation des terres, comme une sorte de « cheval de Troie » de l'abandon agricole. La propriété foraine apparaît donc sans conteste comme un facteur important de déprise. On en saisit la cause principale, le comportement du propriétaire qui obéit à une logique très différente de celle de l'agriculteur, et se traduit très souvent par **un phénomène de rétention foncière.** Soucieux de ne pas aliéner le bien patrimonial aussi bien que déçu par la modestie du profit potentiel qu'il retirerait d'une vente ou d'une location, le propriétaire tend à laisser les choses en l'état. Dans bien des cas, la terre en déshérence, inutile, sera conquise par la friche. Plus fréquemment encore, le boisement pourra apparaître comme la meilleure solution, à la fois profitable et qui préserve l'avenir. Le résultat, pour le territoire agricole, est identique : une fraction notable lui est ainsi soustraite, inaccessible aux agriculteurs désireux d'élargir leur exploitation.

Parfois aussi, l'attitude du propriétaire est plus souple. Il consent à confier sa terre à l'agriculteur sans toutefois renoncer à sa disponibilité. Les baux réglementaires, de longue durée, favorisant les droits de l'exploitant, sont proscrits. On leur préfère des contrats précaires, à l'année, du type « vente d'herbe » qui ménagent la liberté immédiate du bailleur, mais découragent aussi, faute de stabilité, les efforts de l'exploitant qui se bornera alors à un entretien minimum. Les modes de faire-valoir précaires, difficiles à saisir, mais assez couramment pratiqués, sont ainsi responsables de la sous-exploitation et de la dégradation d'une fraction parfois notable de l'espace agricole. Or, ils sont, pour bonne partie, associés à la propriété foraine. Par ce biais, cette dernière joue donc un rôle plus ou moins considérable dans le processus d'enfrichement : modeste mais appréciable en Margeride ou dans l'Aubrac (de 10 à 20 % des parcelles dégradées appartiennent à des forains), beaucoup plus sensible sur le plateau de Millevache où elle concerne un tiers des parcelles enfrichées, véritablement pesante dans les régions les plus durement affectées par la déprise, Haut Forez, Causses, Cévennes où les parcelles enfrichées sont majoritairement foraines (pour près de la moitié dans les Causses ou les Cévennes, jusqu'aux deux tiers en Haut Forez).

Si l'on ne peut minimiser le rôle perturbateur de la propriété foraine, surtout dans les campagnes les plus durement touchées par l'émigration, il convient toutefois de ne point en exagérer la portée actuelle, par ailleurs fort inégale selon les lieux. Il est incontestable qu'elle a grandement facilité la déprise aux périodes paroxysmales de l'exode rural, en particulier durant les décennies 1960-1980, et pendant les années qui les ont immédiatement suivies au moment où l'on hésite quant à l'usage d'un bien encore utilisable. Dans l'attente d'une affectation durable, la parcelle se dégrade peu à peu. Le choix s'opère alors, souvent en faveur du boisement. Si rien n'est décidé, la terre finit alors par s'embroussailler complètement. Dans les deux cas, l'espace concerné est ainsi définitivement soustrait à l'emprise agricole : le processus est alors à son terme, achevé. Il ne peut se perpétuer sur de nouveaux espaces que si l'émigration se prolonge et renouvelle ainsi le stock de terres foraines. Si l'on admet que le volume numérique de l'exode, limité à la source par le nombre de plus en plus réduit des candidats potentiels à l'émigration, s'est fortement amenuisé au cours des dernières décennies, on admettra du même coup que le rôle de la propriété foraine comme facteur de déprise s'est lui aussi amenuisé dans des proportions comparables. Il est hérité pour bonne part. On en veut pour preuve que, dans bien des cas, en Haut Forez comme en Haut Limousin, l'appropriation foraine concerne majoritairement les parcelles complètement enfrichées et donc probablement délaissées de longue date et, très souvent, aujourd'hui, inexploitées. Ainsi, à La Chamba (Haut Forez), les trois quarts des parcelles en friche aujourd'hui non exploitées sont d'appropriation foraine, et à Gentioux (Haut Limousin), les chiffres sont du même ordre, alors que les espaces dégradés, actuellement exploités, sont minoritairement forains. De même, à Veyreau (Causses), où la part des forains s'affirme d'autant plus que la friche est plus avancée. Ainsi, en général, l'influence foraine semble avoir pesé bien plus lourdement dans un proche passé qu'elle ne le fait aujourd'hui. Souvent de nos jours, elle constitue davantage un obstacle à une éventuelle reprise qu'elle ne provoque une réelle déprise. Son influence n'a pas disparu pour autant et peut même, dans certains cas, comme sur le Causse Noir, représenter une gêne préoccupante pour les exploitations en quête de nouveaux espaces.

Le morcellement parcellaire, quant à lui, apparaît toujours comme un facteur très favorable à la déprise et ce d'autant que les opérations de remembrement demeurent exceptionnelles en montagne. L'exiguïté de la parcelle occasionne un surcroît de travail, s'oppose à un entretien facile et en augmente sensiblement le coût. Le handicap est d'autant plus fort que la petite parcelle accumule souvent d'autres inconvénients : éloignement et accès, multiplication des propriétaires lorsqu'il s'agit de tenter un regroupement en blocs plus vastes, etc.

Le remembrement devrait offrir une solution efficace, à condition toutefois d'intéresser la totalité de l'espace communal. On constate, en effet, comme à Pigerolles (haut Limousin), où une moitié de la commune a été remembrée que le regroupement parcellaire a contribué à éradiquer la friche du secteur concerné..., mais, à l'inverse, a favorisé les progrès de l'embroussaillement sur les espaces non traités, aboutissant finalement à une sorte de « zonage » de la déprise. De même, le taux d'enfrichement d'Albaret-Sainte-Marie, remembrée en raison du passage de l'autoroute A75, n'est pas particulièrement bas, surtout si on le compare à celui de sa voisine, Chaulhac. La taille plus importante des parcelles n'est pas nécessairement un gage d'entretien.

Il reste que le remembrement ne concerne que de rares secteurs, et ne semble pas devoir se développer sensiblement. La pulvérisation parcellaire subsiste et, presque partout, représente un handicap puissant qu'aggravent les tendances actuelles favorisant un élevage extensif à la recherche de grands espaces. Mais, dans ce cas, l'exiguïté parcellaire constitue moins, à elle seule, le facteur initial d'abandon que la conséquence des nouvelles orientations technico-économiques de l'agriculture. En dépit des contraintes indiscutables qu'elle oppose partout au bon usage de l'espace, elle n'apparaît que comme une variable « secondaire » de la déprise, au même titre que la pente, l'encerclement forestier ou la propriété foraine.

3 - L'orientation des systèmes de production, variable essentielle

En définitive, si aucun des facteurs précédemment passés en revue ne peut s'affirmer comme un élément déterminant de la déprise mais intervient plutôt comme « accélérateur » du processus, l'origine du phénomène est à rechercher dans la capacité des agricultures actuelles à occuper et à entretenir correctement ou non les espaces qui leur étaient dévolus jusqu'ici. C'est mettre en exergue le rôle décisif des systèmes de production qui, selon leur nature, règlent la qualité d'exploitation du territoire, le degré de son entretien permis par les conditions technico-économiques mises en œuvre par l'agriculteur. Ainsi, **tout dépend du niveau d'intensité ou d'extensivité recherché en regard des dimensions spatiales, des superficies utilisées dans ce but.** Dans cette perspective, l'enfrichement, qui traduit l'abandon total ou partiel d'une fraction du territoire jusqu'alors exploité, peut être interprété comme le résultat d'un **déséquilibre** entre l'espace, le foncier, devenu surabondant (terre libérée trop massivement ou brutalement, cessations d'activité trop nombreuses) et la faculté du système de production en vigueur, insuffisante, impuissante à en assurer l'entretien normal. La déprise n'est ainsi que la manifestation d'un état de sous-exploitation du territoire, provisoire ou durable, délibérée ou involontaire.

Or, l'intérêt d'examiner les relations du couple « système de production » / « espace exploitable » s'accroît d'autant plus que, dans le contexte du Massif central, les termes du rapport ont connu une mutation radicale au cours des dernières années, depuis la réforme de la PAC surtout. Les perspectives quant à l'évolution de l'espace agricole - emprise ou déprise -s'en trouvent, du même coup, considérablement modifiées.

L'accélération spectaculaire du mouvement de concentration foncière constitue une donnée nouvelle, de grande importance pour notre propos. Depuis une décennie à peine, **l'agrandissement des exploitations** a atteint une ampleur sans doute jamais observée dans le passé. La liquidation brutale d'un grand nombre de petites ou moyennes unités qui ont utilisé l'opportunité offerte par les pré-retraites en a fourni l'occasion. Il en résulte un bouleversement authentique, radical, des structures traditionnelles de la société agricole : le Massif central, terre profondément paysanne, est en voie de se muer en espace de grandes structures. Dans l'Aubrac, en Margeride, la majorité des exploitations atteignent au dépassent une centaine d'hectares, elles approchent souvent deux cents voire deux cent cinquante hectares sur le plateau de Millevache, davantage encore dans les Causses où, déjà, l'on parle pour l'avenir de domaines d'un millier d'hectares. Malgré quelques exceptions (le nord-est du Massif en particulier), le phénomène se vérifie partout, et ne laisse subsister qu'une frange de modestes exploitations, marginales, et qui ne jouent plus qu'un rôle mineur et probablement provisoire dans l'occupation du territoire agricole. Ainsi, un nombre limité d'agriculteurs, à la tête de vastes unités, assure désormais la responsabilité d'entretenir des espaces considérables. De toute évidence, les conditions d'utilisation du territoire s'en trouvent fondamentalement changées.

Il n'est pas moins important, d'autre part, de rappeler les transformations très sensibles enregistrées par les orientations économiques de l'élevage de moyenne montagne. Le glissement du lait vers l'élevage allaitant pour la viande se confirme et s'accentue, dans l'ensemble du Massif. En dehors de quelques « bassins laitiers » de plus en plus strictement circonscrits, **les systèmes extensifs tendent à s'imposer,** à des degrés divers. Parallèle au puissant mouvement d'agrandissement des exploitations, la tendance à l'extensification renouvelle les modes d'exploitation de l'espace : les exploitations extensifiées peuvent utiliser des surfaces beaucoup plus vastes et se révèlent ainsi plus aptes à maîtriser un territoire étendu ; elles peuvent, par contre, se satisfaire de parcours de moindre qualité, sommairement entretenus où la broussaille, contenue mais non systématiquement éliminée, se trouve tolérée. Par là, c'est **la signification même de la friche qui apparaît sous un éclairage nouveau.** Intégrée aux pâturages, elle est alors normalement incorporée à l'exploitation et participe à son fonctionnement. Elle ne peut plus, dans ce cas, être interprétée comme un signe de recul agricole, mais, à l'inverse, doit être considérée comme la marque de son adaptation à de nouvelles conditions d'exploitation qui préservent une emprise maximale de l'agriculture.

De la sorte, le problème de la déprise, aujourd'hui, semble bien se poser en termes nouveaux : le degré d'extensification, le niveau d'agrandissement des exploitations y interviennent de manière déterminante. Or, si à l'échelle du Massif central, la double tendance agrandissement-extensification s'affirme avec netteté, elle revêt, selon les lieux, des formes et une ampleur variables. Sur des surfaces inégalement agrandies, des systèmes inégalement extensifs ménagent à la déprise des perspectives variables. On distinguera, à partir de là, différents cas de figures qui, selon la nature des systèmes de production pratiqués, offrent des risques d'abandon très dissemblables.

a - La spécialisation laitière, d'abord, peut globalement être séparée, du point de vue qui nous intéresse ici, des systèmes orientés vers la viande. Elle requiert, en matière d'herbages, des exigences quantitativement et qualitativement différentes. L'intensité de la production (chargement élevé, hauts rendements par tête) est, selon le modèle productiviste qui régit la filière, une condition fondamentale de réussite. Dès lors, l'exploitation laitière peut se satisfaire de surfaces relativement réduites - quelques dizaines d'hectares - à condition, toutefois, qu'elles fournissent un herbage de bonne qualité. Elle suppose donc un entretien soigneux des prairies, mais ne souffre guère les parcelles trop éloignées qui entraînent des déplacements préjudiciables au bétail. En définitive, les systèmes laitiers acceptent mal les pâturages dégradés, embroussaillés et offrent, à l'échelle de l'exploitation, les meilleurs gages d'un entretien du territoire. Mais, à partir de là, au niveau communal ou régional, et sachant que chaque unité se limite à de modestes superficies, **tout dépend de la densité des exploitations,** dont le nombre reste suffisant ou non pour assurer l'usage de l'essentiel de l'espace. Ainsi, selon les cas, le système laitier peut théoriquement amener à deux types de situations opposées : que les effectifs d'agriculteurs demeurent assez élevés et l'on conserve alors un territoire nécessairement soigné, bien entretenu, d'où la friche est exclue ou réduite au minimum ; si, à l'inverse, le nombre des exploitations devient trop faible pour tenir l'ensemble de l'espace, alors toute une partie du territoire, inutilisable dans de bonnes conditions, est alors laissée à un abandon quasi-complet, au bois ou à la friche. L'espace agricole contracté au voisinage des fermes évolue peu à peu vers un paysage de clairières bien tenues mais littéralement étouffées par de vastes étendues à l'abandon : les contrastes dans l'utilisation du territoire atteignent leur maximum.

C'est bien ainsi, semble-t-il, que l'on peut interpréter les évolutions radicalement divergentes des systèmes d'élevage laitier examinés.

• **Le cas des Monts du Lyonnais,** analysé dans la commune de Longessaigne, fournit l'exemple de pratiques fortement intensives, proches du « modèle breton », où la charge moyenne fort élevée pour un milieu de moyennes montagnes peut dépasser 1,5 UGB/ha. L'espace agricole, au sein de chaque exploitation, est en conséquence bien tenu. Mais, ce qui importe davantage encore est le nombre important d'agriculteurs en activité - 35 UTA pour 100 ha en moyenne - qui, dans le cadre d'unités fort modestes, assurent une emprise quasi-totale sur le territoire communal, d'où l'inculte est à peu près exclu : moins d'un dixième de l'espace est boisé, tandis que sur les neuf dixièmes de la SAU restante, les surfaces dégradées ne concernent que 7 à 8 % des terres. La pression agricole est telle que la déprise, insignifiante, est à peine concevable. Des jeunes s'installent. On cherche et on loue des parcelles de dimension modeste et éloignées du siège de l'exploitation. On s'adresse aussi à l'extérieur de la commune dans la continuité d'une société agricole soudée et montrant un incontestable dynamisme.

• **Le haut Forez,** que l'on peut observer au travers de multiples exemples comme à La Chamba, présente une situation diamétralement opposée. Le schéma initial n'est pas, cependant, très différent de celui des Monts du Lyonnais : exploitations tout aussi exiguës, orientation laitière qui n'est guère remise en cause par les quelques progrès de l'élevage allaitant. Le bilan est pourtant catastrophique : face à l'enrésinement, la SAU se réduit à la moitié de l'espace et s'avère elle-même plus ou moins gravement dégradée pour les deux tiers de ses surfaces. Il est vrai que les pratiques d'élevage sont demeurées trop peu intensives (charge de 0,6 UGB/ha seulement) pour assurer des ressources suffisantes dans le cadre d'exploitations aussi menues. Mais l'essentiel tient, dans un climat de désespérance, à l'extrême faiblesse des effectifs agricoles : moins de cinq exploitations par commune en moyenne, soit une pression humaine trois à quatre fois inférieure à celle des Monts du Lyonnais. Les agriculteurs, ici, ne sont plus assez nombreux pour enrayer une déprise dont la marche paraît inéluctable.

• Entre ces deux cas extrêmes, qui expriment clairement le rôle fondamental des effectifs agricoles, dans le contexte des petites exploitations laitières encore proches des structures paysannes traditionnelles, trouvent place diverses **situations intermédiaires.** Certaines communes des parties les moins élevées de Margeride, comme Chaulhac, peuvent illustrer ces formes de transition. L'élevage laitier reste important mais s'associe souvent un troupeau allaitant susceptible d'utiliser les herbages éloignés de moindre qualité. Les conditions d'exploitation du territoire s'en trouvent modifiées : malgré une intensité médiocre (0,7 - 0,8 UGB/ha), et le nombre réduit des agriculteurs, la déprise est assez bien contenue : la SAU occupe les deux tiers de l'espace et n'admet, en son sein, qu'un dixième de parcelles dégradées. La différence essentielle par rapport aux cas précédents tient à la fois à la dimension sensiblement agrandie des exploitations (les quatre cinquièmes d'entre elles disposent de plus de cinquante hectares et parmi elles une fraction notable dépasse cent hectares) et, sans doute aussi, à l'intervention partielle de l'élevage allaitant. En somme, la dimension des exploitations compense l'insuffisance numérique des agriculteurs et la faiblesse de l'intensité. On est bien dans le cas d'un système de transition vers les formules de production extensive de viande.

Les systèmes laitiers semblent bien obéir, en matière d'entretien de l'espace, à leur logique propre. Du moins dans leur forme pure où le lait demeure la production exclusive ou au moins fondamentale. Mais, on le sait, l'élevage laitier spécialisé ne concerne plus aujourd'hui qu'une fraction minoritaire du territoire, de plus en plus centrée sur quelques « bassins laitiers » nettement identifiables. En définitive, l'essentiel est ailleurs, avec les pratiques extensives de l'élevage-viande qui prévalent sur la plus grande partie du Massif central.

b - L'élevage-viande extensif et l'entretien de l'espace

Par sa capacité à user de vastes espaces, même de médiocre qualité, l'élevage extensif apparaît le plus apte, dans un contexte d'exploitations raréfiées mais fortement agrandies, à occuper le territoire et à contenir, dans l'ensemble, la déprise. Toutefois, on l'a vu, son emprise étendue et parfois démesurée l'oblige à réduire l'entretien au maximum et souvent même à incorporer des secteurs plus ou moins enfrichés dont la seule persistance accroît clairement les risques d'embroussaillement progressif. On confine ainsi à une situation quelque peu paradoxale : les pratiques extensives repoussent au plus loin les limites de l'abandon, mais, en même temps, introduisent le ver dans le fruit en tolérant, dans la place, l'existence des broussailles ennemies. Dès lors, tout dépend de la capacité du système à contrôler la friche en son sein : des soins, même calculés au plus juste, peuvent la fixer et interdire son développement ; à défaut l'exploitation sera peu à peu conquise de l'intérieur par les progrès de l'embroussaillement. Il s'agit, en fait, de réaliser un équilibre fragile où la friche est admise mais contenue. Tout est affaire de volume de soins qu'il est possible de prodiguer face à la dimension du territoire utilisé qui sera alors « exploité » ou « sous-exploité ». Or, cet équilibre n'est pas toujours atteint. Selon les lieux et les productions recherchées qui règlent des pratiques inégalement extensives, la maîtrise de l'espace est diversement assurée et le risque de déprise très variable.

On pourra ainsi, à la lumière des observations réalisées, distinguer trois types de systèmes extensifs qui paraissent assez bien résumer la plupart des situations rencontrées dans le Massif central.

1 - Le premier, que l'on qualifiera de **système extensif « classique »**, dans la mesure où il représente la forme la plus couramment rencontrée, « normale », de production bovine allaitante, se voue à l'élevage d'animaux maigres, les « broutards » vendus entre six mois et un an. Etudié en haut Limousin ou en Margeride, c'est certainement aujourd'hui le système le plus répandu dans les moyennes montagnes du Massif central.

Il utilise des superficies de plus en plus considérables dans le cadre d'exploitations qui se tiennent le plus souvent entre cent et deux cents hectares (cf. plateau de Millevache) et qui ne semblent pas avoir fini de s'agrandir : l'espace agricole existant est donc préservé dans son extension, stabilisé, malgré le faible nombre des agriculteurs.

Toutefois, en dehors de noyaux d'herbages bien soignés, ces vastes exploitations faiblement chargées (0,5 à 0,6 UGB/ha en moyenne), et largement composées de parcours doivent faire la part aux broussailles, à la friche : près des deux tiers de la SAU, dans les régions de Gentioux (Millevache), sont ainsi plus ou moins dégradés. Toutefois, au prix d'un entretien calculé, régulier, la friche est contrôlée, contenue. L'équilibre est atteint et permet de préserver l'essentiel : globalement, l'espace agricole demeure stable malgré la disparition d'un grand nombre d'exploitations au cours de la dernière décennie. Les lambeaux de friche acceptée, à l'intérieur du territoire utilisé, ne sont plus la marque d'une quelconque déprise mais plutôt le signe d'une résistance raisonnée qui doit faire la « part du feu ».

Pour l'heure, cette situation, qui s'exprime remarquablement en haut Limousin, ne manifeste, en dépit d'apparences parfois trompeuses, aucun danger immédiat de déprise. En fait, cette dernière, héritée d'une période récente, semble actuellement conjurée grâce à l'émergence d'une nouvelle agriculture, raisonnablement extensive, qui s'adapte à la liquidation du modèle paysan. On ne peut nier toutefois qu'un tel équilibre qui dose au plus juste les dépenses d'entretien est, par essence, bien précaire.

2 - **Le système extensif « intensifié »** correspond à un second type, plus élaboré, qui se rencontre notamment dans l'Aubrac. Il se définit surtout par la recherche d'une production de viande mieux « finie », obtenue par l'alourdissement des animaux vendus au-delà d'une année. La plus-value ainsi réalisée suppose donc un hivernage pour la plus grande partie du cheptel et pose, en conséquence, le problème familier en montagne de la constitution de gros stocks de fourrages. Une sorte de « révolution fourragère » s'impose alors qui modifie très sensiblement les perspectives en mobilisant des superficies croissantes. Il s'ensuit à la fois un agrandissement des exploitations et, au plan collectif, une extension notable de l'espace exploitable. Le territoire agricole, sous la pression, réinvestit son aire maximale et même tend à coloniser des pâturages parfois très éloignés, bien au-delà de la commune d'origine devenue trop exiguë : le grand mouvement de conquête des « estives » par les éleveurs de l'Aubrac concerne aujourd'hui la majeure partie des Monts d'Auvergne. C'est que les nouveaux besoins fourragers nécessitent des herbages de qualité : une fraction considérable des terres doit être réservée à la fauche et soigneusement entretenue. Elles doivent aussi être délestées pendant l'été et imposent, par là, l'extension des pâturages saisonniers d'altitude. Dans ces conditions, l'emprise agricole est maximale et les herbages soigneusement entretenus. Elle gagne même des territoires extérieurs, dans les départements voisins, où la réhabilitation des estives a pu être spectaculaire. Ainsi, la modification du système de production entraîne-t-elle, pour l'espace, une authentique « spirale de progrès ».

3 - Les pratiques très extensives, que l'on qualifiera de « **systèmes sur-extensifs** » ou de **ranching** adoptent, par contre des voies inverses qui aboutissent à des conséquences également inverses. On évoquera ici le cas de l'élevage ovin qui domine une grande partie du sud-est Massif central dans les Causses et les Cévennes.

Il s'agit là d'un élevage fondé en partie sur la simple cueillette de parcours ne bénéficiant pas du moindre investissement, à très faible chargement (0,1 à 0,2 UGB/ha), dans le cadre de vastes ou très vastes exploitations. Mais ces dernières sont aujourd'hui en nombre si limité qu'elles n'utilisent qu'une fraction réduite du territoire, rarement supérieure au quart des superficies communales et **ce malgré le renfort de troupeaux** transhumants dont le rôle dans la préservation du territoire agricole est parfois considérable, dans les Cévennes notamment. Soumis au gré de successions incertaines ou des besoins d'éventuels transhumants, l'espace encore exploité paraît singulièrement fragile.

Qui plus est, il est aussi fortement menacé de l'intérieur par l'avancée régulière des broussailles qui rongent inéluctablement des parcours manifestement sous-pâturés. La charge trop faible ne permet pas de maintenir le couvert végétal en l'état. Extensif à l'excès, un tel système ne maîtrise plus un espace surabondant qui doit admettre la présence de larges secteurs enfrichés et n'est plus capable de les contrôler. Le manque de moyens en main-d'œuvre, le coût trop élevé du débroussaillage mécanique, le parcage des troupeaux sur des unités trop vastes qu'impose la nécessité de réduire les frais de clôture, contribuent au même résultat. La tendance s'est aggravée avec la disparition des bergers qui assuraient de fait une certaine gestion de l'espace en obligeant les animaux à parcourir l'ensemble des parcelles, en brûlant de temps à autre les genêts et les broussailles. Les brebis et plus encore les bovins ont la dent sélective. Parqués dans de vastes enclos et livrés à eux-mêmes, ils négligent certaines espèces qui, peu à peu, colonisent des parcours qui à terme deviennent répulsifs. Que dire alors des parcelles non clôturées ? Utilisées de plus en plus rarement, puisqu'elles obligent à une garde des troupeaux, elles évoluent vers l'enfrichement. Le système est victime de sa propre logique surextensive dont il ne peut cependant s'émanciper : la pauvreté naturelle du milieu impose l'utilisation de vastes territoires, que la nécessité économique d'accroître la production et donc d'augmenter le cheptel pousse encore à étendre, au-delà des limites normalement maîtrisables.

Le schéma mériterait cependant d'être nuancé. Même si le bilan final apparaît comparable, les pentes folles des Cévennes et les plateaux arides du Causse ne posent pas à l'éleveur des problèmes identiques. Et, dans le système caussenard, il faudrait distinguer les exploitations laitières intégrées au « Rayon de Roquefort » de celles qui produisent l'agneau de boucherie. Les mutations de l'élevage ovin-lait n'ont guère été favorables au maintien de la couverture végétale. Depuis les années 1950, la quête de meilleurs rendements et d'une qualité supérieure du lait ont obligé les agriculteurs a distribuer des fourrages de qualité, issus des prairies temporaires de l'exploitation ou acquis à l'extérieur et à limiter l'utilisation des parcours fréquentés par le troupeau au moins quelques mois de l'année surtout s'ils sont éloignés des bergeries. L'intensification des pratiques et l'adoption de techniques, qui rappellent par certains aspects le « hors-sol » breton, ne sont pas sans conséquence sur l'enfrichement qui, corrélativement, s'est développé.

Il suffit, pour un propos d'ordre général, de souligner le lien étroit qui associe déprise territoriale et qualité du système de production. Selon le degré d'intensité obtenu, l'espace agricole pourra être tenu - en équilibre ou même en expansion - ou, à l'inverse, gravement sous-exploité et, peu à peu, livré à l'abandon. Les orientations technico-économiques règlent donc, très probablement, les mouvements d'emprise ou de déprise de l'espace agricole. Mais elles agissent en fonction de conditions locales annexes - nos variables « secondaires » (pente, environnement forestier, cadres fonciers, etc.) - qui, selon les cas, aggravent ou modèrent leur efficacité, sans en changer le cours.

c – Le cas extrême est fourni par certaines communes du Haut Beaujolais, comme Saint-Cy-le-Châtoux avec une destructuration totale de l'agriculture et de la communauté paysanne. La remarque paraît incroyable mais Saint-Cyr ne s'inscrit dans aucun bassin de production, même d'une façon marginale. Tous les agriculteurs autochtones commercialisent directement leur production fromagère. Le finage est exploité en partie par des « étrangers » (six exploitants résidant hors de la commune contre quatre locaux) habitant dans les communes périphériques, à moins qu'il ne soit destiné à d'autres usages (chasse). L'embroussaillement est partout, la friche progresse et rien ne permet de prévoir un avenir meilleur. Sur les dix exploitants de la commune, sept ont plus de 50 ans !

La logique d'interprétation ici proposée présente cependant des limites évidentes. Forcément schématique, elle vaut pour les grands ensembles territoriaux, à l'échelle du Massif central et, à ce niveau, se révèle utile à l'intelligence globale du phénomène.

Elle ne peut prétendre, par contre, expliquer le détail des situations locales, infiniment variées, et répondre de comportements complexes qui souvent séparent radicalement des communes voisines. D'un côté, la friche est partout, de l'autre elle est circonscrite : à quelques kilomètres de distance, les tendances peuvent s'opposer, sans raisons objectives facilement repérables. En définitive, on sait d'expérience que tout dépend de comportements individuels, puis collectifs, soit d'attitudes, de mentalités qui déterminent l'inégal dynamisme des communautés agricoles : dès lors, les choix de systèmes économiques, les pratiques utilisées apparaissent aussi bien comme le produit de l'attitude des hommes que comme le résultat d'un calcul rationnel.

Ainsi, au terme de cet enchaînement, la friche se révèle comme la conséquence ultime d'un faisceau de déterminants où les mentalités tiennent une place toujours importante. On sait le rôle décisif que peut jouer parfois la nature des relations entre deux individus, deux familles et qui règle des comportements souvent fort irrationnels. La question pourrait paraître futile ou, à tout le moins, de portée insignifiante. Elle est certainement accessoire dans le cas de communautés nombreuses et fortes. Elle peut, par contre, devenir primordiale lorsque la communauté locale, réduite à quelques individus, en vient à régler ses comportements sur l'attitude personnelle de ses rares composantes. Or, de telles situations sont aujourd'hui les plus fréquentes dans les moyennes montagnes... Il faut donc en tenir compte et renoncer à expliquer jusque dans le détail des tendances qui, au niveau le plus local, n'obéissent que partiellement à des arguments objectifs et raisonnés.

La réserve s'atténue heureusement lorsqu'on change d'échelle et que l'on élargit les perspectives à des espaces plus étendus et à des groupes humains plus nombreux. Les conclusions ci-dessus retrouvent alors une validité acceptable pour s'appliquer à un raisonnement sur les grands ensembles géographiques.

Une nouvelle objection, dès lors, se manifeste. Notre réflexion s'est fondée sur des études de cas précis, certes jugés représentatifs de situations plus générales, mais qui demeurent ponctuelles. On aboutit, de la sorte, à une typologie suffisamment riche pour éclairer les mécanismes du phénomène, mais insuffisante pour dresser un tableau complet des tendances et des mouvements à l'œuvre sur l'ensemble du territoire concerné. Comment passer de l'analyse particulière à une vision globale de la situation, d'exemples cantonaux à la carte complète du Massif ?

III – ESSAI DE GÉNÉRALISATION DES RÉSULTATS

A - La méthode

Généraliser nos résultats à l'ensemble du territoire suppose la mise au point d'une formule à la fois simple d'application et suffisamment synthétique pour ramasser en quelques variables élémentaires nos conclusions quant aux facteurs les plus discriminants de la déprise.

La simplification recherchée, en sélectionnant un nombre très limité de variables, conduit évidemment à renoncer à une grande partie de la finesse des analyses précédentes. Elle ne peut donc aboutir, quant aux résultats attendus, qu'à une approche relativement grossière des phénomènes, suffisante toutefois pour mettre en valeur les caractères fondamentaux des situations locales en matière de déprise territoriale. Dans ce contexte, l'échelle utilisée peut aussi revêtir une grande importance. Le niveau le plus réduit, celui de la commune, paraît peu adéquat : le poids souvent considérable des cas particuliers pour un nombre souvent très faible d'exploitations risque fort de biaiser les résultats. Au contraire, l'utilisation de territoires trop étendus, départements ou arrondissements, amènerait à l'amalgame de situation trop diverses et conduirait à des conclusions de médiocre intérêt. Entre les deux, le choix de l'échelle cantonale paraît le plus judicieux.

Reste à isoler les variables les plus pertinentes. Nous nous laisserons logiquement conduire par nos conclusions antérieures que justifient et valid99 la comparaison des travaux très précis réalisés sur le terrain. Les facteurs jugés « accessoires » ou « secondaires » seront écartés au profit des seules variables considérées comme « essentielles » : la **qualité du système de production** en vigueur (caractères technico-économiques) d'une part, la **dimension territoriale de l'exploitation** d'autre part. L'association de ces deux données doit permettre de cerner, en tous lieux, la **capacité de l'agriculture à maîtriser l'espace disponible.** Il serait possible de s'en tenir à cette approche. Il apparaît cependant que la prise en compte des tendances récentes enregistrées au cours des toutes dernières années par le territoire agricole constitue un utile complément : expansion ou contraction des surfaces exploitées, dégradation ou bonne tenue de celles-ci, révèlent aussi bien la propension des sociétés locales à tenir ou non leur territoire, et pèsent le plus souvent sur les comportements présents.

On aboutit ainsi à une sélection de quatre variables :

Evolutions récentes:
• Evolution des superficies agricoles exploitées = **éSAU**
• Evolution qualitative de l'espace agricole appréciant la tendance l'enfrichement = **éQu**
Conditions actuelles de maîtrise de l 'espace :
• Dimension des exploitations (espace à entretenir) = **Dex**
• Nature du système de production appréciée par son degré d'intensité (moyens d'entretien) = **I**
La formule proposée pourrait alors s'écrire comme suit :

(é SAU x é Qu) x (Dex x I)

Pour être opérationnelle, la formule doit aussi user de données facilement mobilisables, disponibles pour l'ensemble du territoire en même temps que d'accès facile. On aura donc recours, dans la plupart des cas, aux sources statistiques les plus courantes : RGA (mais on est dans l'attente d'un recensement actualisé) et surtout données établies pour l'attribution de l'ICHN et autres primes en vigueur, la combinaison des différentes sources permettant de couvrir la période récente de 1988 à 1996.
Pourront ainsi être appréciées :

 • L'évolution de la SAU de 1988 à 1996. L'application de coefficients de 1 à 3 permettra de signifier simplement le degré de résistance (coef. 3) ou de contraction (coef. 2 ou 1) de l'espace concerné.

 • La dimension des exploitations, soit la taille moyenne de ces dernières en 1996. L'utilisation d'une donnée plus fine susceptible de mieux représenter la réalité concrète serait souhaitable, par exemple la superficie type des exploitations contrôlant de fait la majorité de la SAU. Elle suppose la connaissance de la distribution des exploitations par classes de taille qui n'est fournie que par le RGA dont le plus récent (1988) est malheureusement trop ancien.

 • La qualité du système de production dont l'intensité peut être mesurée à partir du chargement en bétail (nombre d'UGB/ha) et utilement précisée par la disponibilité en main-d'œuvre (nombre d'UTA/100 ha). Mais cette seconde donnée n'est, elle aussi, facilement accessible qu'à partir du RGA de 1988...

En définitive, seule l'estimation du second terme de l'équation, la dégradation qualitative de l'espace agricole, dont la mesure a été faite seulement dans le domaine de cantons étudiés dans le cadre de ce travail, pose sérieusement problème. Doit-on renoncer à son utilisation, ou tenter d'appliquer les résultats connus, de proche en proche, depuis les cantons analysés vers les espaces voisins de même nature et reconnus comme tel sous le contrôle de la photo aérienne ? On pourrait alors user, là encore, d'une échelle simplifiée de coefficients de 1 à 3, depuis l'espace agricole le plus dégradé, déjà fortement rongé par la friche, jusqu'aux territoires les mieux entretenus.

Pratiquement sous sa forme complète optimale, l'équation s'exprime alors comme suit :

$$\left[(\text{Evolution SAU}) \times (\text{Degré d'enfrichement})\right] \times \left[\left(\begin{array}{c}\text{Surface type}\\\text{expl. dominantes}\end{array}\right) \times (\text{Charge bétail}) \times \left(\begin{array}{c}\text{Disponibilité en}\\\text{main-d'œuvre}\end{array}\right)\right]$$

| (coef. 1 à 3) | (coef. 1 à 3) | (ha) | (UGB/ha) | (UTA/100 ha) |

soit A x B x C x D x E

On peut aussi, en cas de besoin, faute de données suffisantes, la réduire à une expression encore simplifiée comme A x C x D x E.

B - Les résultats

La validité de la méthode peut être testée de façon expérimentale, en comparant les situations connues dans le détail, avec sûreté, des secteurs étudiés sur le terrain et le produit des calculs obtenus par la formule ci-dessus appliquée aux mêmes secteurs. Les résultats[1], consignés dans le tableau ci-après, fournissent, quant aux risques actuels de déprise territoriale, des valeurs fortement contrastées qui corroborent parfaitement les conclusions obtenues sur le terrain :

• Au-dessous de 1 000 points, le Haut Forez et les Causses se signalent, sans surprise, comme les territoires aujourd'hui les plus dangereusement exposés.

• Au contraire, en totalisant plusieurs milliers de points, l'Aubrac et les Monts du Lyonnais apparaissent comme exempts de risques immédiats ; la Margeride, à quelques distances, se situant en position de les rejoindre.

• Le Haut Limousin, avec un score modeste, apparaît en position intermédiaire. Pénalisé par le mauvais état d'un territoire fortement contracté et passablement   dégradé (1ère partie de la formule), il se rattrape nettement par contre au niveau du second corps de l'équation qui manifeste une assez bonne capacité à maîtriser actuellement l'espace. On peut donc en déduire, en confirmant les conclusions du terrain, à la stabilisation actuelle d'une situation certainement dégradée, mais dont l'embroussaillement est, soit hérité, soit intégré à un système en équilibre.

La bonne compatibilité entre les faits bien établis, qu'ils soient connus à partir des recherches de terrain ou d'un épisode du passé (la période 1979-88) dont on sait aujourd'hui l'issue, et le produit des calculs obtenus de la formule proposée, semble valider la méthode. Une généralisation s'avère donc possible à l'échelle de l'ensemble des cantons du Massif central. **Il apparaît pourtant prématuré, à l'heure actuelle, de tenter l'élaboration d'une carte qui traduirait ces résultats,** faute de données suffisamment fiables, aujourd'hui non disponibles. Les termes C et E de notre formule (classement des exploitations par catégories de taille, charge en main-d'œuvre), essentiels, ne sont pas connus depuis le RGA de 1988. Or, la transposition des données de 1988 à la période actuelle ne peut être raisonnablement envisagée, si l'on considère les bouleversements de grande ampleur qui ont affecté les campagnes au cours de la dernière décennie.

Force est donc d'attendre, pour produire une carte, la publication prochaine du RGA des débuts du XXIe siècle... et de se satisfaire provisoirement d'une **typologie** fondée sur l'expérience solide des études de cas rapportées plus haut.

Ebauchée à grands traits, elle met en évidence quelques oppositions géographiques majeures. Se distinguent ainsi :

	Etat et évolution récente de l'espace agricole				Conditions actuelles de maîtrise de l'espace			
	Score final	Evol. SAU 1988-96	Coef. de dégradation de la SAU	Produit total	Surface-type des exploit. dominantes	Charge en bétail	Disponibilité en main-d'œuvre	Produit total
	AxBxCxDxE	Coef. 1 à 3*	Coef. 1 à 3**	AxB	Ha	UGB/ha	UTA/100 ha	CxDxE
Causses	760	2	2	4	350	0,1	6	190
Haut Forez	180	1	1	1	20	0,6	15	180
Margeride	5 880	2	3	6	70	0,7	20	980
Haut Limousin	1 800	2	2	4	150	0,6	5	450
Monts du Lyonnais	8 100	3	3	9	30	1	30	900
Aubrac	12 150	3	3	9	150	0,6	15	1 350

* Espace modérément réduit : 2   Espace fortement réduit : 1

  Espace maintenu : 3   Espace médiocrement tenu : 2   Espace mal tenu : 1

** Espace bien tenu : 3

Source : RGA 1988 et données ICHN 1996 ; Enquêtes de terrain 1998 (Département de géographie, Université Blaise Pascal)

Une simulation réalisée selon la même méthode à partir des RGA de 1979 et 1988, pour une période aujourd'hui révolue, confirme la validité de la démarche. Elle fait ainsi clairement apparaître, par exemple, les risques de déprise encourus à l'époque par les cantons du Forez et, dans une mesure à peine moindre, par ceux de haute Corrèze ou des Combrailles, ou les meilleures dispositions de la région des Monts Dore.

Calcul théorique de l'inégale sensibilité des espaces agricoles à la déprise territoriale
(la fragilité est d'autant plus grande que le « score final » inscrit dans la 1ère colonne est plus faible)

• **Des régions gravement menacées de déprise,** qui, sauf exceptions locales, correspondent essentiellement aux bordures orientales du Massif central. L'état de délabrement déjà atteint par les territoires agricoles actuels, l'impuissance manifeste des systèmes de production en vigueur à résister aux forces d'abandon, paraissent dangereusement compromettre l'avenir. Le même bilan s'applique pourtant à des sous-ensembles radicalement distincts : le nord-est souffre essentiellement de petites structures dépassées, inadaptées à des pratiques beaucoup trop extensives, le sud-est (Causses, Cévennes) s'avère, au contraire, incapable de maîtriser des espaces devenus démesurés.

• **Des régions remarquablement entretenues,** en dépit d'une faible pression humaine, et où les risques de déprise spatiale apparaissent comme incongrus. Le besoin de nouveaux espaces pour des systèmes d'élevage considérés comme extensifs mais qui s'avèrent exigeants en qualité et en quantité entretient une « faim de terre » qui tend à faire tache d'huile. Le modèle, et le foyer initial, en est l'Aubrac, mais il tend à s'étendre bien au-delà. Aussi peut-on envisager qu'il concerne peu à peu une bonne partie des Monts d'Auvergne à l'exception des monts Dôme, et peut-être certains secteurs de la Margeride. Ainsi se trouverait défini un cœur du Massif, solidement tenu, axé en fait sur le noyau centre-ouest de l'espace central.

A partir d'un autre schéma, les « bassins laitiers » les plus résistants supposent un bon entretien de l'espace agricole : production fourragère intensive, forte densité de producteurs apparaissent comme des conditions indispensables de survie et, par là, comme des gages d'une mise en valeur soignée du territoire. Les bordures des Monts d'Auvergne, de la Châtaigneraie cantalienne au Sanflorain et à la retombée septentrionale des Monts Dore, les plateaux du Devès en Haute-Loire et, à partir de là, peut-être, quelques secteurs aussi de Margeride viennent ainsi compléter et renforcer ce cœur du Massif central à considérer comme solide.

• **Des régions plus incertaines,** à l'espace agricole fortement contracté et dont les parties encore exploitées sont aussi rongées par l'enfrichement, laissent apparaître des symptômes d'un abandon redouté.

Pourtant, au-delà des apparences, la menace semble, momentanément au moins, conjurée. L'agrandissement spectaculaire des exploitations, l'adoption de pratiques raisonnablement extensives qui admettent mais cautionnent la friche, sont susceptibles de préserver le territoire en l'état et de résister à une nouvelle poussée de déprise. Le cas du plateau de Millevache est ici exemplaire. Peut-être est-il susceptible de s'étendre à d'autres campagnes du nord-ouest du Massif, voire aux espaces les plus rudes de haute Margeride ?

Il reste que l'arrêt de la déprise, la stabilisation acquise ou attendue de l'espace agricole, dépendent d'un équilibre très fragile. Rémission durable ou risque de rechute ? Il est bien difficile, aujourd'hui, d'en décider. Une incertitude raisonnablement optimiste reste de mise...

Bibliographie sommaire

ANDRÉ M.F., 1995, « Vitesses d'enrichement de la montagne limousine, premiers éléments d'appréciation », *Norois*, 168, pp. 629-640.
ARLAUD S., 1994, « Friches et jachères en Poitou-Charentes », *Norois*, 164, pp. 667-689.
Et plus généralement ce volume de *Norois*
BRET F., 1991, « Friche, fragilité, espace régional : introduction à une géographie applicable », *RGL*, 1, pp. 11-22.
Et plus généralement ce volume 66 n°1-91
DERIOZ P., 1993, *Friches et terres marginales en basse et moyenne montagnes – Revers sud-ouest du Massif central*, Thèse, Publications du Laboratoire Structures et dynamiques spatiales. Université d'Avignon et des Pays du Vaucluse, 330 p.
DUFOUR J., 1994, « Les terres agricoles délaissées dans la Sarthe : de la friche au boisement ». *Norois*, 164, pp. 627-642.
GACHON, 1948, « Population et friches », *Information Géographique*, 5, pp. 175-179.
MARTY P., 1996, « La friche entre célébration et disparition. Le cas des Hautes Fagnes (Ardennes, Belgique) et du Lévezou (Massif central, France) », *Journal d'Agriculture traditionnelle et de botanique appliquée*, pp. 199-229.
MERGOIL G., ROUDIE P., 1991, « Friches et recensements de l'agriculture », *RGL*, 1, pp. 5-10.
POINSOT Y., 1997, « Le rôle des formes spatiales dans l'enrichement des moyennes montagnes audoisese », *L'Espace Géographique*, pp. 247-260.

FRICHES ET SYSTÈMES AGRICOLES
DANS LE MASSIF CENTRAL : ESSAI SUR
LES VARIATIONS HISTORICO-GÉOGRAPHIQUES

L. RIEUTORT
CERAMAC, Université Blaise Pascal, Clermont-Ferrand

Grâce à des analyses précises de finages villageois, on connaît donc mieux la localisation des friches et les risques d'extension à court terme. Cette approche par échantillonnage très fin permet ainsi de renouveler nos connaissances sur des processus complexes. Mais il ne s'agit là que d'une « photographie » des réalités locales et actuelles que seule l'étude des tendances historiques peut confirmer ou infirmer.

Il faut donc à la fois replacer ces observations dans une perspective dynamique et élargir le propos à l'échelle de l'ensemble du Massif central. Sans se perdre dans l'infini des nuances, nous voulons n'examiner ici que les évolutions historiques de la friche, et sous un angle particulier : celui de leurs rapports avec les systèmes agricoles, avec les mutations technico-économiques qui ont tant affecté les hautes terres.

Nous avons opté pour des indicateurs statistiques simples, mais aussi pour des éléments qualitatifs recueillis dans la bibliographie ou lors d'enquêtes de terrains. Bien qu'ils soient liés, nous séparerons, pour la clarté de l'exposé, le thème des pulsations de la déprise et celui des origines de l'embroussaillement. Chemin faisant, on envisagera également quelques perspectives.

I - MUTATIONS AGRICOLES ET DÉPRISE : LES CHOCS SUCCESSIFS

Pour comprendre la géographie de la friche une vision historique s'impose. Des enquêtes dans le haut Limousin, la Margeride ou les Causses montrent même que certaines parcelles actuellement dégradées renvoient à un processus déjà ancien car les conditions physiques du Massif central sont parfois défavorables au développement d'une végétation ligneuse (planche 2). Dans bien des cas, la friche ne laisse la place à la forêt qu'au bout d'une quarantaine d'années en fond de vallée, voire d'un siècle sur sols squelettiques (Dérioz, 1994).

Dans ce cadre, trois phases de mutations remettent en cause l'occupation de l'espace agricole et génèrent un enfrichement progressif, aboutissant parfois à l'abandon complet d'anciennes parcelles agricoles, gagnées par des formations monospécifiques (landes à callune, à fougères ou à genêts) et des ligneux bas (bouleaux, pins, genévriers), stade préalable au boisement.

A - Les premières remises en cause (fin XIXe-1930)

Incontestablement, une première période clef, propice à des mutations de grande ampleur, débute dans la deuxième moitié du XIXe siècle et s'achève dans l'entre-deux-guerres. Évoquée dans de nombreuses thèses (Marres, 1935 ; Durand, 1945 ; Bozon, 1962) et mémoires (Teuma ; Wiart), elle semble pourtant limitée dans l'espace et progressive dans le temps. En vérité, cette pulsation négative se caractérise à la fois par une dégradation ponctuelle de l'espace agricole et par un abandon, une fermeture du paysage avec des vagues de boisements ou de reboisements sur des parcelles dont les émigrés et leurs descendants sont souvent les promoteurs (Collectif, 1976).

La crise paraît plus précoce (dès 1850) dans le sud du Massif central, dans les Cévennes (Lamorisse, 1975 ; Wiart), la Montagne Noire ou l'Espinouse (Le Roy, 1934), frappés par un exode torrentiel et un délabrement de l'économie traditionnelle (Estienne, 1988). Mais c'est surtout à la fin du siècle (1880-1900) et dans l'immédiat après Première Guerre mondiale que les hautes terres sont frappées par la déprise. Cette dernière s'aggrave dans les régions méridionales et s'installe dans la Montagne limousine (Teuma), dans les Dômes (INRA,1983 a) ou en haute Margeride (INRA, 1983 b ; Rieutort, 1987).

Enfin, le repli est plus tardif (entre-deux-guerres) dans les montagnes les plus pauvres de la moyenne Margeride, du mont Lozère ou des Grands Causses. Ces plateaux karstiques sont bouleversés à la fois par la nouvelle économie de Roquefort et par l'émigration qui leur fait perdre la moitié de leur population entre 1836 et 1935 (Marres,1935). *« Les « sotchs » perdus au milieu des communaux usurpés par les pauvres gens lors du surpeuplement et de la faim de terres du début du XIXe siècle, retournent à la friche »* (Saussol, 1995). Marres estime qu'un tiers des surfaces de terres dites labourables dans les cadastres est alors dégradé. De même, dans les gorges, les terroirs de « rivières » commencent à s'embroussailler alors que croulent les murettes. Plus au nord, sur le plateau de Millevaches, des parcelles reviennent également à la friche et de grandes étendues sont boisées (Larrère, 1974). Dans le massif volcanique de l'Aubrac, certains burons fromagers ferment déjà leurs portes et des portions de « montagnes » sont négligées, en particulier sur les marges cristallines où l'on partage difficilement les communaux (CNRS, 1972). Les hautes terres de l'Est sont également dans la tourmente : les signes de déprise courent du haut Beaujolais jusqu'au Vivarais, en passant par le Livradois ou le Forez dont les jasseries sont délaissées (Lapayre, 1926 ; Archer, Delaporte, 1953 ; Bonnaud, 1967). En fait, dans ces campagnes orientales, le dépeuplement entraîne inévitablement un certain abandon, en particulier dans les pays coupés où la friche gagne, lentement colonisée par les pins, alors que les plateaux sont mieux occupés ou reboisés en résineux.

B - La révolution des années 1950

Une deuxième phase de mutation et de crise s'ouvre vers 1950-1960 dans le cadre de la « révolution agricole » qui se heurte aux traditions paysannes (Fel, 1962). C'est alors la grande période d'enfrichement sur les hautes terres car non seulement on note une aggravation des processus déjà à l'œuvre mais, en plus, s'opère une véritable diffusion à d'autres territoires jusque-là mieux lotis.

L'accélération du mouvement de déprise, y compris sur des terroirs plans, concerne la Montagne limousine, le haut Forez, le Livradois, les pays coupés des Limagnes du Sud, les hautes Cévennes, les Boutières ardéchoises ou les portions élevées des Grands Causses. Dans ce dernier cas, on évoque même les boisements spéculatifs issus de sociétés papetières (Côte, 1967) tandis que certains domaines retournent à l'élevage extensif pour la viande et louent des pacages appauvris aux troupeaux des Garrigues. Mais le déclin de la transhumance du bas Languedoc vers les Cévennes, le mont Lozère, le sud de la Margeride ou le Tanargue multiplie aussi les risques d'embroussaillement (Wiart).

En outre, le Massif central est soumis à la diffusion spatiale des friches qui s'accompagne d'une vigoureuse sélection des terroirs au profit des « meilleurs fonds ». Dans ce contexte, les espaces périphériques sont délaissés (pâturages d'altitudes de mauvaise qualité, landes sectionales, grands versants en pente, prairies mal drainées...). Telle est l'évolution dans la montagne volcanique (au moins dans les années 1950 et avant un cycle de reprise), dans les Dômes et les pays coupés proches, dans le Velay et la Margeride, dans le moyen Limousin ou en Combrailles. Sur les hauts plateaux du Cézallier, à Compains comme en bordure du lac de Montcineyre, des capitaux extérieurs à la montagne s'investissent également dans les reboisements (Méraville, 1966).

On aboutit ainsi à une fermeture inégale des paysages du Massif central. Une estimation de cette déprise « héritée » nous est fournie par la carte indicative du degré de contraction de l'espace agricole en 1988 (pourcentage de SAU dans la surface totale). Après avoir éliminé de

Carte 1 - Part de la SAU dans la surface totale

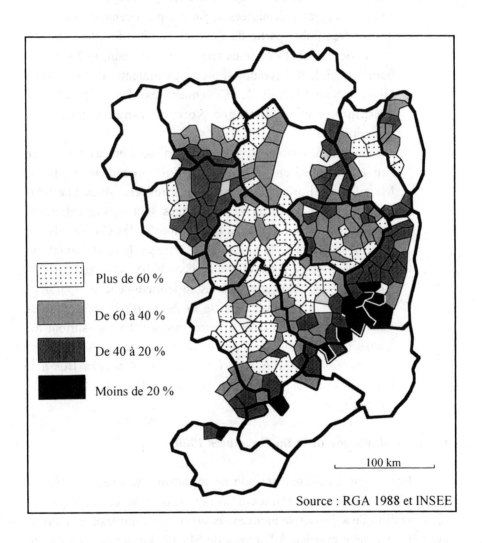

Plus de 60 %

De 60 à 40 %

De 40 à 20 %

Moins de 20 %

100 km

Source : RGA 1988 et INSEE

l'analyse les principaux cantons urbains où les surfaces bâties occupent l'essentiel du territoire, on peut dégager quelques types régionaux :

• les montagnes « délaissées », parfois précocement, n'utilisent qu'une très faible partie de l'espace (moins de 40 %, parfois moins de 20 %). Les hautes terres du Limousin, la Montagne bourbonnaise, le Livradois-Forez, les plateaux de la Chaise-Dieu, le haut Vivarais, les Cévennes, les Monts de Lacaune, l'Espinouse et la Montagne Noire se rangent dans cette catégorie ;

• les montagnes à déprise sensible constituent un cas particulier, souvent localisé en périphérie du type précédent et dans le Massif central oriental, de tradition forestière. Avec une SAU comprise entre 40 et 60 %, les finages sont encore entretenus dans la Marche creusoise, le bas Limousin, les Combrailles de l'ouest, les Dômes, le Cézallier, l'Artense, le haut Cantal, les Causses, le Velay, le haut Beaujolais ou le bas Vivarais ;

• les montagnes « tenues », où les agriculteurs encore nombreux occupent la plus grande partie de leurs territoires (plus de 60 %), sont finalement bien représentées ; il s'agit surtout des hautes terres volcaniques, des bassins du Camarès et du Forez ou des vastes plateaux cristallins des Combrailles à la Châtaigneraie, du Lyonnais à la Margeride et des Ségalas au Lévezou.

C - La réadaptation de la fin des années 1980

Enfin, une troisième période de mutations se précise dans les années 1980-1990 avec l'amorce d'un nouveau cycle économique. Le bilan est difficile à dresser, le mouvement étant trop complexe, trop divers pour être finement apprécié à l'échelle du Massif. Les choses, en fait, ne semblent guère bouger et il est vrai que la crise tant annoncée ne se produit pas. Ce risque moindre que celui que l'on redoutait est évident si l'on tente d'établir une carte d'évolution de la SAU (n°2). Certes, les statistiques issues du RGA 1988 et de la base de données SISA pour 1995

Carte 2 - Evolution de la SAU (1988-1995)

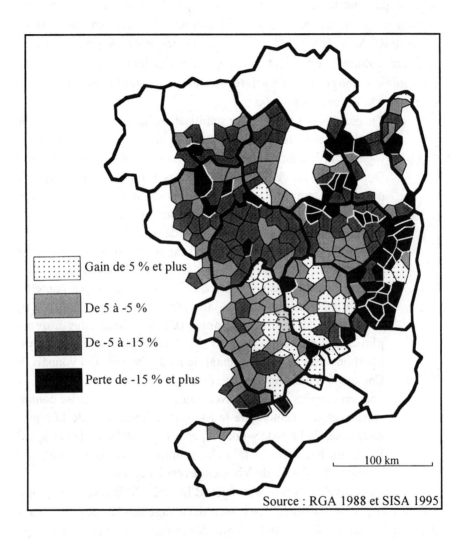

Gain de 5 % et plus

De 5 à -5 %

De -5 à -15 %

Perte de -15 % et plus

100 km

Source : RGA 1988 et SISA 1995

posent des problèmes méthodologiques. L'approche comparative est délicate puisque les échantillons ne sont pas les mêmes, de nombreux exploitants et terres échappant aux fichiers récents. Mais, en l'absence de nouveau RGA, seuls les chiffres issus de ces demandes de primes (ICHN, aides aux cultures) permettent de dégager les grandes tendances. Au total, c'est bien l'image d'une variété de comportements régionaux qui s'impose. On isolera notamment :

> • le cas des dynamiques de stabilisation (de 5 à – 5 %), voire de reconquête du territoire agricole (gains > à 5 %). Quelques foyers s'affirment nettement : des massifs volcaniques (Aubrac, Dores et bassin de Rochefort), le bas Limousin, la Marche, la moyenne Combraille, les Limagnes du sud, la Margeride, le Devès, le plateau de Craponne, le Sanflorain, la Châtaigneraie, les Ségalas et l'essentiel du « rayon de Roquefort » ;

> • celui des logiques de sélection, aboutissant à une réduction limitée de la SAU (de – 5 % à – 15 %) mais n'excluant pas une dégradation de l'espace agricole. Même si certaines parcelles sont mieux entretenues qu'autrefois, on rangera dans cette catégorie, les monts du Cantal (Chamouleau), les moyens plateaux limousins, le nord des Combrailles, la Montagne bourbonnaise, le Velay oriental, le haut Vivarais, le Lyonnais, le Camarès ou les monts de Lacaune ;

> • les engrenages de déclin avec aggravation de la déprise comme dans quelques cantons de la Montagne limousine, de la région thiernoise, du Livradois-Forez (Legay), des plateaux de la Chaise-Dieu, du haut Beaujolais (Montmain) et de la bordure sud orientale du Massif, du Vivarais cévenol à la Montagne Noire.

En définitive, la déprise est aujourd'hui très différente d'un canton à l'autre et ces contrastes résultent bien davantage des héritages du début du siècle ou des années 1950-1970 que des modestes retouches apportées récemment. On en comprendra les raisons en évoquant les processus complexes qui commandent le mouvement.

II - LES FRICHES DANS L'ESPACE : DU TERROIR AU FINAGE

A - La crise des terroirs

1 - Rappelons tout d'abord que le recul de la fin du XIXe siècle et de la première moitié du XXe renvoie surtout à deux causes évidentes :
• la dépopulation, qui permet parfois l'agrandissement paysan mais qui condamne plus sûrement les systèmes gourmands en main-d'œuvre ; partout, on manque de bergers ou de salariés agricoles mais la situation la plus dramatique est celle des exploitations de polyculture-polyélevage des versants en terrasses des Cévennes ou du Vivarais. Là, le risque d'abandon est accru ;
• l'ouverture commerciale et les concurrences interrégionales, qui révèlent les décalages de productivité dans l'agriculture et désorganisent certains systèmes montagnards. En particulier, les crises des économies fondées sur le seigle (fin XIXe, années 1930) et les progrès de l'élevage modifient durablement la mise en valeur.

2 - À la suite des travaux d'André Fel (1962), on retiendra comme particulièrement sensibles à la déprise trois ou quatre types d'économies agricoles. Ces dernières sont, soit trop exigeantes en main-d'œuvre (petites tenures paysannes), soit trop peu intensives (grands domaines ou métairies).

• Les vieux systèmes agro-pastoraux, développés sur une « dorsale » qui court des Grands Causses à la Montagne limousine, en passant par la Margeride et le Lozère, affichent une grande fragilité. Extensifs, ils reposent traditionnellement sur la culture du seigle associée à d'immenses pacages et à un élevage ovin avec troupeaux villageois et fortes servitudes agraires liées aux sectionaux (Couturier, 2000). Or, l'ensemble est frappé par la crise de la vie collective, le partage des terres communes, le recul des cultures et le passage aux bovins et aux veaux de boucherie. Au sud, le repli de la transhumance du Midi accélère le reboisement médiocre. Seuls les Grands Causses du rayon de Roquefort profitent de la nouvelle économie fromagère, même si celle-ci est trop coûteuse en travail et dévalorise certains terroirs.

• L'économie cévenole, qui déborde sur une partie du Vivarais, combine des éléments agro-pastoraux (élevage d'ovins-caprins) et des aspects de « petite culture » intensive mâtinée de traits méditerranéens (vergers en terrasses, châtaigneraies). Elle est aussi marginalisée car le déclin démographique précoce accélère les difficultés d'un système gourmand en main-d'œuvre et peu rémunérateur. L'arboriculture irriguée ou la châtaigneraie sont bousculées et *« beaucoup d'appoints annexes comme la sériciculture cévenole et vivaroise, ainsi que leurs industries liées, disparaissent »* (Estienne, 1988). Sur de telles pentes, la fin de l'entretien des murettes conduit à des gains rapides de la friche.

• Les systèmes de « petite culture » des plateaux cristallins et des pays coupés (Livradois, nord du Velay et du Vivarais...) ont pu profiter du regroupement de domaines abandonnés. Mais ils sont aussi touchés par la baisse de la pression démographique dans des campagnes surchargées et par la difficile réorientation vers l'élevage laitier faute de races convenables et de traditions. Ces polycultures régressent donc et se tournent souvent vers la forêt.

• Les régions d'élevage bovin plus spécialisé sont mieux tenues. Mais, dans les montagnes herbagères fondées sur le gros bétail, l'exploitation des estives et la production fromagère, la crise de la main-d'œuvre est aussi sensible. Ainsi le système de grande montagne de l'Aubrac, pauvre et mal spécialisé, est concerné par le déclin. Dans le haut Forez, c'est une économie de « petite montagne » qui est remise en cause par manque de bras et abandon d'une rude vie pastorale.

3 - Si l'on change d'échelle, dans le cadre des finages, l'enfrichement reste pourtant limité spatialement et circonscrit à des terroirs particuliers ou à des parcelles isolées. Les études de cas sur le plateau de Millevaches (Teuma) comme en Margeride (Bouchet) montrent que, durant cette pulsation négative, deux facteurs déterminent alors largement la localisation précise des friches.

• La mauvaise qualité de certains terroirs, en particulier ceux qui sont marqués par une pente excessive, est le premier. On le retrouve partout, des Cévennes (serres schisteuses) à la

Margeride (vallée de la Truyère) en passant par les pays coupés du Livradois. Certains dômes granitiques, les croupes avec chaos rocheux, les versants des vallées encaissées, les estives de piètre valeur agronomique sont également sensibles à la sous-utilisation.

• Les parcelles de propriété foraine ou sectionale constituent un deuxième facteur de diffusion des genêts, de la bruyère ou des accrues forestières, en particulier lorsqu'elles se situent sur des terroirs médiocres (sols hydromorphes, drainage trop rapide) éloignés des villages ou déjà environnés de forêts.

Il faudrait cependant se garder de généraliser abusivement à partir de ces tendances globales. Sur le terrain, les réalités locales l'emportent souvent, des communes voisines se comportant de façon différente. On retiendra seulement cette diffusion de l'enfrichement à l'échelle de quelques terroirs.

B - La sélection locale « par point»

Après 1950, les campagnes du Massif central tentent de suivre un modèle productiviste où les exploitants doivent sans cesse produire davantage, améliorer leurs performances techniques sans pour autant faire appel à une main-d'œuvre supplémentaire. Mécanisation et insertion dans des filières commerciales accompagnent cette mutation. Il en résulte une triple sélection, particulièrement vigoureuse sur les hautes terres.

1 - Une sélection des hommes d'abord. Partout, la concurrence entre exploitants est exacerbée. Les petites structures, confrontées à la modernisation, à l'achat d'un matériel coûteux et au manque de capitaux et de revenus, sont prises dans la tourmente. Le système de petite culture est ainsi appelé à s'effacer. Mais la libération de terres par l'émigration laisse présager une réadaptation des structures et un regroupement du foncier. En réalité, le processus est difficile (Fel, 1957). D'une part, beaucoup de ceux qui abandonnent gardent leurs terres pour les reboiser même au sein de terroirs agricoles, pénalisant alors les paysans restants. D'autre part, des parcelles restent sans locataire-exploitant parce qu'elles sont trop exiguës, de mauvaise qualité agronomique ou trop éloignées. Enfin, la demande de terre demeure insuffisante. Il y a là une situation économique et sociale

originale dans un Massif où il manque à la fois des repreneurs jeunes et bien formés, de solides disponibilités financières et même des capacités de main-d'œuvre alors que la mécanisation est lente. L'émergence de l'exploitation familiale agrandie et modernisée pose moins de problèmes dans les régions qui n'ont jamais été trop surchargées en bras. En revanche, il en résulte de vastes domaines qui dépassent parfois les possibilités de l'exploitant qui refuse de recourir à une main-d'œuvre extérieure. La dérive vers des systèmes extensifs, peu rémunérateurs, est alors courante avec les risques que cela comporte pour l'entretien de l'espace.

2 - Une sélection des systèmes agricoles ensuite. La nécessité de limiter le salariat devenu onéreux comme la mécanisation contribuent à modifier les systèmes agricoles. La polyculture et les vieux modèles agro-pastoraux sont, sauf exceptions, condamnés. Le coût de la modernisation - et les surcoûts liés à l'altitude - conduisent à choisir une ou deux spéculations et donc, à abandonner les autres. Même si l'introduction du tracteur permet une reprise temporaire des labours, la spécialisation dans l'élevage ne cesse de se renforcer. La filière laitière se concentre dans le rayon de Roquefort (ovins-lait) et s'intensifie dans une partie de la montagne herbagère et sur les anciens plateaux de polyculture qui prennent des allures progressistes (Châtaigneraie, Ségalas, Lyonnais). La production de viande (bœufs ou veaux de boucherie, agneaux de bergerie, jeunes bovins ou broutards après 1975) se répand dans le nord-ouest et le centre (Livradois-Forez, Cézallier, Aubrac, Margeride, Velay, Vivarais). Pourtant, dans bien des cas, cette spécialisation se fait lentement avec des orientations négatives, certaines régions ne pouvant trouver aucune adaptation et se couvrant de friches et de forêts. La faible intensité des grandes exploitations tournées vers la viande comme la médiocre productivité des petites fermes laitières ou produisant des veaux de boucherie sont les tares les plus communes. De même, le modèle technique (révolution fourragère, sélection génétique) et les nouvelles exigences zootechniques des éleveurs dévalorisent les parcours non clôturés ou les landes dégradées. Incontestablement ce processus est favorable à la sous-utilisation des terres marginales, révélant l'incapacité de certains types d'élevages à maîtriser les dynamiques végétales.

3 - Une sélection spatiale enfin. En réalité, les contrastes dans la mise en valeur s'accentuent également. Ainsi, le renouveau agricole nécessite parfois un bouleversement complet du parcellaire dans le cadre d'exploitations agrandies. Par contre, l'enfrichement tend à s'élargir à l'échelle locale, selon cette « géographie par point » évoquée par A. Fel (1962) et qui ne tient pas toujours compte de la qualité agronomique des sols. Un terroir uniforme peut laisser la place, ici à la friche et au bois, là aux nouvelles prairies temporaires. Le type d'exploitation agricole est alors au cœur de l'opposition et *« souvent, on constate plus de différence entre une petite ferme et une grande ferme voisine qu'entre deux régions prises en bloc»* (Fel, 1954). Interfèrent notamment :

• la présence de petites structures foncières, trop morcelées ;
• le vieillissement des exploitants qui négligent leur bien et ne pensent en général qu'à reboiser des herbes devenues inutiles ;
• la propriété collective dont la mise en valeur est difficile dans le cadre des nouveaux systèmes de production, en dehors d'aménagements assortis d'une clarification juridique ;
• la pente excessive en liaison avec la mécanisation, éventuellement la médiocre valeur des terres ;

C - La recomposition des finages

1 - Dans les années 1980-1990, si le modèle productiviste est encore solidement établi, ses bases sont ébranlées par toutes sortes de difficultés économiques, environnementales et surtout politiques (instauration des quotas laitiers, réforme de la PAC). Des systèmes plus économes et extensifs sont alors prônés et semblent redonner une chance aux herbages marginaux du Massif central ; terrains de parcours ou pâturages d'altitude retrouvent un intérêt dans les nouvelles stratégies définies par les pouvoirs publics, véhiculées par la presse professionnelle ou encouragées par la Recherche. Les exemples de reprises sont ainsi nombreux des Grands Causses aux Dômes avec, dans ce dernier cas, le rôle du Parc des volcans, des syndicats d'éleveurs, des municipalités et de l'INRA (Bordessoule, 1994)

**Carte 3 - Agrandissement moyen des exploitations
entre 1988 et 1995**

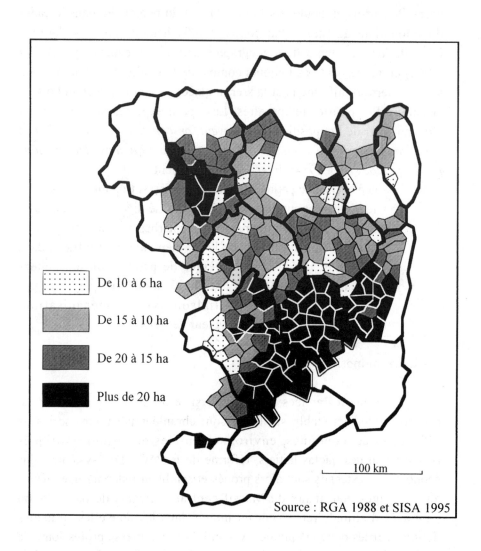

De 10 à 6 ha

De 15 à 10 ha

De 20 à 15 ha

Plus de 20 ha

100 km

Source : RGA 1988 et SISA 1995

2 - Globalement, l'agriculture de la moyenne montagne est ainsi soumise à de profondes transformations. Sans entrer dans le détail d'évolutions évoquées par ailleurs (Bordessoule, Ricard, Rieutort, 1999), on retiendra en particulier :

 • une forte concentration foncière, accrue par la course à l'agrandissement qui découle du nouvel environnement de la PAC réformée. Globalement, la montagne paysanne d'autrefois rattrape son retard avec un accroissement de la taille des ateliers d'une vingtaine d'hectares. La carte n°3 permet toutefois de distinguer des régions de faible agrandissement (gains de moins de 15 ha) qui recouvrent des bastions intensifs à forte pression sur les sols (Ségalas, Châtaigneraie, Devès, Lyonnais) et des foyers plus extensifs où le délestage a été précoce (monts d'Auvergne, bas Limousin, Beaujolais, Forez). À l'opposé, se situent des zones où se constituent de très vastes structures (plus de 20 ha) à l'image de la Montagne limousine et surtout du sud du Massif central (Vivarais, Margeride, Grands Causses, Cévennes, monts de Lacaune et Montagne Noire). Avec une progression de 15 à 20 ha, les ateliers du moyen Limousin, des Combrailles, du haut Cantal, de l'Aubrac, du Brivadois ou du Mézenc constituent un cas intermédiaire ;

 • un rajeunissement accéléré des agriculteurs, bonne surprise dans une moyenne montagne où, assurément, les mesures de préretraite ont joué pleinement. Au cœur du Massif, dans une large bande centre occidentale qui se développe de la Montagne limousine au Rouergue, en passant par le Cantal et la Lozère, les moins de 35 ans représentent plus de 25 % et assez souvent plus de 30 % des effectifs. Comme en négatif, la carte des plus de 50 ans (n°4) confirme l'existence de secteurs encore vieillis, laissant craindre un nouveau délestage (plateaux corréziens, plateaux de Lacaune, ouest des Ségalas, nord Vivarais, Livradois-Forez et Lyonnais-Beaujolais) ;

 • une affirmation inégale des bassins de production avec le renforcement, voire la diversification des bastions laitiers (Ségalas, Châtaigneraie, Brivadois, Devès et Velay oriental,

Carte 4 - Part des agriculteurs de plus de 50 ans

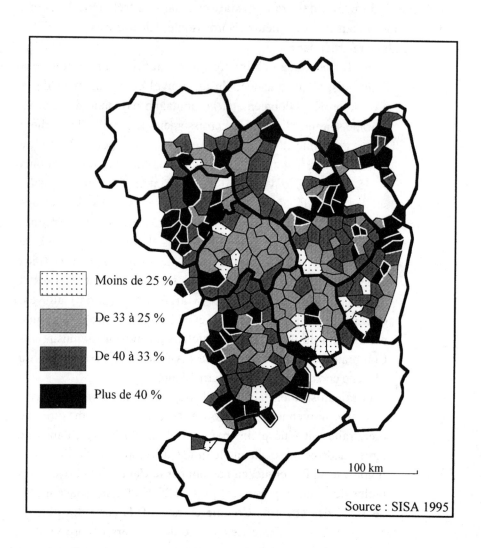

Moins de 25 %

De 33 à 25 %

De 40 à 33 %

Plus de 40 %

100 km

Source : SISA 1995

Lyonnais, rayon de Roquefort) ou allaitants (plateaux limousins, Combrailles, montagne volcanique) et l'atomisation des périphéries sud-orientales, des hautes terres limousines ou du Livradois-Forez. Schématiquement, l'opposition entre les foyers intensifs de l'ouest et les massifs méridionaux tournés vers l'élevage extensif (Vivarais, sud Margeride, Causses et Cévennes) n'est pas démentie même si on relève également des taux de chargement moyens (de 0,6 à 0,8 UGB/ha) dans le moyen Limousin, les monts d'Auvergne, le Velay, le Lévezou et les monts de Lacaune (carte n°5). Dans le détail, toutefois, l'extensification comporte des degrés depuis la dérive du ranching qui puise ses sources dans le délabrement agricole jusqu'à une mise en valeur mieux contrôlée, juxtaposant des terroirs bien entretenus et de vastes parcours à l'image des systèmes semi-extensifs qui apparaissent localement (Aubrac, pays de Saugues, rayon de Roquefort).

3 - Avec les précautions d'usage, le commentaire de la carte portant sur l'évolution de la SAU a montré que l'enfrichement était limité étroitement à certains secteurs. Par contre, sa localisation à grande échelle paraît plus diluée dans l'espace. Ni le cadre des terroirs, ni même celui des exploitations marginalisées lors de la révolution « par point » des années 1960, ne paraît adapté pour définir ces espaces agricoles en déshérence. Désormais, la dégradation frappe de vastes finages, soit mités par une friche diffuse aux limites de l'extensivité, soit encerclés par des espaces forestiers et dégradés aux contours nets et aréolaires.

De même, si l'on compare les cartes récentes, il apparaît nettement que les facteurs qui déterminent le recul de la SAU sont extrêmement complexes (Mignon, 1992). On admettra en première approche que ni une libération massive de terres par cessations d'activités, ni la présence d'un système extensif, ni, enfin, un vieillissement marqué des agriculteurs ne commandent le mouvement de déprise. Ainsi, l'agrandissement rapide des exploitations de la Montagne limousine et de la bordure méridionale du Massif central ne permet pas de comprendre la bonne tenue de l'espace dans le Rouergue ou en Lozère. À l'inverse, dans un contexte d'enfrichement sensible, les hautes terres orientales affichent une faible concentration de leurs exploitations. De même, les bas chargements des

**Carte 5 - Chargement ovins/bovins par hectare de SAU
(1995)**

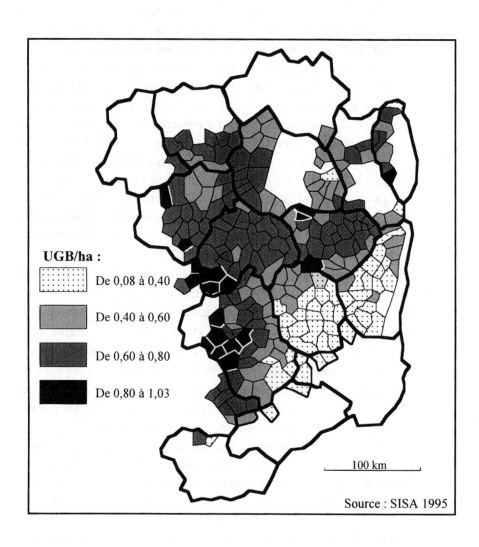

UGB/ha :

De 0,08 à 0,40

De 0,40 à 0,60

De 0,60 à 0,80

De 0,80 à 1,03

100 km

Source : SISA 1995

montagnes sèches agissent de façon radicalement différente : ici l'abandon quasi total est avéré (Cévennes, Vivarais), là, la stabilisation est amorcée, les exploitations les plus dynamiques défrichent, reprennent d'anciens champs ou gagnent vers la périphérie de nouveaux espaces de parcours (F.-E. Petit, 1989). Il est vrai aussi que dans les systèmes moins extensifs des montagnes volcaniques ou des plateaux cristallins combraillais ou limousins, le pâturage devient de plus en plus sélectif et, par refus successifs, aboutit à un enfrichement ponctuel (Faucon, André, 1991). Il n'en va guère différemment des structures par âge des agriculteurs dont on ne peut guère inférer des tendances d'occupation des territoires. Ainsi la jeunesse des chefs d'exploitation de l'ouest du Massif (à l'exception des moyens plateaux limousins ou rouergats) ne répond pas au recul récent de la SAU des Monts d'Auvergne. En réalité, le rajeunissement des éleveurs dans une bonne partie du Plateau central témoigne en faveur d'une stabilisation de la SAU. Seuls les secteurs où l'agriculture a bien peu de jeunes (sud Limousin, Beaujolais, Livradois-Forez, nord Vivarais, Cévennes...) laissent craindre de nombreux abandons, les exploitants âgés « tenant » encore une partie des finages.

Tab. 1 - Les pulsations de la déprise

Phases de déprise	Systèmes agricoles et régions concernées	Echelle principale d'implantation	Facteurs déterminants
Fin du XIXe siècle -Première moitié du XXe siècle	• « Dorsale agro-pastorale » • Petite culture des Cévennes et du Livradois • Système pastoral du Forez	Terroirs	• Pente excessive, « mauvais terroirs» •Propriété foraine ou sectionale
1950-1980	• « Dorsale agro-pastorale » • Petite culture des Cévennes, des pays coupés, du Livradois et du haut Beaujolais • Bocage d'élevage des Combrailles, du moyen Limousin et de la Montagne bourbonnaise • Système pastoral des Monts d'Auvergne (1950-1965) et du Forez	Exploitation Terroirs	• Pente forte, faible qualité agronomique • Petites structures foncières • Vieillissement
1980-2000	• Systèmes extensifs du sud (Cévennes, Montagne Noire, Espinouse) et de l'est (Livradois-Forez, haut Beaujolais) du Massif central • Ponctuellement zone herbagère allaitante (Cantal, Limousin, Combrailles)	Finage	• Extensification • Morcellement ou éloignement parcellaire • Mode de faire-valoir précaire

En vérité, la déprise semble répondre à une explication principale renvoyant à l'espace et au système de production. C'est bien la présence d'un mode d'exploitation de plus en plus extensif, inapte à maîtriser des territoires étendus, qui conduit à la sous-utilisation. Ce déséquilibre entre le foncier et le mode d'élevage débouche sur l'atomisation des bassins de collecte, phénomène redoutable pour l'avenir des filières agro-alimentaires et plus généralement pour l'agriculture. Plus localement, quatre autres facteurs retiennent l'attention :

> • un morcellement parcellaire excessif, souvent hérité mais incompatible avec une nouvelle valorisation herbagère, en particulier avec l'aménagement de vastes pâturages clôturés ;
> • la présence de terrains éloignés du siège des exploitations et/ou ne bénéficiant pas des aides issues de la PAC (exclusion de la prime à l'herbe) ;
> • un mode de faire-valoir précaire entravant la gestion pastorale ;
> • des exploitants vieillis, marginalisés dans le nouveau contexte d'agriculture encadrée et rajeunie.

Au total, la diversité des localisations et des variables utilisées au cours des temps pour comprendre la déprise, ne doit pas dissimuler un changement d'échelle (tab.1). On séparera donc les anciennes friches étroitement localisées aux terroirs défavorisés ou aux exploitations marginales et l'abandon actuel qui s'inscrit dans des finages étendus où la pression foncière s'affaiblit nettement. En fait, cette évolution résulte globalement du passage d'une époque où la paysannerie était dense et où la ressource disputée était la terre, à une période où la main-d'œuvre est devenue rare mais où la ressource abondante est désormais la terre (1).

III - UNE NOUVELLE GEOGRAPHIE DU PRONOSTIC

A - Un problème théorique

Ouvrir quelques perspectives sur l'avenir de l'enfrichement dans le Massif central n'est évidemment pas chose facile. Non seulement, nous

---

1 - Dans des campagnes africaines qui subissent une forte croissance démographique. l'éclairante analyse de P. Pélissier (1995) sur l'appropriation de l'espace aboutit à des conclusions diamétralement opposées tout en soulignant le même glissement d'échelle

avons montré combien la moyenne montagne était diverse mais surtout cette géographie prospective ne peut se fonder que sur des variables disponibles et sur l'examen de dynamiques actuelles dont on ne peut déduire avec certitude la confirmation à moyen terme. Assurément, les variations technico-économiques attendues compliqueront singulièrement les choses.

Concrètement, sur le plan statistique, les données foncières (prix des terres, état de la demande et de l'offre) ou structurelles (âges des agriculteurs, successions envisagées) sont à la fois anciennes et trop éparses, rarement disponibles à l'échelle locale. Seules peuvent être utilisées les données SISA en rappelant les réserves qu'impose une comparaison avec des échantillons non constants. Toutefois il est possible d'utiliser ces informations, non pas dans leurs résultats absolus mais en s'en tenant à des évolutions majeures et dans le cadre d'une typologie des cantons. Cette échelle est en effet la seule qui présente une certaine pertinence dans une montagne où, dans chaque finage, le nombre de fermes se compte souvent sur les doigts d'une seule main tandis que se multiplient les « ateliers éclatés » sur plusieurs communes.

Dans une démarche prospective, nous pouvons partir de l'observation de la cause essentielle de l'enfrichement et tenter de prolonger les courbes. C'est ainsi que si l'on admet que le facteur déterminant de l'embroussaillement est désormais l'incapacité de certains systèmes de production à entretenir leur territoire, on peut alors envisager des probabilités d'évolution en fonction des logiques d'extensification. Tenir compte des transformations sub-actuelles (1988-1995) de l'agriculture revient alors, en simplifiant, à confronter, à croiser :
   • les données significatives de l'agrandissement des exploitations (croissance en hectares) comme facteur aggravant ou atténuant la sensibilité à la sous-utilisation ;
   • les éléments définissant les variations du chargement bovin (vaches laitières et nourrices) et ovin, exprimé en UGB, comme facteur de risque ou faculté de résistance à la friche.

Il restera ensuite à combiner ces deux valeurs absolues pour préciser la capacité des élevages d'intégrer les espaces marginaux. Mais pour affiner ces informations brutes, on précisera le taux de chargement actuel ; un recul du nombre d'UGB n'ayant évidemment pas la même signification pour l'occupation de l'espace dans un système déjà extensif ou dans un élevage de type ranching !

B - Les perspectives entre extensification et agrandissement

Le report de ces variables sur un diagramme rectangulaire (Fig.1) permet de situer rapidement chaque canton du Massif central et de lui attribuer un pronostic de risque. Dans le détail, les situations sont nombreuses et l'exposé de ces résultats devient vite fastidieux. Nous nous bornerons donc ici à dégager une typologie simplifiée des perspectives de la déprise. En réalité, quatre ou cinq cas de figure s'inscrivent dans le nuage de points du diagramme.

1 - Les **risques les plus faibles** associent, logiquement, accroissement du nombre d'UGB et faible tendance à l'agrandissement moyen des exploitations (souvent moins d'une vingtaine d'hectares). Il en résulte une forte pression sur le territoire avec des chargements toujours élevés (> à 0,6, voire à 0,8 UGB/ha) (type 1).

2 - Une fragilité moyenne correspond à un recul du cheptel mais avec une concentration ralentie des structures. L'espace a donc toutes les chances d'être encore tenu. Cependant, deux sous-types sont repérables en fonction des taux de chargement :

• soit ces derniers sont faibles (moins de 0,5 UGB/ha), résultant souvent d'une décroissance des effectifs (jusqu'à - 500 UGB). Dans ce cas, **les risques sont réels, mais ils restent ponctuels**, en liaison avec une utilisation plus extensive du territoire (type 3) ;

• soit les systèmes sont plus intensifs (> à 0,6 UGB/ha) et **les risques modérés** même lorsque le repli des troupeaux est considérable (-1 000, voire -1 500 UGB). Dans ce cas, on trouve des cantons où les abandons de producteurs laitiers (spécialisés ou mixtes) se sont multipliés à la suite des quotas de 1984, comme dans le Lyonnais, le Velay ou les monts d'Auvergne. Plus récemment, ce sont les fermetures d'ateliers ovins concurrencés par les bovins et peu rémunérateurs, qui aboutissent au même phénomène (plateaux limousins) (type 2).

Fig. 1 - Dérive extensive et risques d'enfrichement dans les cantons du Massif central (1988-1995)

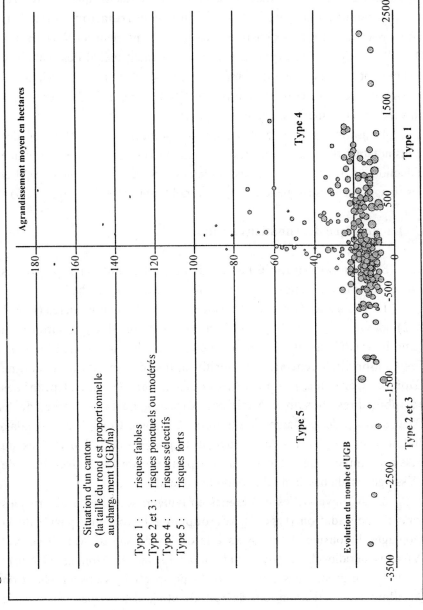

Source : SISA 1995

3 - Par contre, le pronostic est plus sombre dans le cas d'une vigoureuse sélection des fermes au profit de quelques grandes exploitations (plus de 20 ou de 50 ha en moyenne) tandis que progressent les troupeaux. On note alors une nette corrélation entre fort agrandissement et forte extensivité (chargement inférieur à 0,2 UGB/ha). Dans bien des cas, on évoluera vers un traitement inégal des parcelles, juxtaposant terroirs bien entretenus au cœur des domaines et périphéries sous-exploitées. Les **risques seront sélectifs** avec repli sur des périmètres plus réduits et de meilleure qualité (type 4).

4 - Enfin, l'avenir le plus inquiétant concerne les cantons où des gains notables d'hectares pour les fermes restantes se combinent avec une réduction du cheptel. Dans ce cas, les taux de chargement s'amenuisent et des finages étendus risquent d'évoluer vers l'embroussaillement (type 5).

C - La mosaïque des situations locales

Si l'on cartographie ces résultats, on aboutit à répartir les 240 cantons montagnards selon les risques encourus (planche 3).

1 - Les hautes terres où les risques sont faibles ou modérés (type 1 et 2) couvrent une bonne partie de notre territoire. Il s'agit surtout, au cœur du Massif central, de la Marche creusoise, du haut et bas Limousin, des Combrailles centrales et méridionales, des monts d'Auvergne (Dômes, Cézallier, bassin de Rochefort, haut Cantal et planèzes périphériques, bassin d'Aurillac, Aubrac), de la Xaintrie, de la Châtaigneraie, de la Margeride du nord, du Causse Comtal, des Ségalas, du Lévezou, des plateaux de Lacaune, des Limagnes du sud, du Devès, du bassin d'Ambert, des plateaux de Craponne et de la Chaise-Dieu, de l'Yssingelais, du bassin du Puy et du Lyonnais.

2 - À l'inverse, les montagnes en danger, soumises à des risques forts de dégradation (type 5), regroupent à la fois une partie de la Montagne limousine et les foyers à la dérive du sud du Massif central (Vivarais méridional, Cévennes, sud Larzac, Espinouse, Montagne Noire).

3 - Le groupe des cantons où les perspectives s'obscurcissent du fait d'une extensification, qui devrait aboutir à des risques sélectifs de

dégradation des parcours, correspond surtout aux montagnes sèches (type 4). Certes, les marges de la Montagne limousine, la Montagne bourbonnaise, une partie du Cézallier ou du Mézenc se trouvent aussi dans ce cas, mais l'on observe surtout la prééminence du bas Vivarais, du centre-sud de la Margeride, des Grands Causses et de leurs vallons (Séverac, Millau), du Camarès, voire des monts de Lacaune pourtant plus arrosés.

4 - Enfin, le groupe des montagnes incertaines où les blocages structurels ne doivent pas masquer les risques de dérive extensive constituent un cas intermédiaire (type 3). On y placera notamment, outre le nord des Combrailles et l'Artense, les massifs orientaux du Livradois-Forez, de la montagne thiernoise, du haut Beaujolais ou du haut Vivarais.

Globalement cette typologie traduite en carte confirme les conclusions obtenues selon la formule proposée ci-dessus par Ch. Mignon et J.-P. Diry et validée par les situations étudiées sur le terrain. Il est clair que s'opposent ainsi deux cas extrêmes : celui des régions du sud et de l'est qui sont souvent menacées, celui, à l'inverse, des montagnes du centre et de l'ouest, au cœur du Massif central, qui semblent afficher une solidité agricole qui témoigne en faveur d'une stabilisation de l'occupation.

L'abandon à la friche d'une partie du Massif central résulte donc de pulsations successives selon des mécanismes complexes, associés en système et fonctionnant à des échelles différentes. L'évolution des pratiques agricoles, en particulier au cours des dernières décennies est toutefois un des facteurs déterminants, pouvant même introduire une dimension prospective. Dans ce cadre, la menace est d'autant plus grave que la sous-utilisation actuelle est avérée et une diagonale méridionale et orientale affiche de mauvais résultats. Plus généralement, la question est donc d'estimer les dégradations consécutives au processus d'extensification de l'élevage. Mais il faut rappeler que cette logique n'est pas irréversible et qu'elle ne signifie pas absence totale d'usage de l'espace. D'ailleurs, ne s'inscrit-elle pas dans les héritages agraires d'un Massif où les *saltus* pastoraux ont été autrefois répandus ?

Bibliographie

Outre les mémoires de maîtrise et de D.E.A. portant spécifiquement sur les friches du Massif central et dont les références sont données en début d'ouvrage, nous avons directement utilisé :

ARCHER E, DELAPORTE E., 1953, La décadence des alpages foréziens, *B.T.I.*, Ministère de l'agriculture, n°83, pp.755-771.

BONNAUD P., 1967, « Observations sur les paysages ruraux du massif forézien », *Revue d'Auvergne*, t. 81, n°1, pp. 1-20.

BORDESSOULE E., 1994, *Les montagnes du Massif central, Espaces pastoraux et transformations du milieu rural dans les Monts d'Auvergne*, Thèse, Faculté des Lettres et Sciences humaines de Clermont-Ferrand, 362 p.

BORDESSOULE E, RICARD D., RIEUTORT L., 1999, « L'agriculture de montagne en France : nouvelles stratégies et récentes dynamiques locales », *Moyennes montagnes européennes*, Clermont-Ferrand, CERAMAC Ed, pp.373-402.

BOZON P., 1962, *La vie rurale en Vivarais*, Valence, Imprimeurs réunis, 641 p.

Collectif, 1976, *État de nos connaissances géographiques sur le Massif central français*, Clermont-Ferrand, Faculté des Lettres, Institut de géographie, 92 p.

C.N.R.S., 1972, *L'Aubrac, tome 3/1*, CNRS, 333 p.

COTE M., 1967, « Le reboisement sur les Causses », *Bull. de la Société languedocienne de géographie*, t. 1, pp.153-169.

COUTURIER P., 2000, *Sections et biens sectionaux dans le Massif central*, Clermont-Ferrand, CERAMAC-PUBP éd., 476 p.

DERIOZ P., 1994, *Friches et terres marginales en basse et moyenne. Revers sud-est du Massif central*, Structures et dynamiques spatiales, Laboratoire SDS, Université d'Avignon, 330 p.

DURAND A., 1946, *La vie rurale dans les massifs volcaniques des Dores, du Cézallier, du Cantal et de l'Aubrac,* Aurillac, 530 p.

ESTIENNE P., 1988, *Terres d'abandon ? La population des montagnes françaises : hier, aujourd'hui, demain*, Clermont-Ferrand, Publications de l'Institut d'Etudes du Massif central, Université Blaise Pascal, fasc. 34, 288 p.

FAUCON F., ANDRÉ M., 1991, *Essai pour un diagnostic de l'évolution du paysage rural : l'exemple de Bromont-Lamothe*, Mémoire de DEA, Faculté des Lettres et Sciences Humaines de Clermont-Ferrand, 82 p.

FEL A., 1954, « Problèmes des limites entre les systèmes d'élevage. Exemples tirés du Massif central français», *Bull. de l'Association de Géographes Français*, pp. 97-103.

FEL A., 1957, « Dépopulation rurale et exploitations agricoles dans la région d'Ambert », *Revue d'Auvergne*, t. 71, n°1-2, pp. 23-35.

FEL A., 1962, *Les hautes terres du Massif central, tradition paysanne et économie agricole,*Paris, PUF, 340 p.

INRA, 1983 a, *Système agraire et pratiques paysannes dans les Monts Dôme*, INRA éd., 318 p.

INRA, 1983 b, *La Margeride, la montagne, les hommes*, INRA éd., 786 p.

LAMORISSE P., 1975, *Recherches géographiques sur la population de la Cévenne languedocienne*, Montpellier, thèse Faculté des Lettres, 434 p.

LAPAYRE E., 1926, « La vie pastorale dans le massif du Forez », *Annales de géographie*, pp. 298-308.

LARRERE G., 1974, *Éléments sur l'histoire de la mise en valeur du plateau de Millevaches*, INRA Theix, 102 p. (dactyl.)

LE ROY J., 1934, « La montagne de l'Espinouse », *Annales de géographie*, pp 236-254.

MARRES, 1935, *Les Grands Causses*, 2 vol., Tours, Arrault et Cie, 446 p.

MERAVILLE D., 1966, «Le haut pays du Cézallier », *Revue d'Auvergne*, t. 80, n°4, pp. 177-186.

MIGNON Ch., 1992, « La déprise agricole dans les montagnes françaises », *Géographie sociale, Quelles campagnes pour demain, Actes du colloque de Rennes*, n°12, pp. 261-270.

PELISSIER P., 1995, «Transition foncière en Afrique noire. Du temps des terroirs au temps des finages», *Campagnes africaines en devenir*, Paris, Editions Arguments, pp. 305-316.

PETIT F.-E., 1989, « 'Défrichement' et remise en valeur des terres : des pratiques anciennes pour des besoins actuels », Florac, *Annales du Parc National des Cévennes*, t. 4, pp. 91-110.

RIEUTORT L., 1987, *Élevage et commercialisation des ovins en Margeride de Lozère.-* Mémoire de maîtrise de géographie, Faculté des Lettres et Sciences humaines de Clermont-Ferrand, 252 p. (dactyl.).

SAUSSOL A., 1995, « Des Causses de Paul Marres aux Causses d'aujourd'hui (1935-1995) », *Grancs Causses, nouveaux enjeux, nouveaux regards*, Millau, Fédération des Grands Causses, pp. 13-41.

ÉTUDE DE CAS

FRICHE ET ENFRICHEMENT DANS LE MASSIF CENTRAL

LE CAS DE LA PARTIE ORIENTALE DU MASSIF

L. MONTMAIN
D. RICARD, *CERAMAC, Université Blaise Pascal,*
Clermont-Ferrand

L'article qui suit s'appuie sur le travail de recherche de terrain réalisé par Lionel MONTMAIN dans le cadre de son mémoire de DEA de géographie « Moyennes montagnes et milieux ruraux fragiles ». Ce mémoire, soutenu à Clermont-Ferrand, porte sur l'analyse de l'état actuel de la friche et du risque d'enfrichement dans deux communes de l'est du Massif central : Saint-Cyr-le-Châtoux, dans les monts du Beaujolais, à l'ouest de Villefranche-sur-Saône, et Longessaigne, au cœur des monts du Lyonnais.

I - DEUX COMMUNES VOISINES, MAIS UN CONTEXTE PHYSIQUE ET HUMAIN TRÈS DIFFÉRENT

Il n'est pas de notre propos de retracer ici dans le détail les caractéristiques du monde rural et de l'agriculture dans l'est du Massif central. Soulignons simplement que l'on est là dans un milieu d'altitude moyenne (jamais plus de 1 000 m), bien différent des montagnes plus élevées, plus humides et à très forte tradition d'élevage du Limousin et de l'Auvergne, où encore des zones calcaires séchantes du sud de l'Aveyron et de la Lozère.

Ici, l'est du Massif central, qui ne bénéficie pas de la présence de produits agricoles réputés tels que des fromages d'appellation d'origine contrôlée, a longtemps vécu dans un système de polyproductions qui privilégiait toutefois l'élevage bovin. Cette agriculture pouvait compter, au moins pour partie, sur le débouché important représenté par les grosses concentrations urbaines proches où l'on écoulait par exemple les « *veaux du Lyonnais* » ou les « *veaux de Saint-Etienne* ».

Dans la période contemporaine, la « révolution agricole » a accentué une différenciation régionale qui existait déjà. Certains secteurs ont alors adopté pleinement le modèle productiviste en se spécialisant dans la production laitière, à l'image du massif du Pilat - au sud de la dépression du Gier - et des monts du Lyonnais. D'autres espaces sont demeurés un peu plus en marge de ce mouvement, comme les monts du Beaujolais, exception faite, bien sûr, du versant oriental, nettement plus bas, et qui a mise quant à lui, avec succès, sur la viticulture de qualité et les vins primeurs.

Les deux communes test retenues pour l'étude commanditée par le Commissariat à l'Aménagement et au Développement du Massif Central s'efforcent d'illustrer au mieux cette double sensibilité régionale, à l'exception des zones véritablement périurbaines où les problématiques liées à l'enfrichement de l'espace obéissent à d'autres logiques.

Longessaigne

Longessaigne apparaît comme une commune caractéristique des monts du Lyonnais. On est ici entre cinq cents et huit cents mètres d'altitude, le plus souvent autour de sept cents mètres, sur le flanc occidental de ce petit massif granitique qui offre, toutefois, ici, des terrains de qualité convenable. Le paysage montre une succession de croupes assez lourdes, un relief bosselé où les pentes sont omniprésentes.

Celles-ci ne sont cependant que rarement très prononcées et la déclivité n'est pas réellement de nature à pénaliser la mécanisation des travaux agricoles. D'ailleurs, les labours sont importants dans cette commune, supportant alternativement des céréales à paille (blé, triticale...), des prairies temporaires (souvent ensilées) et du maïs fourrage (avec, dans ce dernier cas, quelques problèmes d'érosion des sols). Dans l'ensemble, le milieu naturel n'est donc pas particulièrement pénalisant pour l'activité agricole, même s'il présente certaines contraintes liées à la pente et à l'altitude.

L'agriculture est d'ailleurs très active, très largement orientée vers la production laitière, avec une spécialisation qui s'était nettement renforcée dans les années 1970 et jusqu'à l'instauration des quotas en 1984. Dix ans plus tard, 78 % des exploitations livraient du lait. Cette agriculture est solide, tenue par des actifs assez jeunes (44,6 ans de moyenne lors de l'enquête), mais souffre de la petitesse persistante des exploitations. Il s'agit là d'une donnée structurelle pour la région, puisque l'on dénombrait quatre-vingt-deux fermes sur la commune lors du RGA de 1970 pour une superficie moyenne de seulement douze hectares. Depuis cette date, l'évolution générale de l'agriculture a joué à plein, ce d'autant plus qu'il y a eu l'impact des primes à la cessation d'activité laitière. Dès 1988, le RGA ne dénombre plus que cinquante-quatre exploitations d'une taille moyenne de dix-huit hectares. En 1998-99, on ne recense que trente-cinq exploitations pour 970 hectares de SAU. La restructuration à marche forcée se poursuit donc, s'accélère même, mais on n'atteint toujours que 24,5 ha de moyenne. Tout porte à croire que ce mouvement va continuer, même si, par ailleurs, une dynamique réelle de diversification apporte une réponse partielle à l'étroitesse des structures et, plus généralement, à la crise agricole. Désormais, treize exploitations élèvent des vaches allaitantes, beaucoup livrent des petits fruits (dont douze des fraises), certains vendent des poulets et des porcs et trois pratiquent l'accueil à la ferme.

On est donc bien dans le contexte d'une agriculture de moyenne montagne, vivante et dynamique, qui cherche des solutions pour contourner le blocage de la production imposé par les quotas laitiers. Par ailleurs, la taille des exploitations conduit à une forte pression sur le foncier et à un prix élevé de la terre. Une commission communale, très active, s'efforce d'apporter quelques réponses à cette situation délicate, notamment dans le domaine de l'installation.

Au-delà de la seule activité agricole, la commune de Longessaigne montre un espace rural encore assez bien peuplé, en dépit des prélèvements opérés par l'exode rural pendant des décennies. Lors de la période récente toutefois, la population augmente, passant de 444 habitants en 1982, à 483 en 1990 et à 511 en 1999. Longessaigne fait partie de la Communauté de Communes de Saint-Laurent-de-Chamousset, dont on connaît la politique volontariste de développement rural. Même si elle ne participe pas autant à ce mouvement que le chef-lieu du canton, elle n'en apparaît pas moins comme une commune rurale active, assez vivante, avec une densité de 43 hab./km² ; bref, à l'image du reste des monts du Lyonnais.

Saint-Cyr-le-Châtoux

Saint-Cyr-le-Châtoux présente une image bien différente, à de nombreux égards, tant sur le plan du milieu naturel que du contexte humain. On est ici à l'amont d'un vallon orienté est-ouest, qui rejoint en contrebas la vallée de l'Azergues. La commune est largement forestière, avec quelques 60 % de son territoire qui est occupé par les bois, et la SAU est estimée à 250 hectares seulement pour une superficie totale de 628 hectares. L'espace agricole se résume, pour l'essentiel, au bas des versants de la vallée, à la croupe sommitale où sont installés les villages de Saint-Cyr-le-Châtoux et du Parassoir (est de la commune) et à un versant d'adret, assez séchant. Le versant exposé au nord est, quant à lui, très largement colonisé par la forêt. Enfin, le nord-ouest de la commune est constitué par un autre versant, isolé, totalement forestier et inhabité.

Le milieu naturel est donc, dans l'ensemble, assez difficile à Saint-Cyr-le-Châtoux, plus contraignant en tout cas qu'à Longessaigne. Presque partout dans cette commune où les altitudes varient de 375 à 843 m, les pentes sont fortes et rendent souvent difficile, voire impossible la mécanisation des parcelles. De plus, les sols de ces versants taillés dans des sédiments primaires sont souvent peu épais et n'offrent qu'un potentiel agronomique limité. Enfin, la forêt est omniprésente, ce qui multiplie les effets de lisière dont on connaît l'influence négative sur la productivité des terres agricoles. Mais, plus encore que le milieu naturel, c'est surtout l'évolution de l'agriculture qui pose ici problème. Cette activité est en effet en crise sérieuse dans la commune, même si, sur le papier, le recul du nombre d'exploitations n'est pas plus dramatique qu'ailleurs : dix en 1970 (RGA), huit en 1988 (RGA), six lors du dénombrement effectué en 1999. En fait, c'est le profil de chaque exploitation (taille, types de productions, systèmes de commercialisation, efficacité économique, succession assurée ou non...) qui est ici en jeu et qui conduit à s'interroger sur la permanence même de cette activité à moyen terme dans la commune. L'analyse de l'état de l'agriculture locale exige de prendre en compte les utilisateurs de terres (ils sont seize), bien plus que les seuls exploitants installés sur place (au nombre de six). Cela permet alors de dresser le tableau page suivante.

Le portrait d'ensemble de l'agriculture locale est donc bien sombre alors que, dans le même temps, les emplois non agricoles sont quasi inexistants. La seule lueur d'espoir vient de la nouvelle dynamique révélée par le recensement de 1999. La commune, longtemps affectée par l'exode rural, avait atteint son plancher démographique en 1990 avec quatre-vingt-cinq habitants. Elle en abrite cent sept en 1999, soit une progression assez spectaculaire, due pour l'essentiel au solde migratoire. Saint-Cyr-le-Châtoux est en effet atteint par la périurbanisation, en liaison avec la proximité de Villefranche-sur-Saône (17 km), voire de Lyon (50 km). La commune reste toutefois assez isolée et peu peuplée, avec une densité qui ne dépasse pas dix-sept habitants par kilomètre carré. Par ailleurs, on peut douter que ce nouvel apport de population puisse avoir un effet positif sur l'agriculture locale et permette d'enrayer le processus d'enfrichement actuellement en cours.

Saint-Cyr-le-Châtoux (Rhône)
16 utilisateurs de terre pour environ 250 ha de SAU

• 12 utilisateurs de terres à des fins agricoles

◊ 6 de ces utilisateurs de l'espace agricole résident hors de la commune. Pour la plupart d'entre eux, notamment pour deux forestiers de Lamure-sur-Azergues et deux viticulteurs du Beaujolais, ces terres ont un caractère accessoire et sont simplement pâturées par des vaches allaitantes.

◊ 2 autres utilisateurs sont à la tête de « pseudo exploitations » qui n'ont pas de réalité économique sérieuse. Il s'agit d'une ferme tenue par un retraité (quelques ovins et caprins) et d'une autre, travaillée par les enfants de l'exploitante (élevage ovin), le week-end, et certainement de manière transitoire.

◊ Restent 4 exploitations véritables, de dimension modeste (20 à 30 ha ; 21,3 ha de moyenne en 1998) et peu efficaces, comportant de nombreux stigmates de la crise. Une seule de ces fermes montre un chargement de l'ordre de 1 UGB/ha (mais sur 20 ha seulement), les autres structures affichant respectivement 0,6 - 0,6 et 0,2 UGB/ha... Ces exploitations se consacrent exclusivement à l'élevage, avec un cheptel diversifié. Trois d'entre elles détiennent à la fois des bovins, des ovins et des caprins et produisent des fromages fermiers, de la viande ovine et de la viande bovine de réforme. La quatrième est spécialisée dans l'élevage ovin, avec un troupeau de... trente têtes. De manière très significative, aucune de ces exploitations n'est vraiment intégrée dans une filière de production. Ainsi, la production laitière domine alors qu'il n'y a pas de collecteurs et chacun fabrique donc des fromages vendus sur les marchés locaux. Enfin, l'âge moyen des exploitants est de cinquante-huit ans et le plus jeune d'entre eux a cinquante-cinq ans, un seul ayant un successeur.

• 4 utilisateurs de terres à des fins non agricoles.

On trouve en effet à Saint-Cyr-le-Châtoux une chasse commune de quinze hectares, développée sur des terres acquises dans les années 1980 par un restaurateur de l'Ain ; une propriété de vingt hectares que la SAFER cherche à négocier, et deux terres utilisées par des détenteurs de chevaux de loisirs, représentant approximativement quinze hectares pour l'une et trois hectares pour l'autre. La production agricole de cette bonne cinquantaine d'hectares est proche de zéro.

II – LONGESSAIGNE ET SAINT-CYR-LE-CHÂTOUX : DES FRICHES TRÈS INÉGALEMENT PRÉSENTES

Les investigations conduites sur le terrain pendant l'hiver 1998-99 avaient pour objet de décrire l'expansion de la friche et, au-delà, d'analyser les risques d'enfrichement à court et à moyen termes en fonction de la situation présente d'une part, et du contexte général de chaque commune (milieu humain, environnement physique, état de l'agriculture...) d'autre part. Ce travail a été réalisé dans le respect de la méthodologie décrite plus haut dans cet ouvrage, et a donc permis d'obtenir des résultats directement comparables d'une commune à l'autre. Dans le cas des montagnes du département du Rhône, les enquêtes permettent de différencier très nettement les deux communes test, qui ont un comportement radicalement différent vis-à-vis de la friche.

A – Longessaigne : une commune qui semble ignorer la friche

A Longessaigne, le finage communal n'abrite que de très rares terrains embroussaillés. Sept parcelles sont concernées, représentant au total seulement 2,4 ha réellement en friche. Et encore, quatre de ces parcelles ont une finalité non agricole et correspondent à autant de cas particuliers. Il ne reste donc qu'un hectare d'anciennes terres agricoles véritablement enfrichées, une superficie dérisoire pour une commune de 1 192 ha, dotée d'une SAU de 970 ha (RGA 1988) (planche 5).

L'état de l'enfrichement à Longessaigne (1999)

Etat des parcelles	Nombre de parcelles	Superficie de ces parcelles (ha)	Part dans la SAU communale (%)
Enfrichement 10 à 50 %	40	65,7	6,77
Enfrichement 50 à 99 %	11	6,7	0,69
Friche véritable	7	2,4	0,25
Total	*58*	*74,8*	*7,71*

On rencontre en revanche davantage de terrains mal exploités. Ainsi, onze parcelles sont embroussaillées sur plus de 50 % de leur surface, et quarante autres parcelles le sont à hauteur de 10 à 50 %. Au total, ce sont donc soixante-treize hectares supplémentaires qui sont mal entretenus. Encore faut-il signaler que bien souvent c'est une partie seulement de la parcelle qui est embroussaillée : talus non mécanisable parce que trop pentu, fonds humides où se développent les ajoncs (1) … L'enfrichement est donc bien un phénomène marginal à Longessaigne et le visiteur attentif, qui a sillonné les monts du Lyonnais, sait qu'il en va de même dans l'ensemble de ce massif.

B – Saint-Cyr-le-Châtoux : des friches envahissantes

Le tableau dressé plus haut montrait une commune fragile à l'agriculture en crise et peu efficace. On ne sera donc pas étonné, dans un tel contexte, que la friche soit bien installée à Saint-Cyr-le-Châtoux, et ce, manifestement, depuis déjà de nombreuses années. On est, en revanche, assez surpris devant l'ampleur du phénomène révélé par les enquêtes. Dans cette commune, en effet, outre le fait que 60 % de l'espace est couvert de forêts, on recense 143 ha de terres qui présentent un taux d'embroussaillement supérieur à 10 %, soit 57 à 58 % de la SAU et près du quart du territoire communal. Trente-quatre parcelles sont d'ailleurs totalement enfrichées, représentant à elles seules une surface de vingt et un hectares (planche 4).

L'état de l'enfrichement à Saint-Cyr-le-Châtoux (1999)

État des parcelles	Nombre de parcelles	Superficie de ces parcelles (ha)	Part dans la SAU communale* (%)
Enfrichement 10 à 50 %	59	67,6	27,04
Enfrichement 50 à 99 %	53	55,1	22,04
Friche véritable	34	20,8	8,32
Total	*146*	*143,5*	*57,40*

* SAU estimée à 250 ha

Les facteurs qui ont permis une expansion spatiale aussi importante de la friche sont nombreux et ont tendance à se cumuler. Le milieu physique joue bien sûr, avec nombre de parcelles en pente, aux sols peu épais, et qui sont les premières à être délaissées. Mais le facteur humain semble le plus déterminant dans cette commune. A Saint-Cyr-le-Châtoux, on a dit, l'efficacité économique des exploitations est bien modeste, avec notamment des chargements à l'hectare faibles ou très faibles qui sont une porte d'entrée grande ouverte à l'enfrichement. D'autre part, l'âge des exploitants joue à plein, dans une commune où celui-ci est particulièrement élevé. Les caractéristiques du parcellaire sont également importantes en l'absence de tout remembrement : les parcelles les plus petites et les plus éloignées du siège d'exploitation sont les plus fragiles. A cela s'ajoute l'influence de la propriété foraine. Celle-ci, importante ici (2), est incontestablement un facteur d'enfrichement : les deux tiers des terres embroussaillées appartiennent à des propriétaires extérieurs à la commune. Enfin, quelques parcelles en situation particulière s'avèrent très sensibles à l'enfrichement. Ainsi, la SAFER est-elle propriétaire d'un terrain acheté en 1996, terrain qui était déjà en mauvais état et qui s'embroussaille très nettement en l'absence de repreneur. Ces vingt hectares sont simplement pâturés de temps à autre par le troupeau d'un agriculteur et un quart de cet espace est déjà devenu impénétrable. De même, un propriétaire forain, restaurateur dans l'Ain, a cédé il y a quelques années sa parcelle de quinze hectares à la société de chasse en vue de la création d'une chasse communale avec, depuis lors, un embroussaillement rapide. Constatons que les difficultés de la SAFER (3) et le développement de cette chasse ne sont que le reflet du délabrement en cours de l'espace agricole communal.

Le paysage qui s'offre aux yeux du visiteur montre ainsi un domaine nettement marqué par l'enfrichement progressif des terres agricoles, avec une impression de rétraction du finage qui est encore accentuée par l'omniprésence des bois et des forêts. Lorsque l'on est à Saint-Cyr-le-Châtoux, et que l'on regarde vers l'ouest, on voit nettement ce vaste versant d'adret, séchant, assez pentu et en voie d'embroussaillement ; l'ubac étant, lui, mieux entretenu mais très boisé.

Cette commune apparaît comme assez représentative des situations observées dans les monts du Beaujolais, où, de Tarare à Chauffailles, à Monsols et à Tramayes, la forêt domine et où les processus d'enfrichement sont souvent assez actifs.

Les enquêtes conduites dans les montagnes du département du Rhône font donc apparaître un vigoureux contraste entre deux communes qui ne sont pourtant situées qu'à vingt-huit kilomètres à vol d'oiseau l'une de l'autre (planche 6).

Le plus remarquable à Saint-Cyr-le-Châtoux est certainement le conjonction de ces multiples facteurs qui conduisent, presque inexorablement, à la friche. Ici, tout semble jouer en effet en sens unique, qu'il s'agisse du milieu naturel (pentes marquées, adret séchant, sols parfois peu épais, environnement forestier et effets de lisière), des conditions foncières (poids des terres détenues et/ou exploitées par des personnes extérieures à la commune) ou du contexte économique local (agriculture peu efficace, très mauvaise insertion dans les filières agroalimentaires). On doit y adjoindre, de plus, la mésentente entre les – rares – agriculteurs locaux... dont le plus jeune a cinquante-cinq ans, les difficultés de la SAFER et le développement d'une chasse communale. Bref, il y a bien ici une sorte de spirale négative, en place depuis déjà longtemps, et qui conduit à l'enfrichement d'une partie importante du finage, sans que n'apparaissent d'espoirs sérieux de renversement de la tendance à moyen terme. L'étude montre, en effet, que le risque d'enfrichement à l'échéance de cinq à dix ans est très fort. Elle a ainsi permis de dresser une carte édifiante de laquelle il ressort qu'environ 40 % de la SAU actuelle devrait rester en l'état, le risque d'enfrichement étant jugé moyen pour 30 % des terres et élevé pour les 30 % restants !

C'est justement l'inverse que l'on observe à Longessaigne. Ici, l'agriculture est solide, au cœur d'un des meilleurs bassins laitiers de la montagne française. Ce contexte de petites exploitations laitières dynamiques, à fort chargement et bien encadrées par un tissu d'entreprises agroalimentaires efficaces semble être la clef qui explique l'excellente tenue de l'espace agricole. La pression foncière est réelle, elle est telle que les agriculteurs sont contraints à entretenir au mieux leurs terres et que les parcelles libérées par les cessations d'activité sont très vite reprises, souvent d'ailleurs par des jeunes. La friche n'a donc pas lieu d'être dans ce paysage de moyenne montagne, sauf en situation marginale.

Les recherches conduites dans l'est du Massif central montrent donc clairement – si besoin en était – que la friche et l'enfrichement sont des phénomènes complexes qui ne peuvent se satisfaire d'explications hâtives et partielles. C'est bien une conjonction de facteurs qui est à l'origine de l'embroussaillement, avec une part plus limitée qu'on ne pourrait le croire qui doit être réservée à l'influence du milieu naturel. C'est le contexte humain et économique qui s'avère, en effet, le plus important pour expliquer les différences de comportement observées entre Saint-Cyr-le-Châtoux et Longessaigne, et, au-delà, entre les monts du Lyonnais et les monts du Beaujolais.

Notes

1 - Dans ce dernier cas, on peut, de plus, s'interroger : s'agit-il d'un véritable processus d'abandon de l'espace agricole ou d'un simple mauvais entretien des terrains dans des conditions d'exploitation difficiles ? Ces zones humides, notamment, ne sont que rarement mécanisables sans drainage préalable.
2 - Le plus gros propriétaire de la commune réside à Saint-Didier au Mont-d'Or, au nord de Lyon et possède ici une centaine d'hectares dont une bonne partie sont couverts de bois.
3 – Les terres détenues ici par la SAFER sont un bon exemple qui permet de comprendre la complexité du phénomène d'enfrichement, avec le rôle éventuel d'un seul facteur qui peut tout changer. La SAFER peine à trouver un repreneur pour sa propriété du Miot, même s'il y a des candidats – y compris des candidats locaux –, même si le prix demandé reste correct, et même si les vingt hectares concernés forment une parcelle d'un seul tenant. Il a suffi d'une clause particulière pour que toute transaction ait échoué à ce jour. En effet, aux termes de la vente signée en 1996, le nouveau propriétaire devra rénover à ses frais deux pièces dans les anciens bâtiments pour le propriétaire précédent... Une telle contrainte refroidit les éventuels acheteurs et, depuis lors, les terres, très mal entretenues, s'enfrichent inexorablement et les bâtiments souffrent également

beaucoup (affaissement des toits). Dès lors, avec le temps, les frais de reprise de l'exploitation augmentent (rénovation du logement, débroussaillage), plaçant la SAFER dans une situation de plus en plus délicate et les terres dans un état d'abandon de plus en plus avancé. C'est là l'illustration parfaite d'une spirale négative apparemment sans issue.

LA DÉPRISE AGRICOLE EN MONTAGNE BOURBONNAISE

L'EXEMPLE DE LA COMMUNE DE SAINT-CLÉMENT

J.L. ETIEN

Allocataire de recherches, CERAMAC,
Université Blaise Pascal, Clermont-Ferrand

Depuis bien longtemps, certaines moyennes montagnes subissent une « *crise plus ou moins larvée* » (Diry J.P., 1995). Parfois ininterrompu depuis plus d'un siècle, un déclin démographique souvent catastrophique, à l'origine par endroit de densités humaines extrêmement faibles, s'accompagne d'un dramatique vieillissement de la population. De plus en plus isolées, les communautés humaines reposent sur un tissu économique fragile porté fréquemment par une agriculture en déclin. Or cette « crise », d'ampleur très variable selon les massifs, ne se caractérise pas uniquement par des problèmes d'ordre démographique et/ou économique : « *les paysages ne sont pas immobiles ; ils se transforment comme les sociétés qui les créent et les entretiennent. Là où les hommes disparaissent, les maisons s'écroulent et les friches progressent* » (Brunet P., 1994).

Qu'en est-il au cœur de la France, en Montagne bourbonnaise, dans ce pays perché à l'extrémité sud-orientale du département de l'Allier ?

Quelle est ampleur de la déprise ? S'accompagne-t-elle effectivement d'une progression des friches ? Comment dès lors l'expliquer et envisager le futur ?

Située au cœur de la Montagne bourbonnaise, Saint-Clément, de par ses héritages et tendances démographiques (densité de population, indice de vieillissement, soldes naturel et migratoire), son tissu économique (poids des agriculteurs dans la population active), et l'utilisation de son territoire (part de la SAU sur la superficie totale) s'impose vraisemblablement comme la commune la plus représentative de ce pays. Dès lors, en utilisant la méthode précédemment évoquée (p. 18), un relevé parcellaire minutieux a été conduit dans la commune. Puis, grâce à l'analyse de la douzaine de facteurs déterminant le faciès végétal d'une parcelle, les principales origines de l'enfrichement à Saint-Clément ont pu être identifiées.

I - UNE COMMUNE DU NORD-EST DU MASSIF CENTRAL : UN TERRITOIRE FRAGILE

Une présentation succincte de Saint-Clément vise à rendre intelligible la lecture de l'enfrichement dans cette commune. Confrontée au déclin inexorable de sa population, Saint-Clément demeure une commune rurale où l'agriculture s'accroche à grande peine à d'ingrats terroirs et constitue la principale ressource de la commune.

A - Une société rurale qui a subi de profondes mutations

Depuis la fin du XIXe siècle, un solde migratoire négatif creusé par l'exode rural, renforcé à partir de l'entre-deux-guerres par le déclin naturel, a engendré une forte régression de la population. En 1999, la commune ne compte plus que trois cent trente habitants (13 hab/km²) dont 80 % se concentrent, comme par le passé, sur les basses terres à moins de 700 m d'altitude.

Bien que le déclin ait enregistré un net ralentissement au cours des années 1980, au point même de s'interrompre entre 1990 et 1999 (+2 habitants), les indicateurs démographiques traduisent toujours une situation fragile. Ainsi, en 1990, 34,5 % des habitants avaient dépassé l'âge de soixante ans et 14 % soixante-quinze ans. Par conséquent, le récent renversement de tendance ne doit pas faire illusion et la situation démographique de la commune demeure toujours préoccupante.

L'agriculture demeurée fidèle au modèle ancestral associant polyculture et polyélevage jusque dans les années 1960-70, connaît depuis de profondes transformations. En effet, la forte réduction du nombre d'exploitations agricoles de plus en plus spécialisées dans la production de « broutards » charolais, s'accompagne d'une vaste extension des exploitations en activité limitant ainsi la contraction des terres.

De 1970 à 1996, deux-tiers des exploitations disparaissent mais dans le même temps leur superficie moyenne croît de 15,2 à 39,2 ha (+158 %). Ceci explique le repli relativement modéré de la SAU qui s'abaisse de 897 à 783 ha (-12,7 %). Cependant, malgré cette extension des structures, en 1999, dix exploitations sur seize couvrent moins de soixante hectares, et une seule, constituée en GAEC, atteint une superficie supérieure à cent hectares. La plupart d'entre elles (douze sur seize) se situent sur les basses terres.

Hormis deux agriculteurs pluriactifs, les autres se consacrent exclusivement à leur ferme et seuls deux d'entre eux ont un conjoint exerçant une activité professionnelle extérieure. Si seulement quatre exploitants sont âgés de plus de cinquante ans, le célibat touche en revanche la moitié des agriculteurs.

L'élevage bovin constitue la principale production, loin devant l'élevage ovin pratiqué désormais par deux exploitants dont le petit troupeau (125 et 130 brebis) produit des agneaux de boucherie. Le cheptel bovin a connu une rapide évolution des spécialisations : au cours des années 1970-80, les agriculteurs renforcent les effectifs de vaches laitières qui représentent alors plus du tiers du cheptel. Or, depuis la fin des années 1980, l'orientation laitière régresse franchement au profit d'un renforcement du troupeau allaitant. Si plusieurs exploitations conservent

Les exploitations agricoles de Saint-Clément

Exploitant	Localisation	Situation familiale	Age	Pluriactivité	Activité extérieure du conjoint	Succession	Superficie	Cheptel
M. B.	Le Bourg, lit majeur de la Besbre, 490 m d'altitude	Marié, 1 fille	< 35 ans	Oui	Non		23 ha	130 brebis
M. B.	Compagnat, bas versant des Monts de la Madeleine - 580 m	Célibataire	> 50 ans	Non	Non	Non	56 ha	34 vaches 10 génisses de 2 ans
Mlle B.	Goulange, 580 m Plateau sud-occidental	Célibataire	35 à 50 ans	Non	Non	?	66 ha	38 vaches charolaises 10 génisses de 2 ans
M. B.	Le Bourg	Marié, 3 filles	> 50 ans	Non	Non	Non	36 ha	22 vaches charolaises 3 génisses de 2 ans 3 vaches laitières
M. C.	La Jury, 580 m Plateau sud-continental	Marié, 2 enfants	35 à 50 ans	Non	Oui	?	65 ha	27 vaches charolaises et limousines 7 génisses de 2 ans
M. E.	Copet, 610 m Plateau sud-continental	Célibataire	< 35 ans	Non	Non	Non	17 ha	11 vaches charolaises 2 génisses de 2 ans
M. F.	Compagnat, bas versant des Monts de la Madeleine, 580 m	Marié, 3 enfants	35 à 50 ans	Non	Non	?	38 ha	6 vaches charolaises 3 vaches laitières 125 brebis
M. G.	Noirétierre, 570 m Piémont nord-occidental	Marié, 2 enfants	35 à 50 ans	Non	Non		70 ha	51 vaches charolaises 11 génisses de 2 ans
M. P.	Boudin, 680 m Monts de la Madeleine	Marié, 2 filles	35 à 50 ans	Non	Non	Non	43 ha	25 vaches charolaises 4 vaches laitières
M. R.	Bradière, 520 m Promontoire septentrional	Marié, 2 enfants	35 à 50 ans	Non	Oui	?	65 ha	42 vaches charolaises 24 génisses de –de 2 ans
M. R.	La Pommerie, 850 m Monts de la Madeleine	Marié, 1 enfant	35 à 50 ans	Oui	Non	?	45 ha	20 vaches charolaises 5 génisses de 2 ans
MM. R. et R.	La Maison Neuve, 640 m Plateau sud-occidental	Célibataires	< 35 ans	Non	Non	?	130 ha	27 vaches laitières 40 vaches charolaises 16 génisses de 2 ans
M. R.	Les Ayes, 860 m Monts de la Madeleine	Célibataire	> 50 ans	Non	Non	Non	38 ha	20 vaches charolaises limousines et croisées 4 génisses de 2 ans
Mlle S.	Mazurlière, 700 m Monts de la Madeleine	Célibataire	> 50 ans	Non	Non	Non	12 ha	10 vaches charolaises 2 génisses de 2 ans
M. S.	Les Grands Vignauds, 550 m Piémont nord-occidental	Célibataire	35 à 50 ans	NON	Non	?	40 ha	26 vaches charolaises

deux ou trois vaches laitières pour les besoins familiaux ou la vente de produits laitiers à la ferme, une seule s'insère dans le réseau de collecte d'une coopérative laitière. La race charolaise rassemble actuellement 90 % du cheptel communal fractionné en petites unités comptant, dans douze des seize exploitations, moins de quarante vaches nourrices.

En définitive, l'élevage charolais extensif constitue désormais la production principale alors que cette spécialisation semble peu adaptée à l'exiguïté des structures foncières et à la rudesse des terroirs.

B - Une moyenne montagne granitique

Située dans la partie septentrionale des Monts du Forez, la commune de Saint-Clément couvre 2 600 ha étagés entre 480 et 904 m. Traversée par la vallée de la Besbre, la commune confine à l'est avec les croupes sommitales des Monts de la Madeleine tandis que sur sa partie occidentale se dressent l'échine de la Montagne bourbonnaise et son piémont septentrional mollement ondulé.

La vallée de la Besbre qui s'abaisse de 520 m au sud à 480 m au nord, forme une vaste gouttière encadrée et dominée par trois ensembles topographiques. Au sud-ouest, la Montagne bourbonnaise culmine à 879 m ; son altitude décline très rapidement donnant de fortes pentes couvertes de bois puis se stabilise autour de 620 m avant de se prolonger vers l'est par un plateau granitique qui se raccorde à la Besbre par un raide talus boisé. Couvrant toute la partie orientale de la commune, les Monts de la Madeleine s'inclinent vers le nord-ouest de 904 à 741 m ; toute la rive droite de la Besbre est ainsi dominée par un long versant (2,5 à 3 km) interrompu par des ruptures de pente sur lesquelles sont implantées trois lignes parallèles d'habitat. Au nord, tandis qu'un promontoire granitique dont l'altitude ne dépasse pas 610 m domine la rive droite de la Besbre, la rive gauche est surplombée par un plateau mollement ondulé s'inclinant de 580 m au sud à 500 m au nord.

Ce rapide tableau permet d'évoquer, sans qu'il soit nécessaire ici de recourir à une analyse plus détaillée des terroirs de la commune, la

Le relief de Saint-Clément

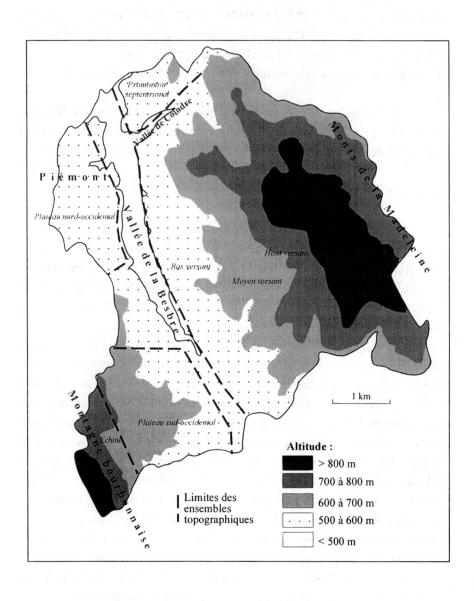

médiocrité agronomique des terres ciamaraudes : pauvreté des sols granitiques, pente et altitude constituent de réelles contraintes plus ou moins fortes selon les secteurs.

II - LES ENSEIGNEMENTS DU RELEVE PARCELLAIRE

A - Un paysage agro-forestier localement enfriché

Le relevé parcellaire réalisé à Saint-Clément révèle le caractère forestier des paysages ciamarauds au sein desquels l'agriculture tient encore quelques solides « bastions ». Ainsi, l'utilisation du sol s'avère particulièrement contrastée.

Accaparant 1 421 ha, les bois exercent une emprise pesante qui se renforce depuis le XIXe siècle, notamment depuis la Seconde Guerre mondiale, se hissant à 47,3 % de la superficie communale en 1982 pour atteindre 58,5 % en 1999 (+ 237 ha depuis 1982). Ici, les feuillus, notamment les hêtres, se taillent « la part du lion » et sont même replantés par endroit. Les résineux se révèlent beaucoup plus épars ; occupant moins de cinq cents hectares, ils se dispersent en parcelles plus ou moins vastes sur toute la commune. L'avancée forestière, incontestable et irrésistible, ronge l'espace agricole même si certains secteurs manifestent une vive résistance.

Couvrant plus du quart de la superficie communale (26,2 %), les terres « tenues » s'étendent sur 635 ha et regroupent celles dont l'entretien s'avère effectivement impeccable (415 ha soit 17,1 % de l'espace communal) et celles dont l'enfrichement reste inférieur à 10 % (220 ha, soit 9,1 % de la commune). Contrairement aux pâturages, les labours demeurent très restreints et ne s'étendent que sur cinquante-cinq hectares. Les agriculteurs sèment quelques céréales (triticale, maïs, blé, avoine, etc.) destinées à l'autoconsommation, mais la minceur des sols favorise la « remontée » des cailloux qui jonchent la surface tandis que de gros blocs de granite affleurent çà et là. La qualité des pâturages se révèle assez variable mais ce sont fréquemment des prairies « naturelles » fumées par les déjections du bétail. Ces parcelles ne présentent pas de mauvaises herbes, leurs bordures restent propres, leurs clôtures apparaissent souvent en bon état. Elles sont régulièrement fauchées et beaucoup plus rarement labourées.

Les terres où l'enfrichement n'excède pas 10 % rassemblent des parcelles où les plantes indésirables restent discrètes. Aussi vaut-il mieux ranger ces parcelles très ponctuellement colonisées parmi les terres tenues, d'autant plus que l'élimination des plantes nocives ne pose guère de problème.

Les parcelles dont plus de 10 % de la superficie s'avèrent colonisés par la friche se rangent parmi les terres en voie d'enfrichement. Celles-ci couvrent 373 ha (15,4 % du territoire communal). Cependant, il convient de distinguer entre les parcelles dont l'enfrichement demeure inférieur à 50 % (260 ha), les parcelles dont l'envahissement excède 50 % (81 ha, soit 3,3 % de la superficie communale) et celles totalement submergées par la friche (33 ha). Quel que soit leur degré d'enfrichement (10 à 50 %, 50 à 90 %, 90 à 100 %), ces parcelles présentent des faciès très divers et chacune constitue un cas particulier.

Au final, trois cent quarante hectares connaissent un enfrichement plus ou moins avancé tandis qu'une trentaine disparaît déjà sous une végétation abondante proche du taillis. Alors que plus du tiers de la superficie non boisée (37 %) s'avère plus ou moins affecté, l'agriculture ciamaraude semble éprouver de sérieuses difficultés à maintenir son assise.

B - Une utilisation du sol très contrastée (planches 7 et 8)

A Saint-Clément, l'occupation du sol se révèle très tranchée : alors que les terres « tenues » forment de véritables bastions au cœur des masses forestières, la friche s'éparpille sur tout le territoire.

A petite échelle se dessinent des ensembles agricoles regroupant d'une part la vallée de la Besbre (lit majeur) et ses annexes (piémont nord-occidental, plateau sud-occidental et premières pentes des Monts de la Madeleine) et d'autre part quelques clairières à proximité des hameaux.

Ainsi, sur le piémont nord-occidental, les terres agricoles couvrent plus de 50 % de l'espace comme dans le lit majeur de la Besbre et sur le plateau sud-occidental. Néanmoins, dès que l'on s'éloigne de la Besbre, la proportion de ces terres se contracte et tombe à moins de 30 % au pied de la Montagne bourbonnaise. Sur la rive droite de la Besbre, l'utilisation du sol s'inscrit dans le même schéma, les terres tenues se concentrent sur le bas versant des Monts de le Madeleine et dans une moindre mesure autour de la seconde ligne d'habitat, située entre 700 et 750 m, ainsi qu'à proximité de la ligne de faîte et de la troisième ligne d'habitat où elles dominent cependant moins de 20 % de l'espace.

En s'élevant au-dessus de la vallée, les zones dévolues à l'agriculture s'apparentent en fait davantage à des clairières dispersées au sein de vastes espaces forestiers.

Les massifs forestiers forment des blocs vastes et compacts. Sur vingt feuilles cadastrales, sept présentent un taux de boisement supérieur à 75 %. Tous situés à l'est de la commune, ces bois recouvrent les moyen et haut versants des Monts de la Madeleine qui constituent donc un vaste massif forestier au sein duquel l'agriculture joue un rôle mineur.

Par ailleurs, quatre feuilles offrent un taux de boisement dépassant 60 % ; l'une se situe sur le moyen versant des Monts de la Madeleine, les trois autres s'étendent à l'ouest de la commune sur l'échine de la Montagne bourbonnaise.

Ainsi, l'utilisation du sol décrit trois bandes méridiennes parallèles : deux masses montagneuses et forestières trouées par quelques clairières encore exploitées encadrent un vaste secteur agricole. Celui-ci s'organise autour du lit majeur de la Besbre surplombé sur sa rive gauche par deux plateaux et sur sa rive droite par les premières pentes des Monts de la Madeleine. Ce tableau se calque exactement sur la carte du relief. Les contraintes physiques semblent commander l'utilisation du sol puisque l'agriculture se concentre sur les espaces peu pentus et/ou peu élevés, tandis que les bois accaparent les hauteurs. Cependant, à grande échelle, ce constat appelle certaines nuances car même à 800 m d'altitude, même sur des terrains pentus, se localisent quelques parcelles tenues. En outre, quelle que soit l'échelle considérée, la distribution des parcelles en friche ne paraît pas répondre à ce schéma.

L'étude du taux d'enfrichement par feuille cadastrale permet de distinguer trois types de secteurs :
- les zones faiblement colonisées par la broussaille (la superficie enfrichée s'arrogeant moins de 11, 4 % de l'espace considéré) concernent à la fois les masses montagneuses et forestières et le lit majeur de la Besbre ;
- les secteurs dont l'embroussaillement oscille entre 16,6 et 18,2 % de leur superficie se retrouvent sur le piémont nord-occidental, ou dispersés tout au long du long versant des Monts de la Madeleine, ainsi que sur le moyen versant de la Montagne bourbonnaise ;
- enfin, les espaces les plus enfrichés (taux d'enfrichement compris entre 22,5 et 33,1 %) se dispersent sur les plateaux occidentaux et sur la ligne de faîte des Monts de la Madeleine.

Parfois introuvable sur les cimes forestières, parfois largement répandue, tantôt quasi absente des « bastions » agricoles, tantôt conquérante, la friche reste diffuse et bien difficile à appréhender.

III - LES ORIGINES DE LA DEPRISE

A - Récurrence et mobilité de la friche

En 1903, observant les Monts de la Madeleine et Saint-Clément depuis le chemin dominant la rive gauche de la Besbre, V.E. Ardouin-Dumazet « *constate des efforts vers le progrès agricole ; efforts peut-être inconsidérés, car on a détruit les bois et les gazons sur des pentes où rien ne retient plus les eaux fluviales. Certaines montagnes ont ainsi été défrichées jusqu'au sommet et le sol est entraîné par les pluies. [...] Les arbres croissent à merveille, et c'est pitié de voir détruire ces futaies, pour les remplacer par des champs labourés dont le sol, fait de gros grains de granit décomposé ira à la Besbre ou au Sichon »* (Ardouin-Dumazet V.E., 1903). Posté au même endroit un siècle plus tard, on a peine à croire ce récit en regardant ces montagnes désormais boisées jusqu'au pied. Au long des chemins de la Montagne bourbonnaise foisonnent les indices d'une déprise agricole récurrente dénoncée dès 1950 dans « *Les massifs cristallins d'Auvergne* » par L. Gachon.

De nombreux exemples cités par un agriculteur retraité illustrent l'ancienneté de la déprise qui se manifeste ponctuellement dès les années 1930 et plus largement après la Seconde Guerre mondiale.

La friche colonisait déjà les terres agricoles dans les années 1950-1960 comme le souligne Monsieur B. qui se rappelle avoir défriché, dans les années 1960, les parcelles A 101-102-103-104 (feuille A1) « *pleines de genêts* ». Aujourd'hui celles-ci restent parfaitement tenues tandis que, à l'inverse, les parcelles boisées A 135-136-137-138-139 (feuille A1), situées trois cents mètres plus loin, servaient de pâturage dans les années 1950.

Autrement dit, l'enfrichement des terres agricoles n'apparaît pas nouveau et doit être apprécié en terme de bilan.

L'évolution des taux de boisement et le relevé parcellaire montrent que le bilan déprise/reprise demeure négatif. De 1830 à 1982, à partir des relevés cadastraux effectués par J.P. Nebout, on constate que, dans la Montagne bourbonnaise comme à Saint-Clément, près d'un cinquième (19,2%) des terres a été conquis par la forêt (soit 5 516 hectares) avec de fortes disparités. Plus précisément, « *l'étude successive et systématique des documents cadastraux pour la période allant de 1830 à 1982 montre que le mouvement de reboisement qui affecte cette région* [la Montagne bourbonnaise] *est un mouvement récent qui prend son origine sous les années 1950* » (Nebout J.P., 1985).

Comme souvent dans les massifs cristallins d'Auvergne, la Montagne bourbonnaise constitue une terre de petite paysannerie : « *la propriété est généralement morcelée et les exploitations agricoles n'ont qu'une faible étendue, variant de 5 à 10 hectares. Les travaux des champs sont effectués, en grande partie, avec des vaches charolaises rustiques et adaptées au pays. C'est une région type de culture extensive, où on cultive principalement le seigle, le blé et la pomme de terre. Les prairies naturelles occupent les vallées des nombreux ruisseaux qui parcourent cette région ; elles gagnent même les coteaux grâce aux nombreuses sources. La plupart des cultivateurs ne retirent pas du sol des ressources suffisantes pour faire vivre leur famille ; c'est pourquoi, ils s'emploient en grande partie pendant l'hiver à l'exploitation des bois et à la fabrication des sabots* » (Bidet L., 1936)[6].

La validité de ce constat a tenu de longues années puisque, en 1970, 42,4 % des fermes ciamaraudes s'étendaient sur moins de dix hectares (RGA 1970). Par ailleurs, comme le laisse entendre L. Bidet, dans la partie haute de la commune, travaillaient des « *paysans-artisans* ». Forestiers ou sabotiers, ils tenaient une petite exploitation qui assurait une production d'autosubsistance et vivaient dans un certain isolement.

Ces « paysans-forestiers » étaient peu préparés aux bouleversements socio-économiques de l'après-guerre et, travaillant dans des structures exiguës sur des terrains souvent ingrats, ils n'ont guère vu les successeurs se bousculer. Dès lors, l'équilibre traditionnel se rompt, la déprise s'accélère, car « *l'application du modèle productiviste à l'agriculture révèle les handicaps de la moyenne montagne (difficulté de la mécanisation et d'intégration aux filières agro-alimentaires, moindres rendements, structures foncières trop menues)* » (Rieutort L., 1997).

Cette trame historique, succinctement évoquée, souligne l'ancienneté de la déprise agricole et surtout révèle la récurrence et la mobilité de la friche.

B - Les facteurs explicatifs de la déprise à l'échelle locale

Devenue, d'un point de vue économique, simple maillon d'une filière agro-alimentaire, l'exploitation agricole demeure certes ancrée à des terroirs, mais ceux-ci s'intègrent à d'autres espaces où règnent d'autres logiques. Autrement dit, « *le temps n'est plus où « campagne » signifiait presque exclusivement agriculture et où le paysan vivait au rythme des saisons sans beaucoup se soucier de l'extérieur* » (Diry J.P., 1990).

Portion d'une exploitation agricole dont le but consiste à l'utiliser au mieux en fonction de son potentiel agronomique et des intérêts de l'agriculteur, la parcelle s'insère dans un système régi par l'interaction entre divers éléments (famille, assiette foncière, équipements, système de production). Ouverte sur l'extérieur, l'exploitation s'intègre dans un système (plus exactement des systèmes) qu'elle ne contrôle pas. Pourtant, les décisions prises à ce(s) niveau(x), par exemple dans le cadre de la PAC, influent sur l'exploitation et par là même sur la parcelle.

En définitive, le couvert végétal d'une parcelle résulte de l'intervention simultanée de multiples variables situées à différents niveaux et dont l'influence diffère largement, cependant l'analyse à grande échelle, celle de l'exploitation, retiendra ici toute l'attention. Bien que constituant un espace ouvert et emboîté, la parcelle demeure sous l'étroite influence des conditions locales. Son état dépend avant tout de trois groupes de variables : ses propriétés physiques, ses caractéristiques foncières et les décisions de l'exploitant.

1 - Les facteurs d'origine physique

A Saint-Clément, trois facteurs d'origine physique pèsent fortement sur l'état de la parcelle : la pente, la qualité agronomique et l'environnement écologique. L'influence de l'accessibilité de la parcelle demeure secondaire car, dans la plupart des cas, elle s'ajoute aux autres et ne constitue qu'un facteur aggravant.

• La pente

Dans cet espace largement entaillé par une vallée encaissée entre deux massifs, les fortes pentes jouent un certain rôle. Néanmoins, sur les plateaux occidentaux, et dans le lit majeur de la Besbre, cette contrainte

Les différentes variables de l'enfrichement

Enfrichement	Conditions physiques					Conditions foncières			Conditions humaines / économiques			
	Pente	Qual. agro.	Eloig. distance	Environ. écolo.	Taille parcelle	Propriété collec.	Localisation propriétaires	Faire-valoir	Age	Ressources ext.	Nb d'actifs	Besoin en surface
10-50 % (en ha)	*70 ha 79 a	70 ha 92 a	37 ha 99 a	76 ha 35 a	18 ha 74 a	3 ha 21 a	51 ha 64 a	9 ha 14 a	47 ha 52 a	30 ha 85 a	43 ha 46 a	134 ha 37 a
En % de la surface	28,7	28,8	15,4	31,0	7,6	1,3	21,0	3,7	19,3	12,5	17,7	54,5
Nb de parcelles	*44	50	19	56	75	5	59	28	58	50	83	130
En % des parcelles	*23,7	26,9	10,2	30,1	40,3	2,7	31,7	15,1	31,1	26,9	44,6	69,9
50-90 % (en ha)	15 ha 70 a	18 ha 03 a	10 ha 78 a	19 ha 83 a	5 ha 16 a	0 ha 0 a	3 ha 88 a	5 ha 84 a	7 ha 45 a	9 ha 41 a	11 ha 65 a	43 ha 93 a
En % de la surface	32,3	37	22,2	40,7	10,6	0,0	8	12	15,3	19,3	23,9	90,3
Nb de parcelles	22	30	10	26	21	0	10	10	12	17	19	40
En % des parcelles	42,3	57,7	19,2	50	40,4	0,0	19,2	19,2	23,1	32,7	36,5	76,9
90-100 % (en ha)	0 ha 71 a	0 ha 41 a	0 ha 18 a	1 ha 55 a	0 ha 72 a	0 ha 0 a	0 ha 85 a	0 ha 93 a	1 ha 68 a	0 ha 15 a	1 ha 64 a	1 ha 59 a
En % de la surface	36,0	20,7	9,2	78,9	36,7	0,0	41,9	47,4	85,6	7,6	83,3	80,7
Nb de parcelles	2	3	2	7	7	0	4	4	7	1	6	7
En % des parcelles	22,2	33,3	22,2	77,8	77,8	0,0	44,4	44,4	77,8	11,1	66,6	77,8
Commune												
10-100 % (en ha)	87 ha 20 a	89 ha 36 a	48 ha 95 a	97 ha 73 a	24 ha 62 a	3 ha 21 a	56 ha 37 a	15 ha 91 a	56 ha 65 a	40 ha 41 a	56 a 75	179 ha 89 a
En % de la surface	29,3	30,1	16,5	32,9	8,3	1,1	19	5,4	19,1	13,6	19,1	605
Nb de parcelles	68	83	31	89	103	5	73	42	77	68	108	177
En % des parcelles	27,5	33,6	12,6	36,0	41,7	2,0	29,6	17,0	31,2	27,5	43,7	71,7

* Parmi les parcelles dont l'enfrichement se situe entre 10 et 50 %, 70 ha 79 a sont affectés par une forte pente, ce qui représente 28,7 % de la superficie dont le taux d'enfrichement oscille entre 10 et 50 %. 44 parcelles sont concernées, soit 23,7 % des parcelles de cette classe

demeure localisée notamment dans les vallées affluentes de la Besbre. Sur les Monts de la Madeleine, la pente joue un rôle plus important. Si le bas versant ne semble pas trop affecté surtout au nord, au-dessus, les dénivellations sont plus vigoureuses, à l'exception de la surface sommitale aux formes plus douces. Par conséquent, la pente ne constitue pas un obstacle omniprésent mais occasionne localement de fortes entraves.

Les terroirs très pentus ne s'intègrent guère à l'espace agricole. La mécanisation et l'apparition du tracteur ont condamné certains espaces. Monsieur B. se souvient que, dans les années 1950-1960, sur le « domaine » du Bon Claude : « *les gars étaient obligés de mettre une paire de bœufs devant le tracteur et fallait couper à la faucille pour moissonner autour des rochers !* ». L'exploitation, vendue et presque intégralement plantée en 1965, se situait dans un secteur où la pente moyenne atteint ou dépasse vingt-cinq degrés. « *Les espaces déclives, versants encaissés notamment furent les premiers à être abandonnés, « libérés » par l'agriculture donc reboisables et bien souvent reboisés* » (Bret F., 1981).

Etant donné l'ancienneté de l'abandon dans ces secteurs qui n'ont jamais connu une mise en valeur intégrale, les résineux ou, plus souvent ici, le taillis, accaparent désormais l'espace, excluant l'agriculture et les stigmates de la déprise contemporaine.

La contrainte exercée par la pente pèse plus lourdement sur les espaces largement conquis : affectant 28,7 % des terrains passablement enfrichés (10 à 50 %), elle concerne 32,3 % des surfaces fortement embroussaillées (50 à 90 %). Le lien escarpement-déprise semble établi, cependant la pente a vraisemblablement exercé une influence beaucoup plus forte dans le passé au moment de l'apparition du tracteur.

• **La qualité agronomique**

L'identification des terroirs ciamarauds n'a pas révélé de prédispositions vraiment favorables à l'épanouissement d'une agriculture florissante. A la pente et à l'altitude s'adjoint la pauvreté des sols. Les labours qui n'occupent que cinquante-cinq hectares sont fréquemment parsemés de cailloux. Ainsi, dans toutes les parcelles, la qualité agronomique se révèle moyenne ou médiocre.

Généralement deux types de terrains ont été considérés comme médiocres : les parcelles au sol mince avec affleurements rocheux et les bas-fonds humides. Ces conditions affectent 30 % des surfaces embroussaillées et, là encore, les espaces fortement colonisés (50 à 90 %) s'avèrent davantage touchés (37 % de la superficie). Ce sont surtout les parcelles non exploitées qui pâtissent de ces contraintes.

En définitive, la qualité agronomique semble l'emporter sur la pente comme le souligne la remarque de cet agriculteur : « *mon gendre n'a pas racheté les terrains du père G. ; c'est pourtant plat mais il dit que ça ne vaut rien, il n'y a pas de sol !* ». Toutefois, au vu des chiffres, la qualité agronomique ne paraît pas constituer un facteur d'enrichement plus puissant que la pente, mais son appréciation s'avère difficile.

• L'environnement écologique

« *La proximité d'anciennes forêts-friche ou de peuplements de résineux constitue indéniablement un facteur d'accélération de la dynamique de reconquête végétale* » (André M.-F., 1995). Plus précisément, « *au cours du processus d'enrichement, les forêts jouxtant les parcelles ne fournissent pas seulement les semenciers, mais jouent également dans les secteurs ventés, le rôle d'écran à l'abri duquel se constitue un boisement spontané* » (ibidem). La menace devient forte pour une parcelle lorsqu'elle est cernée par les bois ou la friche. Elle risque d'être alors confrontée à « *l'avancée d'un front de la friche* ». Ce processus « *consiste en un enserrement progressif du cœur de la parcelle à la faveur de l'avancée d'un front de friche et de l'essaimage de jeunes arbres et arbrisseaux « avant-coureurs »* » (Ibidem).

Les parcelles cernées subissent aussi les effets indirects de l'emprise forestière. Parfois l'ombre portée s'étend sur toute une partie de la parcelle qui, compte tenu de l'orientation, ne bénéficie plus de l'ensoleillement. A la faveur de l'ombre et de l'humidité, la mousse prolifère, étouffe l'herbe, amenuisant encore la valeur agronomique du terrain.

Avec un taux de boisement avoisinant 60 %, Saint-Clément, comme toutes les communes de la « haute » Montagne bourbonnaise subit fortement cette contrainte. Même au cœur des bastions agricoles, la friche et les bois exercent une certaine menace, mais la situation des clairières agricoles situées sur les Monts de la Madeleine s'avère beaucoup plus préoccupante. Ici, l'emprise forestière fragilise l'ensemble des terres agricoles et ces dernières présentent souvent un embroussaillement important. Les espaces agricoles encore tenus autour des hameaux ne constituent plus que des îlots peu à peu engloutis par la marée forestière.

Malgré l'instauration (tardive) d'un plan de boisement en 1976 qui « *a permis de limiter les reboisements en timbre-poste* » (Nebout J.P., 1985, op. cit.), l'étau forestier enserre un tiers de la superficie embroussaillée. A nouveau, la contrainte apparaît d'autant plus forte que l'enfrichement se révèle important. Ainsi 40,7 % des surfaces exploitées (la moitié des parcelles) fortement colonisées (50 à 90 %) sont concernées contre 31 % des espaces passablement enfrichés (10 à 50 %).

Au final, parmi les facteurs explicatifs d'origine physique, qualité agronomique et pente s'avèrent décisives mais cette dernière a vraisemblablement davantage pesé par le passé qu'à l'heure actuelle. L'accessibilité et la distance demeurent secondaires.

L'appréciation de l'impact de l'emprise forestière reste délicate. Envisageant les tenants et aboutissants du reboisement dans l'Est du Massif central, F. Bret évoque un « *inversement des processus selon lequel l'extension forestière, jusqu'alors conséquence de l'exode, peut devenir elle-même cause partielle du déclin final* ». Toutefois l'auteur relativise : « *cette inversion des mécanismes n'est acquise qu'à partir d'un seuil élevé de boisement assurément variable suivant l'état démographique initial* » (Bret F., 1981). Or, selon J.P. Nebout, technicien forestier du CRPF, « *l'importance des accrus forestiers, qui représentent 30 % des surfaces colonisées par la forêt (dans toute la Montagne Bourbonnaise entre 1950 et 1980), souligne l'ampleur de l'exode rural et prouve que c'est bien lui qui a permis à la forêt de se développer et non l'inverse* » (Nebout J.P., 1986). Contrairement à d'autres communes de la Montagne bourbonnaise, la discrétion des résineux montre que, à Saint-Clément, la progression forestière a largement procédé par accrus naturels (taillis). Ainsi, la concurrence agriculteurs-forestiers, souvent présentée ailleurs comme un des facteurs explicatifs de la déprise agricole, ne semble pas ici très vive. En conséquence, l'environnement écologique participe certes à l'avancée du front de friche, mais ce processus concerne bien davantage les parcelles délaissées où il sert d'accélérateur à l'embroussaillement. Tant que l'exploitant entretient la parcelle, l'étau végétal (friche-forêt) n'exerce qu'une menace limitée et demande seulement davantage de vigilance.

2 - Les facteurs d'origine foncière.

Parmi les facteurs d'origine foncière, seule la taille de la parcelle semble déterminante. Les contraintes engendrées par la propriété collective n'ont aucune influence car celle-ci est quasi inexistante (40 ha). Si la résidence du propriétaire a pu jouer un rôle par le passé, son influence est devenue mineure tandis que la discrétion des locations verbales ne leur confère qu'un impact limité. Celles-ci ne concernent que 5,4 % des surfaces enfrichées.

• La taille de la parcelle

Constituant le support de l'agriculture, la structure foncière joue un rôle considérable dans la mise en valeur des terroirs. Le morcellement impose une multiplication des clôtures, des haies (véritables pépinières de la broussaille), des obstacles et des déplacements qui gênent la mécanisation. Les 2 598 hectares de la commune sont divisés en plus de quatre mille parcelles dont la superficie moyenne ne dépasse pas cinquante à soixante ares.

Pour tenter de remédier à cette pulvérisation, les exploitants essaient de regrouper leurs parcelles afin de former des blocs d'un seul tenant. En 1963, Monsieur B. reprend l'exploitation de ses parents à

Brodière (promontoire nord-oriental). Les terres se dispersent sur six hectares autour du hameau. Trente-six ans plus tard, il détient trente-quatre hectares dont une vingtaine aux alentours de Brodière. Cette extension s'est réalisée grâce à un travail de longue haleine qui l'a conduit à signer pas moins de vingt-deux actes notariaux.

L'agriculteur en quête de terres doit s'armer de patience car les propriétaires n'abandonnent pas facilement l'usage de leur bien. Cependant, comme le montre A. Guéringer à travers l'histoire de la famille V. de Berbezit en Haute-Loire, un détachement progressif du patrimoine familial s'instaure parfois au fil des générations. De manière caricaturale mais très évocatrice, Monsieur B. le résume ainsi : « *souvent le grand-père ne voulait ni louer, ni vendre, le fils louait et les petits enfants vendent* ».

La génération actuelle se trouve confrontée aux mêmes difficultés. Prenant la suite de son père, ouvrier-paysan, en 1984, Monsieur R. ne possède alors qu'une dizaine d'hectares dispersés autour des Bruyères. Grâce aux terres de son beau-père (30 ha) et à une habile stratégie d'achat et d'échange, il est parvenu à constituer une exploitation de soixante-cinq hectares dispersés sur cent trente parcelles déclarées.

Afin de rendre compte de l'impact de l'étroitesse des parcelles, plutôt que de considérer la surface enfrichée, mieux vaut envisager le nombre de parcelles concernées. La distinction entre petites, moyennes et grandes parcelles doit tenir compte du morcellement de la structure foncière locale. Ainsi, 41,7 % des parcelles enfrichées et exploitées sont petites (moins d'un demi-hectare) et la proportion atteint 68 % pour les parcelles non exploitées.

Obstacle à la mécanisation, l'exiguïté grève lourdement les chances d'une parcelle pentue ou de médiocre qualité agronomique. L'acceptation de ces contraintes par l'exploitant paraît beaucoup plus incertaine car, pour vingt ou trente ares, les risques et pertes de temps s'avèrent trop élevés. En outre, l'influence de l'environnement écologique se révèle beaucoup plus forte sur une parcelle de quelques ares dans laquelle l'avancée du « front de friche » aboutit rapidement à une colonisation intégrale. En définitive, l'exiguïté des parcelles joue un rôle absolument décisif.

• La résidence du propriétaire

Au morcellement de la structure foncière répondent l'atomisation et la dispersion de la propriété. Parmi les 829 propriétaires recensés, 658 (les deux-tiers) résident hors de la commune et 456 (55 %) à l'extérieur du canton. L'étendue de leur bien, très restreinte, s'avère en moyenne inférieure à trois hectares qui se dispersent en quatre à cinq parcelles. La structure foncière de Saint-Clément s'apparente donc à un véritable « puzzle ».

Alors qu'ils possèdent 55 % de l'espace communal, les propriétaires lointains ne détiennent que 19 % des surfaces enfrichées mais celles-ci n'ont souvent pas de vocation véritablement agricole. Il s'agit alors de terrains situés autour d'une résidence secondaire épisodiquement occupée, ou bien de « friches-forestières ». Parfois, en effet, après avoir été mises en coupe, certaines parcelles ne sont pas reboisées et sont conquises par fougères et ronces.

Il semble que la plupart de ces biens relèvent davantage de la propriété forestière qu'agricole. Dans ces micro-propriétés, aujourd'hui boisées, résident probablement de nombreuses terres abandonnées depuis la Seconde Guerre mondiale et conquises d'abord par la friche puis par le taillis ou quelquefois plantées. A ce moment-là, l'éloignement du propriétaire a peut-être localement joué un rôle dans la déprise agricole. Plusieurs agriculteurs retraités se plaignent de « ceux qui sont partis et qui refusaient de louer leurs terres » en se ménageant la possibilité de boiser ultérieurement.

Au fil du temps, la reconquête végétale œuvrant, le problème a glissé du terrain agricole vers le domaine forestier. Aussi, la propriété foraine ne paraît pas (ou ne paraît plus) constituer un facteur de déprise déterminant. Elle participe néanmoins au blocage de la structure foncière.

L'impact des facteurs fonciers se résume à la sclérose engendrée par la pulvérisation foncière à laquelle s'associe la dispersion des propriétaires. Ce morcellement a constitué et demeure encore un obstacle majeur au maintien de l'agriculture. A l'heure où d'autres exploitent cent à cent cinquante hectares, les agriculteurs ciamarauds, à l'étroit dans leurs petites fermes, doivent s'investir dans une quête difficile et décourageante afin de grappiller quelques ares de terrains souvent ingrats. Les pertes de temps et d'argent occasionnées par ces pénibles démarches pourtant vitales, pénalisent un peu plus encore ces exploitations.

3 - Les facteurs d'origine humaine et économique

Dans de nombreux cas, le vieillissement des chefs d'exploitations n'ayant pas de successeur favorise fortement l'enfrichement. En revanche, l'impact des revenus extérieurs engendrés par la pluri-activité ou apportés par le conjoint s'avère beaucoup plus nuancé. Compte tenu de l'exiguïté des structures et de la nature des productions, la présence d'un seul actif sur une exploitation ne représente pas un facteur d'enfrichement. Quant à la question de l'influence exercée par le besoin en surface qu'exprimeraient les agriculteurs, elle ne peut ici être abordée à la lumière des comportements habituellement observés, mais replacée dans le contexte particulier de la « haute » Montagne bourbonnaise.

• L'âge de l'exploitant

Lorsque l'âge de la retraite approche, l'incertitude qui pèse sur le devenir des terres de l'exploitant devient de plus en plus lancinante. Parfois, la lassitude, le découragement envahissent l'agriculteur : « *fallait être fou pour s'installer là et faire ce qu'on a fait* » dit une exploitante. Par ailleurs, l'absence de successeur risque de ne pas l'inciter à maintenir le domaine en parfait état. A quoi bon lorsqu'il n'y a pas d'enfant à qui transmettre le fruit de longues années de labeur ? Pourtant, les agriculteurs en place ne souhaitent pas que leurs enfants relèvent le défi sur ces structures trop exiguës pour espérer vivre convenablement.

A Saint-Clément, parmi les quatre agriculteurs qui ont dépassé cinquante ans, un seul a des enfants, mais ses filles étudiantes n'ont pas l'intention de prendre la suite. Ses trois collègues, comme quatre autres agriculteurs, restent célibataires. Ils n'ont aucun successeur et, de ce fait, sur leurs exploitations, les risques de déprise s'avèrent particulièrement inquiétants. Cette absence de successeur apparaît véritablement préjudiciable comme l'illustre cet exemple.

Perché à 850 mètres d'altitude, à huit kilomètres du bourg, Monsieur R. vit seul avec sa mère. Après avoir travaillé seize ans dans une menuiserie, il est venu reprendre l'exploitation familiale à la fermeture de l'atelier en 1983. Son père, ouvrier au chef-lieu de canton, n'avait guère entretenu les terres et depuis la mort du grand-père tout allait à vau-l'eau ; leurs cinq vaches devaient se frayer un chemin à travers les ronces et les fougères pour trouver leur nourriture. C'est pourquoi, Monsieur R. a dû défricher certaines parcelles et a « *arraché au moins quatre hectares de taillis* ». Il a éprouvé, en outre, beaucoup de difficulté à obtenir la location des parcelles alentours auprès de propriétaires réticents.

Aujourd'hui, l'exploitation s'étend sur « *trente-huit hectares* » pâturés par une vingtaine de vaches. Interrogé sur la présence de limousines et de charolaises, Monsieur R. répond : « *il y a des blanches, des jaunes, il y a un peu de tout, du croisé, mais ça ne fait rien* ». Cette boutade révèle parfaitement l'état d'esprit de cet exploitant venu sur le tard à l'agriculture, motivé par la nécessité de trouver un emploi après une longue année de chômage. Jusqu'alors, il n'avait connu que la petite ferme de son grand-père, un « paysan-forestier » des hautes terres.

Ici, rares sont les parcelles bien tenues. Au milieu de rocs, les fougères, ronces et genêts prolifèrent. Certaines parcelles disparaissent peu à peu sous le taillis. En fait, là haut, le passé resurgit. Les murets cernent encore les minuscules pâtures. Ailleurs, les clôtures tiennent grâce à des morceaux de ficelle... Le maintien des murets ou de leur assise s'avère extrêmement préjudiciable. Ils gênent la mécanisation et favorisent l'implantation des broussailles.

En parlant avec Monsieur R., on comprend que le productivisme, la course au rendement, la recherche de l'efficacité le laissent pantois : « *Quand je me suis installé, le Crédit* [Agricole] *voulait me prêter pour que j'achète du matériel. J'ai dit non, j'ai pas besoin de ça moi !* ». Alors ici, la vie coule paisiblement. Il attend la retraite constatant, amer, que son frère, ancien salarié à l'arsenal de Roanne, bénéficie déjà d'une préretraite.

De l'avis de tous, si Monsieur R. ne s'était pas installé, ses terres auraient été conquises par la friche et le taillis. Il semble bien que l'échéance n'ait été que retardée, car qui viendra reprendre ces terrains souvent pentus, parsemés de rocs ? Son voisin, agriculteur-forestier, éprouve déjà les pires difficultés à entretenir son exploitation. Peut-être récupérera-t-il quelques parcelles mais les autres paraissent condamnées. En effet, au moment de la cessation d'activité, intervient pour l'avenir de la parcelle une étape décisive, parfois (trop) longue et de ce fait incertaine. Les voisins peuvent se montrer intéressés par les meilleures parcelles mais, à moins qu'une réelle faim de terres les assaille, ils dédaignent les parcelles trop difficiles à exploiter. Ainsi, au fil de ces reprises partielles, l'agriculture se replie peu à peu sur les terroirs moins ingrats. Cependant, en fonction de la situation du domaine, de la qualité des terres, cette transition ne revêt pas toujours ce caractère fatal.

A Compagnat, Monsieur B. vit seul avec le « *tonton* » rabougri par les années. Agé de cinquante-trois ans, il possède une « *belle* » exploitation pour la commune : cinquante-cinq hectares, trente-quatre vaches charolaises, deux taureaux, dix génisses de deux ans, dix de moins de deux ans. Il n'a pas de successeur connu mais la plupart de ses parcelles se situent à moins de six cents mètres d'altitude, à proximité du bourg et comptent parmi les meilleures terres de la commune. Souvent vastes, peu pentues, labourables, bien tenues, elles ne devraient pas manquer d'intéresser les autres exploitants. En revanche, le sort de quatre autres parcelles semble plus incertain. Etagées entre sept cents et sept cent trente mètres d'altitude, formant un vaste bloc compact de six hectares, elles souffrent d'une forte humidité. Incisées par un bief bordé de joncs, elles subissent également l'avancée du taillis au contact des bois avoisinants.

Ne concernant que 19,1 % des surfaces enfrichées, la superficie détenue par les agriculteurs de plus de cinquante ans reste limitée. Or, à

Saint-Clément, comme dans le canton, la menace vient de leur concentration sur les hautes terres, précisément là où la déprise a effectué son plus gros travail de sape. Là-haut, les parcelles cumulent de nombreux handicaps : souvent petites et pentues, parsemées d'affleurements rocheux, bordées de murets, elles s'avèrent parfois difficiles d'accès car isolées au milieu des bois. De surcroît, elles sont fréquemment exploitées par des agriculteurs de plus en plus isolés, peu motivés, et techniquement dépassés. Ces derniers semblent attendre la retraite comme une délivrance car elle devrait enfin assurer une pension certainement supérieure à leur revenu actuel. Ici, la contrainte imposée par l'âge se surajoute à de nombreuses entraves qui, au final, condamnent l'essentiel des terres. Ailleurs, si l'absence de successeur paraît moins déterminante, elle ouvre néanmoins une transition incertaine.

• *L'impact des ressources non agricoles*

L'origine des ressources pose la question de la double activité au sein de l'exploitation. Elle concerne l'exploitant mais aussi son conjoint. Son impact sur la déprise agricole s'avère difficile à apprécier.

Installés sur de petites exploitations spécialisées dans un élevage bovin extensif, la plupart des agriculteurs connaissent une situation économique financière fragile. Les conditions de vie s'avèrent souvent pénibles et parfois dramatiques surtout pour les huit exploitants qui ont une famille à charge. C'est pourquoi, l'activité extérieure n'apparaît pas nécessairement antinomique de l'agriculture. D'ailleurs parmi les huit couples d'agriculteurs de la commune, quatre connaissent la pluri-activité ou la double activité. Les situations s'avèrent extrêmement diverses.

La situation des deux agriculteurs pluriactifs diffère largement. Le premier, employé communal, s'est spécialisé dans la production d'agneaux de boucherie sur une petite exploitation (20 ha) dont les terres se groupent autour du bourg. Dans les quelques parcelles mal tenues, situées à la périphérie de l'exploitation, les fortes contraintes physiques (pente et humidité) ont conduit l'exploitant à « sacrifier » les secteurs les plus ingrats désormais séparés du reste par une clôture.

Habitant La Pommerie, sur les hautes terres, le second. âgé de trente-six ans, a pris la succession de son père en 1983. Marié, un enfant, il exploite une quarantaine d'hectares (déclarés) qui se dispersent sur le promontoire septentrional, au nord et au cœur de la haute surface, et dans la vallée de la Besbre. Le cheptel se compose d'une vingtaine de vaches charolaises. Par ailleurs, Monsieur R. est également exploitant forestier. Dans la plupart des parcelles, la broussaille se répand. Certes, elles se situent fréquemment sur des terrains ingrats, pentus, parsemés de gros rocs. Au Bois Vignaud (feuille A2), Monsieur R. vient de reprendre les terres d'un ancien agriculteur qui les avait louées à un exploitant peu soucieux de leur entretien. Celles-ci sont fortement embroussaillées et Monsieur R. n'en déclare qu'une partie. Disposant d'un broyeur, va-t-il entreprendre la remise en état de ces parcelles ? Sans doute l'exploitation forestière accapare l'essentiel de son temps et ne lui permet pas d'entretenir ses terres agricoles. Volontaire et entrepreneur, il semble pourtant éprouver des difficultés à gérer ces deux activités. Dans ce cas, la pluri-activité constitue indéniablement un facteur de déprise.

En revanche, la possession par le conjoint, en l'occurrence ici l'épouse, d'un emploi à l'extérieur n'engendre aucune menace. Au contraire, en apportant une certaine aisance matérielle qui dissipe l'angoisse du lendemain, les revenus extérieurs constituent un facteur stabilisant pour des exploitations agricoles parfois peu rentables. Ainsi, les deux exploitations concernées se rangent parmi les mieux tenues. Par contre, les effets de la pluri-activité semblent beaucoup plus pernicieux surtout s'il s'agit d'une activité très exigeante telle que l'exploitation forestière. De toutes façons, comme le laissent entrevoir les chiffres (13,6 % des surfaces sont concernées), en Montagne bourbonnaise, double activité ou pluri-activité restent très difficiles à réaliser par manque d'emplois secondaires ou tertiaires.

• **Le besoin en surface**

L'appréhension des besoins en surface des agriculteurs permet de mesurer l'intensité de la pression foncière, donc d'apprécier l'impact de la déprise agricole engendrée par les cessations d'activité. Selon les critères habituellement admis, on estime qu'une exploitation de moins de cinquante hectares, spécialisée dans l'élevage bovin extensif, exprime un fort besoin en surface. Dans ces conditions, 60 % des exploitations ciamaraudes devraient manifester une volonté d'extension. Les exemples cités précédemment montrent qu'il faut reconsidérer ces besoins théoriques en fonction du contexte local. Même sur leurs petites structures, les agriculteurs des hautes terres proches de la retraite se moquent de la présence potentielle de terres libérées sur la commune. En bas, seuls quelques-uns désirent ardemment élargir leurs structures. Quatre, peut-être cinq exploitants guettent la libération de nouvelles terres. Par conséquent, trois parcelles sur quatre (71,7 %) sont utilisées par des agriculteurs peu enclins à l'expansion. Les taux de chargement, inférieurs à 1 UGB/ha dans 60 % des cas, ne l'exigent pas.

L'expression d'un fort besoin en terre traduirait soit une volonté de réduire le taux de chargement à l'hectare, qui se révèle déjà peu élevé (au maximum 1,2 UGB/ha), soit la nécessité de répondre à un accroissement du cheptel. La première option ne semble guère utile. La seconde requiert de lourds investissements que peu d'exploitations paraissent pouvoir engager. Par ailleurs, alors qu'ils subsistent parfois péniblement sur des structures exiguës inadaptées à un élevage bovin extensif, rares sont ceux qui cherchent à intensifier leur production. Une seule exploitation possède un troupeau laitier, aucune n'a investi dans une production hors-sol (volaille, porc, veaux en batterie...) alors que quelques structures de ce type existent sur la commune voisine du Mayet-de-Montagne. Autrement dit, la plupart des agriculteurs semblent s'accommoder de leur situation. C'est pourquoi, la faiblesse de la pression foncière ne paraît pas surprenante. Elle ne fait que traduire la lente et longue contraction de l'espace agricole.

Au final, la situation économique de l'agriculture ciamaraude paraît profondément dégradée. Confinée sur de petites structures, enferrée dans un élevage bovin extensif, elle dégage de faibles revenus. L'apport de ressources extérieures, rarement possible, ne s'avère pas nécessairement négatif et permet parfois d'investir dans la modernisation de l'exploitation. Toutefois, comme le montre l'indigence de la pression foncière sur les hautes terres, bien peu semblent capables de l'envisager. Aussi, lorsqu'intervient le départ en retraite d'un agriculteur, ses terres font l'objet d'une sélection qui condamne souvent les espaces les plus ingrats, aboutissant peu à peu au repli de l'activité agricole sur les meilleurs terroirs.

Au terme de l'analyse, parmi les différentes variables déterminant l'état d'une parcelle, certaines comptent ici plus que d'autres. Les contraintes physiques pèsent lourdement : si le problème posé par l'inaccessibilité demeure mineur, la qualité agronomique, la pente et l'environnement écologique jouent, au contraire, un rôle très important. De son côté, l'atomisation foncière demeure un obstacle difficilement surmontable. Enfin, tandis que la faiblesse des revenus dégagés par ces petites exploitations à la spécialisation inadaptée conduit à l'immobilisme, le vieillissement des exploitants engendre une menace très sérieuse mais encore ponctuelle.

L'originalité de Saint-Clément, comme de la Montagne bourbonnaise, réside dans l'accumulation de facteurs physiques et humains négatifs sur les « hautes terres ». Alors que les « hautes terres » ne présentent pas les plus forts taux d'enfrichement, elles courent pourtant un grand danger. A l'inverse, sur les « basses terres » qui s'avèrent localement fortement colonisées, le péril prend des proportions bien moindres. En conséquence, la seule présence de la friche ne permet pas de conclure avec certitude sur une réelle déprise. Autrement dit, la menace exercée par la friche ne peut être rendue intelligible que par une analyse globale du paysage prenant en considération et les parcelles tenues et les espaces forestiers.

Depuis plus d'un demi siècle, l'agriculture ciamaraude bat en retraite et se replie en laissant quelques réduits derrière elle. En altitude, ces derniers vacillent depuis longtemps et ne constituent au mieux que des trouées. Les « bastions » des « basses terres » s'avèrent plus solides mais ne demeurent pas inébranlables. Si leur maintien semble acquis pour les prochaines années, les clairières des hauteurs risquent de se contracter rapidement.

Bibliographie

ANDRE M.F., 1995, « Vitesse d'enrichement dans la Montagne Limousine. Premiers éléments d'interprétation », *Norois*, n° 168, p. 629-640.

ARDOUIN-DUMAZET V.E., 1903, *Voyage en France, Bourbonnais-Haute-Marche*, 27e série.

BIDET L., 1936, *L'agriculture du département de l'Allier en 1936*, Pottiers imp., 423 pages.

BRET F., 1981, « Observations géographiques sur l'extension forestière dans l'Est du Massif-Central », *Revue Forestière Française*, 33, n° 1, p. 11-28.

BRUNET P. *s.d.*, 1992, *L'Atlas des paysages ruraux de France*, J.P. de Monza, 200 pages.

DIRY J.P., 1990, « Introduction », in *L'Auvergne rurale, des terroirs au grand marché*, CERAMAC, p. 5-6.

DIRY J.P., 1995, « Moyennes montagnes de l'Europe occidentale et dynamiques rurales », *Revue de Géographie Alpine*, n° 3, p. 15-25.

GACHON L., 1948, « Population et friches », *l'Information Géographique*, n° 5, p. 175-179 ; 1949, Population et friches, *l'Information Géographique*, n° 2, p. 56-59.

GUERINGER (A.), 1992, *Propriété foncière et utilisation du sol sur un territoire de déprise, l'exemple du plateau de la Chaise-Dieu*, Mémoire de Maîtrise, Université Blaise Pascal, Clermont-Ferrand, 75 pages.

NEBOUT J.P., 1985, « Le mouvement d'extension forestière en Montagne Bourbonnaise aux XIXe et XXe siècles », *Courrier de la Montagne Bourbonnaise*, n° 22, p. 17-47.

NEBOUT J.P., 1986, « Quelques aspects écologiques, économiques et sociaux du reboisement en Montagne Bourbonnaise », *Courrier de la Montagne Bourbonnaise*, n°24, p. 25-54.

RIEUTORT L., 1997, « Les moyennes montagnes d'Europe occidentale : affaiblissement ou réadaptation des campagnes ? », *Norois*, 44, p. 61-83.

Pour de plus amples informations, on consultera :

ETIEN J.L., 1999, *La déprise agricole en Montagne bourbonnaise : état des lieux et perspectives. L'exemple de la commune de Saint-Clément*, mémoire de DEA, Université Blaise Pascal, 138 p.

CANTON DE GENTIOUX-PIGEROLLES

A. TEUMA
C. MIGNON, *CERAMAC, Université Blaise Pascal,*
Clermont-Ferrand

INTRODUCTION : UNE MOYENNE MONTAGNE À DEMI ABANDONNÉE

Le « Plateau de Millevache », en haut Limousin, est considéré comme l'un des milieux de moyenne montagne les plus fragiles du Massif central. Un milieu où l'on redoute - a priori - de constater les ultimes effets d'une déprise déjà fort avancée, un milieu probablement condamné à un abandon plus ou moins complet à brève échéance.

De fait, les **handicaps** s'accumulent pour définir une montagne particulièrement déshéritée :

- rudesse naturelle : pauvreté accusée des hautes terres cristallines, humides et fraîches ;
- isolement, à l'écart des grandes villes et des flux de circulation. La fonction agricole, bien qu'amoindrie, y demeure donc l'activité centrale, mobilisant encore à l'échelle cantonale près du tiers des actifs.

La **dévitalisation actuelle** confirme toutes les craintes :

• Population gravement anémiée, réduite aujourd'hui à de très basses densités (de l'ordre de 6 habitants au km^2) et qui continue de décliner.

• Espace agricole contracté qui, en moyenne, n'utilise plus que 50 % du territoire alors qu'une masse équivalente est livrée aux forêts envahissantes (40 %) ou laissée à l'abandon (10 % en « friches »).

L'agriculture est-elle en mesure de s'opposer à un tel processus d'abandon ?

◊ Les exploitations ont disparu en grand nombre : -45 % de 1970 à 1988, et le mouvement s'est confirmé, voire accéléré dans les années 1990. Dans chaque commune, elles ne sont plus que quelques unes (moins de 10, parfois moins de 5) à assumer encore la résistance.

◊ La pratique généralisée d'un élevage-viande de jeunes bovins, parfois accompagné de quelques troupeaux de moutons en recul sensible, est clairement extensive, à base d'herbages naturels (80 % de STH). Le chargement moyen ne dépasse pas 0,50 UGB/ha. Il s'accommode souvent de pâturages incertains, peu soignés, plus ou moins gagnés par une végétation indésirable et dont le sous-entretien ne peut qu'accroître les risques d'enfrichement.

◊ L'agrandissement des exploitations a été spectaculaire. La moyenne de 60 ha masque même la réalité. En effet, si subsiste un contingent de fermes modestes, l'essentiel du terrain est aujourd'hui tenu par de fortes unités de cent à deux cents hectares ou plus. Ces hautes terres de petite paysannerie se sont muées en espaces de grandes structures.

Ces grandes exploitations extensives, mais en nombre restreint, peuvent-elles encore constituer un rempart efficace aux progrès de la déprise ? On peut en douter. La réduction de la SAU, accélérée dans les années 1980, témoigne - entre forêts et herbages - d'une avancée indiscutable de la friche, des terres délaissées sans utilisation précise.

Le canton de Gentioux-Pigerolles (Creuse), qui sert d'échantillon, peut être considéré comme un cas moyen, représentatif de la montagne limousine. Entièrement situé en altitude, fondamentalement agricole et dépourvu d'activités « extérieures » qui pourraient brouiller les données du problème (phénomène touristique pour le canton de Royère-de-Vassivière, ou emprise militaire sur celui de la Courtine), il propose un champ-modèle pour une analyse de la déprise agricole en haut Limousin.

I - ÉTAT DES LIEUX : L'ESPACE MENACÉ, ABANDON OU STABILISATION ?

L'espace encore tenu aujourd'hui par l'agriculture va-t-il continuer à reculer, comme semble le suggérer les progrès récents de la friche ? Et jusqu'où ?

Une observation très fine du paysage, analysé à l'échelle parcellaire, peut apporter d'utiles éléments d'appréciation si l'on admet que **le risque d'abandon est fonction de l'état actuel de dégradation des terres agricoles.** Ainsi, la menace de déprise future serait d'autant plus grave que l'état actuel de sous-exploitation, de sous-entretien serait plus avéré.

Dans cette hypothèse, on négligera délibérément l'espace dont le destin apparaît comme définitivement scellé, ou, au moins, fixé globalement à longue échéance. Ainsi seront exclues de l'examen d'une part les terres boisées, durablement soustraites à l'emprise agricole, comme, d'autre part, les parcelles parfaitement tenues et considérées comme solidement arrimées au territoire agricole (parcelles comportant moins de 10 % de végétation indésirable).

Par contre, l'attention se centrera, entre ces extrêmes, sur les terres d'ores et déjà frappées de signes manifestes de désintérêt, plus ou moins mal entretenues, marginalisées et par là particulièrement exposées à un risque d'abandon plus total. Cet « espace agricole menacé » est donc composé de parcelles dégradées, encombrées peu ou prou (pour plus de 10 % et jusqu'à 100 % de leur surface) par une végétation indésirable de fougères, bruyères, broussailles et genêts, arbustes. On y distinguera les terres « modérément dégradées » (moins de 50 % de la surface en végétation indésirable) de celles qui sont « gravement voire totalement dégradées » (> 50 % de végétation indésirable).

On prendra soin de souligner qu'une telle démarche, fondée sur l'observation de l'occupation du sol à un moment déterminé, permet de **définir un état présent de plus ou moins forte sensibilité à un abandon potentiel.** Il ne fait qu'exprimer des risques, une menace actuelle dont on ne peut induire avec certitude une évolution future.

On touche, là, à ce stade de l'analyse, à une limite fondamentale dans l'utilisation de ces résultats. Bien des parcelles aujourd'hui dégradées mais toujours utilisées, peuvent, dans les mêmes conditions, perdurer longtemps en l'état. D'autres, nettoyées, pourront même bénéficier d'une véritable « reprise » et rejoindre le noyau des terres agricoles solidement tenues.

La photographie, instantané du paysage, ne permet pas de déterminer rigoureusement le sens de la déprise ou de la reprise, phénomène fondamentalement évolutif et possiblement réversible. Elle demeure pourtant très utile **en révélant** des **prédispositions** (passives), utilisables de façon prospective à condition de les confronter à des variables « actives » qu'il conviendra d'isoler plus loin.

A - Les résultats : l'espace agricole à risque en 1999

L'espace agricole menacé, soit les surfaces notablement dégradées, mal entretenues, couvre **environ le tiers du territoire dans le canton de Gentioux** selon une proportion assez constante dans les différentes communes analysées. Du même coup, rapporté aux seules surfaces agricoles (forêts exclues), il tend à constituer la majorité de ces dernières dans une fourchette qui se situe **entre la moitié et les deux tiers de la SAU.** Globalement, l'agriculture du haut Limousin entretien mal son territoire qui se trouve ainsi gravement fragilisé.

L'espace agricole menacé dans les territoires communaux

% surface totale	Espace forestier	Espace agricole solide	Espace agricole menacé	dont gravement dégradé (> 50 %)
Pigerolles	22	42	**36**	21
Gioux	41	23	**36**	26
Gentioux	50	17	**33**	28

L'espace agricole menacé dans la SAU

	SAU surface totale (%)	SAU solide	SAU menacée	*dont gravement dégradé (>50 %)*
Pigerolles	78	54	**46**	*22*
Gioux	59	39	**61**	*44*
Gentioux	50	34	**66**	*56*

Au-delà d'une impression d'ensemble, assurément peu favorable, on notera cependant l'existence de **fortes variations locales au sein du même canton.**

1 - **A l'échelle des communes, deux cas de figures** se révèlent manifestement :

• celui de territoires déjà très « fermés » où l'espace agricole, fortement contracté, est aussi très gravement dégradé et dans sa plus grande partie mal entretenu. On trouve là les communes les plus élevées - Gioux et Gentioux –, les plus boisées (près de la moitié du territoire). L'espace agricole, réduit, y est dégradé pour les deux tiers de sa surface qui, par ailleurs, se signale par un stade d'enfrichement fort avancé (plus des deux tiers de l'espace menacé est embroussaillé à plus de 50 %) ;

• à l'inverse, celui de territoires restés bien « ouverts » où l'espace agricole largement étendu - près de 80 % de la surface communale est exploitée à Pigerolles - semble solidement tenu. Les surfaces parfaitement entretenues dominent et les espaces menacés sont eux-mêmes relativement peu dégradés (la majorité est embroussaillée pour moins de 50 % de leur surface).

Le risque d'abandon semble ici limité.

2 - **Au niveau infra-communal des terroirs**, la dégradation de l'espace agricole est aussi très inégalement avancée.

◊ Deux terroirs sont particulièrement concernés par l'abandon :

• les fonds « mouilleux », même s'ils sont rebelles au boisement, sont très délaissés, envahis par les joncs ou la molinie. Ils concentrent une forte proportion des parcelles « gravement menacées » ;

• les pentes, en dépit de déclivités qui restent ici modérées, sont également très affectées et, pour bonne part, colonisées par la fougère, le genêt, la bruyère ou les broussailles.

◊ A l'inverse, les terroirs de bas de versants demeurent bien entretenus. Les parcelles très dégradées y sont exceptionnelles.

◊ Les sommets de collines, enfin, proposent une situation ambiguë. Tantôt envahis par la forêt, surtout si leur surface est exigüe, ils peuvent, ailleurs, conserver de vastes espaces agricoles fort bien entretenus.

On retiendra, finalement, que si, dans l'ensemble, l'espace agricole, souvent dégradé, apparaît bien fragilisé, menacé, dans le détail, les situations sont extrêmement diverses et complexes. Des communes, pourtant très proches, se distinguent radicalement. Un peu partout, les paysages n'offrent guère d'oppositions tranchées, des agencements simples et facilement intelligibles. C'est au contraire une image de mosaïque qui s'impose, où se mêlent sans logique apparente parcelles soignées et terrains dégradés à des degrés divers.

L'interprétation d'une réalité si complexe ne peut se satisfaire de raisons simples.

B - Interprétation : les facteurs de déprise

Quelles sont les raisons qui, aujourd'hui, amènent les agriculteurs à délaisser l'entretien de certaines de leurs terres ? Comment s'opère le choix qui aboutit à soigner telle parcelle ou à négliger telle autre ?

L'enquête auprès des intéressés amène des enseignements susceptibles d'éclairer des tendances prévisibles et d'envisager quelques possibilités d'évolution future. L'objectif est, en effet, de dégager une hiérarchie et donc d'individualiser les facteurs les plus déterminants parmi la douzaine de variables retenues a priori comme les plus décisives en regard de la déprise.

Toutefois, un premier examen appelle l'attention sur deux phénomènes d'importance qui compliquent assurément l'interprétation des résultats :

• L'état d'une parcelle ne résulte qu'exceptionnellement de l'intervention d'un facteur unique qui déterminerait à lui seul l'usage de celle-ci. C'est presque toujours un faisceau de causes associées qui permet de rendre compte des faits observés. Or, la combinaison des facteurs agissants se modifie fréquemment d'un lieu à l'autre, d'un agriculteur à l'autre, jusqu'à compliquer à l'extrême la tâche de l'analyste. Aussi, à considérer conjointement un grand nombre de cas, on ne peut guère prétendre, sauf à risquer un classement formel et de médiocre intérêt opératoire, aboutir à une hiérarchie rigoureuse de toutes les variables. On doit donc se résoudre à enregistrer des **dominantes**, suffisamment constantes pour acquérir valeur d'explication, et se limiter ainsi à isoler des facteurs prépondérants - ceux qui jouent un rôle décisif dans le choix de l'exploitant -, des facteurs complémentaires, aggravants mais à eux seuls non déterminants, et enfin des facteurs secondaires ou accessoires qui n'interviennent que comme des éléments d'aggravation d'une tendance qui ne peut directement leur être imputée.

• L'état actuel d'une parcelle plus ou moins dégradée est, par ailleurs, le fruit d'une évolution plus ou moins longue. Il constitue, au présent, l'enregistrement d'une durée historique qui, si elle est suffisamment prolongée, n'obéit que rarement à une évolution linéaire mais répond plus souvent à une succession d'épisodes différents jalonnés de ruptures. Il s'ensuit que le paysage d'aujourd'hui, surtout s'il témoigne d'un degré avancé de dégradation, peut aussi bien traduire une adaptation à un contexte actuel, que révéler une histoire plus ancienne et désormais forclose. En d'autres termes, il apparaît capital de distinguer des stades historiques de déprise dont les moteurs évolutifs ne sont pas forcément comparables. **Les variables agissantes de la déprise ont varié dans le temps** : les facteurs décisifs d'aujourd'hui ne sont plus toujours ceux d'autrefois, mais ils mêlent leurs effets dans la situation présente. Il est donc impératif, même si l'exercice est parfois difficile, de séparer les héritages qui répondent à des origines aujourd'hui disparues, des tendances actuelles ou récentes toujours en œuvre et qui seules peuvent revêtir une valeur prospective.

Compte tenu de ces considérations liminaires, l'analyse des résultats fournit d'utiles enseignements tant à l'échelle globale du canton, qu'à celle des communes dont les variantes permettent de nuancer les conclusions d'ensemble. Les facteurs « négatifs » ont été mesurés à partir des parcelles fortement dégradées (plus de 50 % de leur surface est embroussaillée).

Au niveau cantonal, les facteurs de déprise se répartissent assez clairement selon l'ordre suivant, parfois assez inattendu.

1 - Deux variables s'isolent comme **des facteurs prépondérants** qui jouent un rôle radical dans le processus de déprise :

◊ *La qualité agronomique*, essentielle, pénalise sévèrement les fonds « mouilleux », mais aussi les terrains caillouteux de versants. Dans les deux cas, les risques élevés de détérioration du matériel, le coût élevé des bonifications (drainage, défonçage des zones caillouteuses) en regard de profits médiocres et aléatoires, découragent un entretien difficile.

◊ *Le morcellement parcellaire* (dispersion des parcelles < 1 ha) constitue un facteur tout aussi répulsif qui intervient de façon cruciale sur l'ensemble du territoire. L'inadaptation à l'utilisation de gros matériels, le surcoût qui en dérive en regard des difficultés d'entretien (multiplication des haies, talus ou murets) et des pertes de temps en trajets, la multiplication des bailleurs en cas de location constituent autant de handicaps rédhibitoires qui s'accusent encore dans le contexte d'un élevage extensif en grandes exploitations.

2 - **Des facteurs complémentaires** interviennent aussi de façon contraignante sans toutefois jouer à eux seuls de manière décisive :

◊ *Les modes de faire-valoir précaires* - « vente d'herbes » notamment mais aussi nombre de formules comparables -, pour leur caractère instable et officieux, déterminent une mise en valeur régressive. De tels espaces sont d'autant plus fragiles qu'ils correspondent souvent à un parcellaire morcelé et à des terrains de qualité médiocre.

◊ *D'autres facteurs, à un degré moindre*, interviennent comme des conditions aggravantes, notamment :

- l'environnement écologique de la parcelle qui accroît les risques de contagion ou voisinage de terrains boisés ou embroussaillés et alourdit les travaux d'entretien ;
- l'éloignement du siège d'exploitation, surtout si la parcelle manque d'eau et si elle est de taille insuffisante.

3 - **Des facteurs accessoires** dont l'influence est souvent négligeable. Ceux-ci, qu'on aurait pu supposer beaucoup plus déterminants, ont en fait très souvent joué un **rôle plus décisif dans le passé** et correspondent à une phase héritée de la déprise. Il en va de la sorte :

◊ *De l'influence de la pente.* Le modelé plutôt mou de ces territoires aux déclivités peu prononcées n'en fait pas un handicap redoutable, alors que les versants les plus raides ont été abandonnés de longue date.

◊ *De celle liée à des structures de propriété* autrefois contraignantes et qui aujourd'hui ne pèsent plus guère.

Ainsi, pour les sectionaux, anciennes « bruyères » à moutons, tantôt délaissés à l'époque lointaine de l'effondrement du système agro-pastoral traditionnel, tantôt alotis, il y a près d'un siècle, au profit des gros propriétaires d'alors et intégrés ainsi à l'espace agricole...

De même, pour *la propriété foraine*, d'importance notable, souvent reboisée, ou simplement délaissée par refus de bailler à ferme, qui a dans le passé constitué un réel facteur de déprise mais qui, aujourd'hui, représente davantage un obstacle à la reprise éventuelle qu'une véritable source d'abandon.

◊ *Du rôle de l'âge des agriculteurs*, facteur décisif de déprise, dans le contexte d'une population agricole fortement vieillie comme c'était le cas dans les années 1970 et 1980 mais qui, désormais, n'est plus guère pertinent, depuis le remarquable rajeunissement des chefs d'exploitation de la décennie 1990.

En définitive, si les facteurs physiques (qualité du sol et pente) et les conditions fonciers (morcellement parcellaire, faire-valoir, propriété foraine) pèsent indiscutablement, les variables humaines et technico-économiques ne paraissent intervenir qu'accessoirement (âges, charge humaine des exploitations, types d'élevages pratiqués, primes...) **dans la situation présente**. Toutefois, cette conclusion générale mérite d'être nuancée en fonction des réalités locales : **l'ordre des facteurs principaux peut varier sensiblement à l'échelle communale.**

Le cas de Pigerolles, qui illustre l'exemple des territoires encore très ouverts, propose le constat exceptionnellement favorable d'un espace faiblement touché par la déprise et où la tendance est plutôt à la reconquête agricole. Au-delà de conditions naturelles moins contraignantes qu'ailleurs (fonds humides limités), il faut y voir surtout **l'effet de structures d'exploitations bien adaptées** aux pratiques de l'élevage extensif : vastes exploitations, regroupement parcellaire consécutif au remembrement d'une bonne partie de la commune. La dégradation voire l'abandon n'interviennent que marginalement sur la partie non restructurée du territoire où ils se concentrent sur les pentes, les parcelles foraines ou trop éloignées.

A Gioux et Gentioux, dans un cadre agricole déjà très contracté, la menace de déprise semble beaucoup plus importante. La médiocrité du milieu physique est à prendre en compte mais n'explique pas tout. La déficience des structures agraires pèse bien davantage : juxtaposition de deux types d'agricultures - grosses exploitations et fermes plus modestes, marginalisées - qui se traduit par la cohabitation de territoires bien tenus et d'interstices disparates, incertains ; morcellement parcellaire, fortement pénalisant qui aggrave beaucoup la sensibilité aux autres facteurs de déprise (voisinage écologique défavorable, éloignement).

En définitive, l'inégalité des situations - communes solides, communes fragiles - comme la divergence des tendances, semblant ici suggérer, en première approche, une interprétation qui conférerait une importance particulière, a deux types d'explications :

1 - L'émiettement parcellaire joue d'abord un rôle prévalent qui conditionne, pour bonne part, la sensibilité à d'autres facteurs négatifs. Il faut y ajouter l'inégale concentration des exploitations qui, lorsqu'elle laisse subsister trop d'unités insuffisantes, fragilise l'ensemble du système local. En somme, ce serait **l'état et la dynamique des**

structures foncières qui, globalement, affirmeraient une influence décisive.

2 - **Le degré de dégradation, hérité**, paraît introduire une variable également déterminante. Le passé pèserait lourdement sur les comportements présents. Ainsi, les espaces agricoles les plus contractés se révéleraient-ils plus fragiles, plus sensibles aux agents de la déprise. Y aurait-il un effet de masse des terres abandonnées, qui, passé **un certain seuil** (lorsque les surfaces exploitées deviennent minoritaires ?), créerait un contexte globalement défavorable et exagérerait les tendances récessives ?

Les situations somme toute contrastées des communes étudiées manifestent nettement, dans le long processus de déprise, **deux stades très inégalement avancés**.

- L'une - Pigerolles -, relativement peu dégradée, semble obéir aux règles assez bénignes **d'une déprise à sa phase initiale** et qui frappe de façon sélective les seuls espaces les plus marginaux (pentes, parcelles foraines, éloignées).
- L'autre - Gioux, Gentioux -, fortement dégradée, subit des menaces beaucoup plus diffuses, plus graves aussi, qui ne répondent plus à des critères aussi spécifiques que dans le cas présent. Les facteurs de déprise, agissant dans une phase initiale comme à Pigerolles, semblent relativement périmés dans **un stade de déprise avancée**. Dès lors, les conditions négatives semblent se multiplier, interférer pour créer un mécanisme où le processus de déprise - cercle vicieux - peut s'entretenir lui-même. Dans ce contexte devenu globalement négatif, l'ordre des facteurs décisifs s'est aussi modifié : la pente, le rôle des propriétés foraines ne s'individualisent plus, à la différence du stade initial, comme des variables aussi déterminantes. Par contre, l'exiguïté des parcelles, la multiplication des formes de faire-valoir acquièrent une importance nouvelle.

On en vient à émettre l'hypothèse où, à divers stades de la déprise, répondent des mécanismes d'abandon différenciés, réglés, dans chaque cas, par une hiérarchie spécifique des variables agissantes.

C'est, au total, souligner encore l'importance du passé, des héritages dont la prise en considération mérite une attention prioritaire dans l'analyse et la compréhension des réalités présentes.

C - Le poids des héritages : le mal est-il passé ?

Les paysages d'aujourd'hui enregistrent une longue histoire d'abandon agricole, commencée il y a plus d'un siècle. On peut légitimement se demander si l'évidente contraction du territoire agricole actuel ne répond pas davantage à des reculs plus ou moins anciens qu'à une supposée déprise aujourd'hui. Un retour sur le passé inviterait même à évoquer un « paléo-paysage » agricole alors que paradoxalement, en apparence, des signes de stabilisation, voire de déprise se manifestent désormais.

Trois épisodes semblent, en gros, devoir résumer l'évolution de l'espace agricole.

1 - La rupture : l'effondrement du système traditionnel

Le vieux système agro-pastoral, associant noyaux de cultures vivrières et vastes auréoles de « bruyères » à mouton, utilisateur de la totalité de l'espace, périclite brutalement à la fin du siècle dernier, et la Première Guerre mondiale parachève sa destruction. La crise se traduit :

• par l'émigration d'une partie croissante de la population et la fermeture de nombre de petites fermes ;

• par l'émergence d'un système d'élevage bovin qui transforme les meilleurs champs en herbages mais marginalise, sur la plus grande partie de l'espace, des landes devenues inutiles et dont le boisement semble la seule forme de réutilisation possible.

Dès lors, la trame du paysage actuel se met en place juxtaposant prés et bois selon une dialectique toujours favorable aux seconds qui aboutit à une contraction progressive de l'espace agricole. Toutefois, l'évolution, d'abord maîtrisée par la société locale, lui échappe peu à peu, pour se transformer en processus incontrôlé. Le mouvement dégénère par glissement de la « **forêt paysanne** » à « **l'enrésinement sauvage** ».

Ainsi, dans un premier temps, la « forêt paysanne », selon M. Vazeille, apparaît moins comme un agent antagoniste de l'agriculture que, à l'inverse, comme un gage de son maintien. « Forêt vertueuse », elle assure des revenus complémentaires aux éleveurs et rend productifs des espaces de lande devenus inutilisables. Dans cette perspective, elle exploite au mieux le territoire et traduit davantage la solidité de l'emprise agricole qu'une véritable déprise. A ce stade, la substitution du bois aux landes n'est pas un signe d'abandon mais la marque d'une réoccupation judicieuse de l'espace par les agriculteurs. Aussi sa progression est-elle contrôlée : lui sont assignées les parcelles inaptes à la prairie, les plus médiocres, notamment sur les pentes, les terres les plus stériles. Elle obéit, surtout, à des facteurs physiques. L'intervention des émigrés et de leurs descendants, va, par la suite, gravement perturber ce schéma et initier les véritables débuts d'une déprise agricole. Le rôle de la propriété foraine devient, dès lors, déterminant par des refus de location de bonnes terres d'abord, puis par le boisement systématique de vastes blocs ou de parcelles isolées, indifférent à leur valeur agronomique ou à leur localisation. La contraction du territoire agricole s'accentue, le mitage des espaces ouverts apparaît. L'enrésinement « sauvage » est devenu conquérant, et la forêt s'est finalement muée en agent principal du recul de l'agriculture. On retiendra de cet épisode que :

- la contraction du territoire agricole, si caractéristique des paysages d'aujourd'hui, est déjà bien avancée il y a plus d'un demi siècle. Une bonne partie des espaces soustraits à l'agriculture actuelle par l'avancée des bois ne résulte pas d'un processus de déprise récent, mais provient de mécanismes qui n'agissent plus désormais ;
- les conditions physiques d'abord, puis surtout la propriété foraine se révèlent à l'époque comme les facteurs décisifs de l'abandon, des sortes de moteurs d'une « déprise de première génération » ;
- la corrélation entre déprise territoriale et déprise humaine est alors manifeste, surtout en fin d'épisode.

2 - *La débandade agricole : envahissement forestier et apparition des friches*

L'après-guerre, surtout à partir de 1960, ouvre une période d'aggravation paroxysmale de la déprise agricole. La contraction du territoire exploité par l'agriculture se trouve parachevée et le paysage acquiert alors son visage actuel. Ce recul précipité revêt deux formes distinctes apparues successivement :

• La première est celle d'une **progression accélérée de la forêt** qui prolonge le processus antérieurement mis en place mais l'exagère considérablement sous les traits d'une véritable « explosion » des reboisements qui se situe, pour l'essentiel, entre 1960 et 1980.

• La seconde, alors même que la fièvre du bois s'assagit jusqu'à disparaître, est, dans les années 1980, l'apparition d'un phénomène nouveau : **l'enfrichement d'espaces marginalisés**, jusqu'alors agricoles, mais que l'on néglige de boiser. Entre forêt et noyaux d'herbages exploités, s'insinue un type de paysage jusqu'alors inconnu, fait de broussailles et qui témoigne d'un abandon total, d'une inutilité sans issue.

Ce phénomène de déprise maximale, forestière ou broussailleuse, répond alors à **une désorganisation de plus en plus criante du système agricole** dont les structures se révèlent de plus en plus inadaptées au nouveau contexte économique. La disparition précipitée d'un grand nombre d'exploitations libère des terres de plus en plus étendues dont une partie seulement est reprise. Le déséquilibre provient sans doute de l'insuffisante spécialisation des systèmes de production, mais plus encore d'une déficience manifeste des structures : exploitations trop petites pour être viables, vieillissement accusé des agriculteurs.

La déprise, dès lors, obéit fondamentalement à de nouveaux facteurs : **l'âge des exploitants, la dimension des exploitations deviennent les variables déterminantes d'une « déprise de deuxième génération »**.

Le lien entre déprise humaine et déprise territoriale se confirme et jamais ne semble avoir été aussi étroit. A ce stade, le processus paraît difficilement réversible et, poussé à terme, peut laisser craindre un abandon complet.

3 - Renversement : stabilisation ou reprise ?

Contre toute attente, les débuts de la dernière décennie semblent constituer une véritable rupture dans le processus séculaire de déprise. La tendance paraît même s'inverser au profit d'une reprise localement sensible, ou, au moins, d'une stabilisation de l'espace agricole.

a - A l'origine de ce renversement, les effets de la nouvelle PAC ont joué un rôle visiblement déterminant, en provoquant la liquidation brutale d'une agriculture du passé, en déclin inéluctable, mais qui, sans cela, aurait pu survivre encore longtemps dans son contexte de déprise, et en précipitant en contrepartie le renouvellement du système agricole qui émergeait timidement jusqu'alors faute de pouvoir s'affirmer tant que l'agriculture plus traditionnelle continuait de mobiliser une bonne part de l'espace exploitable. Il en résulte des conditions toutes nouvelles d'utilisation du sol qui modifient profondément les perspectives d'occupation du territoire grâce :

- à l'affirmation de grandes ou très grandes exploitations (de 150 à 250 hectares, utilisant 2 à 3 UTH) conduites par une génération de jeunes agriculteurs et qui contrôlent désormais l'essentiel de l'espace agricole (voir les relevés cartographiques des exploitations actuelles, notamment à Pigerolles et Gioux). La suprématie de ces vastes unités n'a pu s'imposer qu'au prix d'un rapide agrandissement à relier à la vague de départs en pré-retraite qui a, à la fois, éliminé les fermes les plus modestes et la fraction la plus âgée des agriculteurs ;
- à l'orientation exclusive vers un système d'élevage allaitant extensif, à faible chargement, conçu à grande échelle mais se refusant au « ranching ». La pratique en repose sur l'association de deux types de terroirs : des herbages relativement intensifs en constituent le cœur, mais un espace pastoral étendu, de moindre valeur, constitué de parcelles dont les charges d'entretien sont

mesurées au minimum, représente un complément indispensable. On retrouve là une bonne partie des terres plus ou moins enfrichées, recensées plus haut et qui, en l'état, sont parfaitement intégrées à un système rationnel d'élevage et ne peuvent donc être interprétées comme des manifestations de la déprise.

b - Les transformations récentes du paysage témoignent concrètement de ce nouvel équilibre. La comparaison de la carte IGN au 1/25 000 de 1984 à la situation actuelle souligne d'abord que le paysage n'a pas connu, dans ses grandes lignes, de changements appréciables depuis le milieu des années 1980 : les positions respectives des masses forestières, de l'espace exploité et des zones de « broussailles », n'ont guère varié et accréditent l'idée **d'une stabilisation** après la phase de recul précipité du territoire agricole au cours des décennies précédentes.

Toutefois, dans le détail, le paysage n'apparaît pas figé, mais au contraire animé de mouvements incessants de substitution, à l'échelle parcellaire, entre espace exploité, bois et broussailles. Après enquêtes, la réalité est **confirmée d'un mécanisme de va-et-vient** où, simultanément, le territoire agricole s'étend ici pour se rétracter ailleurs. La déprise, comme la reprise, se manifestent en même temps, sur toutes les communes et imposent l'image **d'un rééquilibrage** en cours, portant sur des surfaces modestes, et aboutissant à un bilan global de stabilisation.

c - Quelques enseignements d'importance peuvent être retenus de cette analyse de la période récente.

L'état actuel du paysage - même alarmant - ne doit pas faire illusion et n'implique nullement une dynamique forcément régressive au moment de l'observation.

1 - La contraction actuelle de l'espace agricole est, pour l'essentiel, héritée. Elle résulte d'épisodes de recul qui paraissent aujourd'hui achevés.

2 - La dégradation d'une fraction notable du territoire agricole restant, et qui se traduit par un enfrichement plus ou moins avancé, ne peut être interprété, systématiquement, comme un signe de déprise en action. Ces parcelles dégradées, intégrées dans un système d'exploitation

cohérent, et volontairement sous-entretenues, portent souvent témoignage d'un nouvel équilibre entre l'agriculteur et son territoire.

Il n'y a plus, dans ce cas, et contrairement à ce que l'on a pu observer dans le passé, corrélation entre déprise humaine et déprise agricole.

Cependant, l'optimisme de ces conclusions doit être nuancé de quelques réserves.

◊ Tout d'abord, le nouvel équilibre est incomplètement et imparfaitement réalisé :

• une partie de l'espace enfriché, et supposé « stabilisé » par intégration au système d'exploitation extensif, se trouve, en fait, dans une situation d'extrême incertitude chaque fois que les difficultés d'utilisation, dans les conditions actuelles d'une agriculture économe, rendent leur coût d'exploitation peu supportable et justifient mal les charges d'entretien, même réduites. Interviennent alors pleinement les facteurs négatifs signalés plus haut : le morcellement parcellaire et son cortège de conséquences, la trop grande médiocrité du sol (fonds mouilleux en particulier). Il existe toujours une frange notable d'espace agricole mal arrimée aux exploitations et qui reste gravement menacée ;

• par ailleurs, l'ensemble du territoire actuellement exploité, n'est pas assujetti aux normes « stabilisatrices » du nouveau système agricole. Il subsiste un reliquat d'exploitations plus « traditionnelles » - tailles modestes et qui ne semblent pas vouloir s'agrandir, dernier carré des exploitants les plus âgés - qui prolongent encore les conditions de déprise héritées de la phase antérieure. L'importance variable de ce « reliquat » détermine l'inégale solidité des communes étudiées : Pigerolles et même Gioux, intégralement contrôlées par les grandes exploitations, ne souffrent guère d'un tel risque qui, à l'inverse, revêt une importance non négligeable dans le cas de Gentioux. Le degré de concentration - achevée ou incomplète - représente donc une variable importante du comportement immédiatement prévisible des territoires agricoles concernées.

◊ Surtout, l'équilibre qui semble bien caractériser la décennie écoulée et la situation présente est, par définition, un état instable, sans cesse remis en cause. Ainsi, à ce stade de la réflexion, rien n'autorise à prévoir, à partir d'un constat aujourd'hui rassurant, une même stabilité pour l'avenir. Le présent ne peut être projeté tel quel, sans autres considérations, pour définir le futur.

II - DES PERSPECTIVES RAISONNABLEMENT FAVORABLES

Faute de maîtriser nombre de variables imprévisibles, tout exercice de prospective s'avère périlleux, particulièrement dans le cas qui nous intéresse où le comportement futur, décisif, des exploitants forestiers ne nous est pas connu, pas plus que les possibles changements de la politique agricole et les réorientations de productions qu'ils peuvent entraîner, ou bien encore la mise en pratique de nouvelles techniques.

Tout au plus peut-on se hasarder à une approche des **probabilités** d'évolution en se fondant sur des réalités concrètes suffisamment affirmées pour être considérées comme relativement durables. Dans cette optique, on peut admettre que les transformations de l'espace agricole résulteront dans une large mesure du jeu de deux éléments protagonistes :

• les besoins probables en terres agricoles exprimés par la pression foncière envisageable à moyen terme, soit à l'échelle approximative d'une génération d'agriculteurs, d'une part ;

• la capacité de réponse à ces besoins de la part du territoire exploitable, soit son aptitude potentielle à être utilisé, réutilisé ou, à l'inverse, son inaptitude probable à satisfaire aux nécessités du moment qui le rejetterait hors du périmètre utilisable. C'est à la fois tenter de mesurer tantôt une disponibilité à la reprise et tantôt une sensibilité à la déprise.

A - L'enjeu foncier est certainement capital

Apprécié à partir d'un bilan « offre prévisible de terres libérables »/ « demande foncière » indispensable à l'installation ou à l'agrandissement, il doit permettre d'estimer les besoins globaux de l'agriculture en matière d'espace à exploiter.

Dans le cas du plateau de Gentioux, les besoins en terre agricole sont importants et paraissent, à terme, devoir le rester. La pression foncière, forte, se traduit par des prix élevés.

• La demande, soutenue, oppose forestiers et agriculteurs, mais surtout agriculteurs entre eux, dans une âpre concurrence. Malgré la vigueur du mouvement de concentration des années écoulées, l'appétit d'agrandissement reste vif, en particulier chez les jeunes agriculteurs déjà les mieux dotés qui rivalisent pour l'acquisition de terres parfois éloignées (notamment dans le cas de GAEC).

• L'offre, par contre, est fort réduite. Après la vague des départs en pré-retraite des années 1992-1995, les libérations de terres se tarissent. A l'échelle du canton, le volume moyen des transferts se limite à une centaine d'hectares par an. Or, compte tenu de la raréfaction et parfois de la disparition des exploitants âgés et des petites exploitations marginales, les perspectives proches ne sont pas plus ouvertes : les espaces libérables se mesurent en surfaces très limitées.

◊ Un marché foncier déséquilibré, de faible ampleur, sans grande possibilité d'élargissement, semble devoir entretenir encore une « faim de terre » insatisfaite. **Globalement,** une telle situation ouvre des **perspectives favorables pour une stabilisation durable de l'espace agricole, voire même pour un mouvement de reprise éventuelle.** Toutefois, à plus long terme, des réserves s'imposent :

• L'importance du phénomène de reprise-agrandissement qui règle l'intensité de la demande ne risque-t-elle pas de s'essouffler jusqu'à disparaître, une fois que ces déjà grandes exploitations auront atteint une dimension telle que de nouvelles extensions deviendront injustifiées ?

• L'offre, si réduite aujourd'hui, ne risque-t-elle pas de devenir considérablement excédentaire, au moment où ces grandes exploitations, dans une génération, vont se libérer ? L'énormité des investissements fonciers nécessaires à la reprise de telles unités laisse envisager les difficultés de leur cession en bloc, alors même que la demande pour agrandissement sera, pour sa part, fortement réduite.

On le voit, la situation, globalement favorable à brève échéance, risque fort de s'inverser au terme d'une génération si une offre massive devait se trouver confrontée à des besoins limités.

◊ Par ailleurs, l'existence d'une forte demande globale qui devrait théoriquement se traduire par un mouvement de recolonisation, ne peut se manifester uniformément, dans le détail des réalités du terrain, par la reprise des espaces dégradés ni même par l'arrêt de la déprise. En effet, les besoins des agriculteurs ne s'expriment pas seulement de façon quantitative, en terme de surfaces, mais répondent tout autant à des exigences minimales de qualité. Tout est affaire d'intérêt, calculé entre un bénéfice attendu et la somme des désavantages acceptables, et ceci à l'échelle de chaque parcelle en balance. Aussi n'est-il pas étonnant que, dans le cadre d'une même exploitation désireuse de s'agrandir, certaines terres soient délibérément laissées à l'abandon alors que d'autres sont remises en état. Ce qu'exprime clairement le phénomène signalé plus haut de va-et-vient entre déprise et reprise, de substitution jouant simultanément entre embroussaillement et défrichage.

C'est alors qu'intervient, dans le contexte d'une pression foncière soutenue, le second terme qui détermine les perspectives d'emprise agricole : quelle est la part de l'espace actuellement dégradé susceptible de satisfaire aux besoins d'agrandissement, et quelle est, au contraire, la fraction trop handicapée pour être utilisée ?

On cherchera, dès lors, face à la demande, à apprécier le **potentiel de déprise-reprise** de l'espace d'incertitude apparemment le plus disponible constitué par ces terres dégradées, entre territoire solidement tenus par l'agriculture et espaces forestiers qui lui sont définitivement soustraits.

B - Le potentiel reprise-déprise

On a jusqu'ici mesuré le risque de déprise à l'aune du seul critère physionomique, soit le degré d'enfrichement de la parcelle qui, de toute évidence, apprécie plus un stade de dégradation qu'une possibilité de réutilisation future.

Cette dernière peut pourtant être estimée en regard de la **bénignité ou de la gravité des facteurs handicapants qui pèsent sur chaque parcelle** et qui ont été individualisés plus haut. Ainsi, la somme des contraintes calculée à partir de six variables les plus significatives (émiettement parcellaire, qualité du sol, faire-valoir précaire, pente, propriété foraine, sectionaux) dont chacune est affectée d'un coefficient en fonction de l'intensité du handicap (un pour une contrainte modérée, jusqu'à trois pour une contrainte très forte), peut permettre de mesurer, au cas par cas, le niveau des contraintes qui pèsent sur chaque parcelle. Ainsi pourra-t-on distinguer des espaces modérément handicapés et qui, logiquement, sont réutilisables de zones au contraire lourdement contraintes et qui normalement devraient être délaissées.

Les calculs ont porté sur l'ensemble des territoires dégradés (de 10 à 100 % de la surface enfrichée) et aussi bien sur les espaces actuellement exploités dont il faudra extraire les parcelles trop lourdement handicapées pour être durablement utilisées (indice de sensibilité élevé se traduisant par une **forte probabilité de déprise**) que sur les espaces non-exploités mais où certaines zones peu handicapées sont susceptibles d'être réutilisées (« indice de sensibilité » faible, donc **bonne probabilité de reprise**).

Les résultats obtenus peuvent être résumés comme suit :

1 - On constate d'abord que, si une partie des terres dégradées actuellement en exploitation est gravement menacée de déprise pour subir une somme de handicaps normalement décourageante, cette fraction sensible et sans grand avenir représente une proportion très minoritaire de l'espace considéré, inférieure à 10 % dans deux communes sur trois.

L'essentiel du territoire, plus ou moins enfriché, actuellement intégré aux exploitations devrait le rester.

2 - Par ailleurs, une partie non négligeable - de 20 à 30 % - des espaces dégradés actuellement inutilisés, ne souffre que de handicaps légers. Dans le contexte d'une forte pression foncière, ce sont donc **des surfaces notables qui sont susceptibles de reprise.**

Le bilan est donc globalement positif et permet de confirmer des perspectives plutôt favorables qui semblent caractériser, aujourd'hui et pour les prochaines années, **une dynamique de « sortie de crise »**. Il mérite, malgré tout, d'être nuancé selon les situations locales qui dénotent des potentialités inégales.

	Surfaces menacées à *forte probabilité de déprise* % des parcelles exploitées	Surfaces peu handicapées à *fort potentiel de reprise* % des parcelles non-exploitées
Pigerolles	6,4 %	33,2 %
Gentioux	10,4 %	17,9 %
Gioux	29,5 %	21 %

A Pigerolles, les conditions sont assurément les meilleures. Proportion infime d'espaces réellement menacés de déprise alors que près d'un tiers des surfaces actuellement inutilisées sont susceptibles de reprise. La pression foncière étant ici très soutenue alors même que les terres libérables sont inexistantes, les perspectives de reprise sont réelles. Le remembrement, il est vrai, a joué ici un rôle essentiel.

A Gentioux, dans un milieu très dégradé, les perspectives ne sont pas pour autant défavorables. A la fois, peu de terres menacées de déprise et assez peu d'espaces susceptibles de reprise. L'importance des fonds mouilleux, peu utilisables, pèse lourdement. Dans le cadre d'un marché foncier très réduit, l'idée de stabilisation semble ici prévaloir.

A Gioux enfin, la fragilité s'aggrave sensiblement : la déprise menace plus du quart des surfaces exploitées, alors qu'assez peu de parcelles semblent récupérables dans les zones inutilisées. Les structures foncières (importance des sectionaux, des contrats précaires) sont ici particulièrement handicapantes. Peut-être, en regard de Gentioux, où le paysage est beaucoup plus fermé et qui semble a priori plus défavorisé, faut-il voir là les effets d'une déprise moins avancée et qui, en quelque sorte, rattraperait son retard : l'agriculture y tient encore des parcelles qui, **raisonnablement**, ne devraient plus l'être... Cependant, même dans ce cas, le moins favorable, l'avenir proche ne paraît pas justifier de grosses inquiétudes.

Au total, dans une région considérée au départ comme particulièrement fragile, les perspectives paraissent plutôt rassurantes, même si des craintes s'attachent au plus long terme.

Scenarii possibles

Deux hypothèses extrêmes peuvent être envisagées, déjà réalisées localement sur quelques fractions de territoire.

Un partage net entre espace forestier et noyau agricole bien tenu. Entre les deux éléments du paysage en contact frontal, la frange intermédiaire de terroirs agricoles dégradés (la friche) tend à être éliminée, essentiellement au profit des bois.

Une telle éventualité ne peut être exclue en cas de :
- crise majeure du système d'élevage actuel accompagné d'une forte reprise forestière ;
- dans les secteurs déjà les plus contractés, comme Gentioux, prédisposés à une telle évolution. La périphérie très boisée du plateau de Millevache (cf. commune de la Nouaille) préfigure souvent ce schéma.

Il reste que ce scenario impliquerait un violent mouvement de déprise peu compatible avec les tendances actuellement constatées.

Un paysage « dilué », uniformément dégradé et mité par une friche aux limites de l'extensivité. Les limites pré, bois, broussailles deviennent floues, incertaines en dehors de quelques minuscules îlots fourragers.

C'est là un aboutissement possible dans l'hypothèse d'une concentration maximale des exploitations et du passage au « tout extensif » de type « ranching ». Pour chaque unité agricole, l'espace utilisé serait étendu au maximum mais réduit à un entretien minimal.

Cas de figure envisageable sur les plus hautes terres mais à très long terme.

Entre ces perspectives opposées, **une exagération des logiques actuelles semble plus probable**, au moins à l'horizon de la prochaine décennie. On aboutirait à un traitement sélectif et à une transformation différenciée de l'espace agricole juxtaposant :

• un terroir central bien tenu, restructuré et amélioré, peut-être légèrement agrandi et sûrement intensifié, et qui constituerait le socle de l'exploitation ;

• un ensemble marginal, plus étendu, réunissant les terroirs mal commodes pour une utilisation très extensive visant surtout, encouragements financiers aidant, à maintenir l'ouverture du paysage (cf. les futurs CTE).

Un tel schéma, qui s'ébauche aujourd'hui, consacrerait la résistance de l'emprise agricole manifestée au long des dernières années.

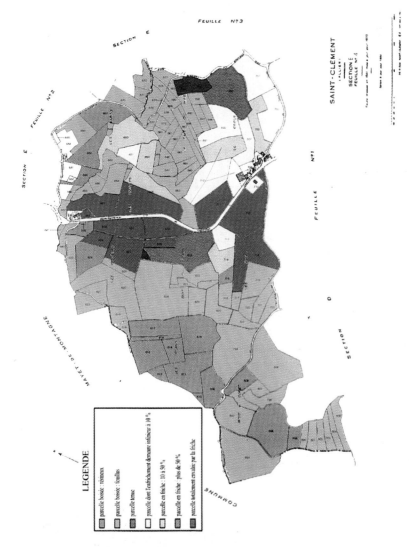

carte n° 25

Planche 1 - Un exemple de relevé, après enquête de terrain

- I -

Planche 2 - Le Massif central : carte de localisation

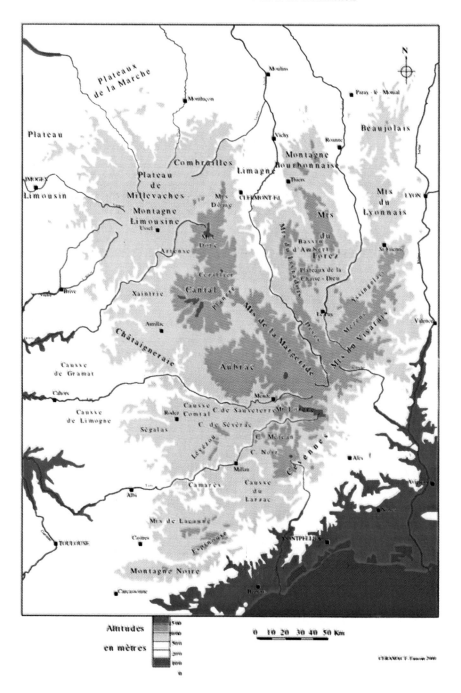

Planche 3 - Risques d'enfrichement

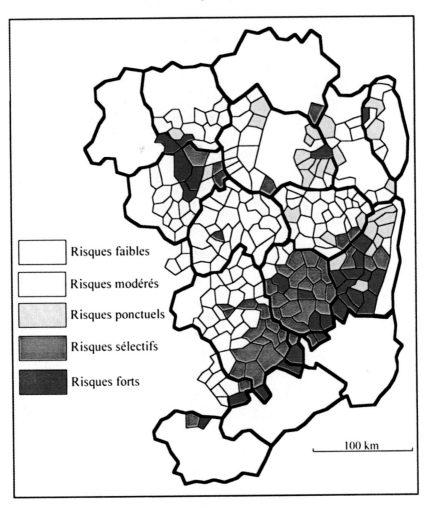

Risques faibles

Risques modérés

Risques ponctuels

Risques sélectifs

Risques forts

100 km

Planche 4 - Friches et embroussaillement à Saint-Cyr-le-Châtoux

Adret ouest de la commune de Saint-Cyr-le-Châtoux, photo prise le 27 mai 1999 depuis la route forestière de la Cantinière.

Cette photographie montre l'extrémité du versant situé au-dessus du CD 504. Les conifères et les feuillus du premier plan font partie du Bois de la Roche. Au second plan, le grand versant situé sous la plantation de résineux correspond, pour l'essentiel, aux terrains cédés par un propriétaire de l'Ain à la Société de chasse (hachures horizontales). Ceux-ci sont largement enfrichés avec, à l'intérieur, quelques chemins tracés à l'aide d'un girobroyeur. Un peu plus bas, on entre dans l'exploitation de « Vers Bœuf », avec un contraste saisissant entre les prairies situées à proximité de la ferme, bien entretenues, et les pâturages localisés en lisière de la chasse, plus pentus, plus éloignés, sous-pâturés et largement enfrichés. Au-delà du hameau, sur la gauche de la photo, on entre dans un autre versant, limité vers le haut par une nouvelle forêt. Cette parcelle est louée par un éleveur viande, extérieur à la commune et proche de la retraite. Le sous-pâturage a également conduit à un processus d'embroussaillement déjà bien engagé. Enfin, les moutonnements situés à l'arrière-plan - à l'extérieur de la commune - donnent une idée du paysage des monts du Beaujolais, avec une emprise très importante des formations forestières.

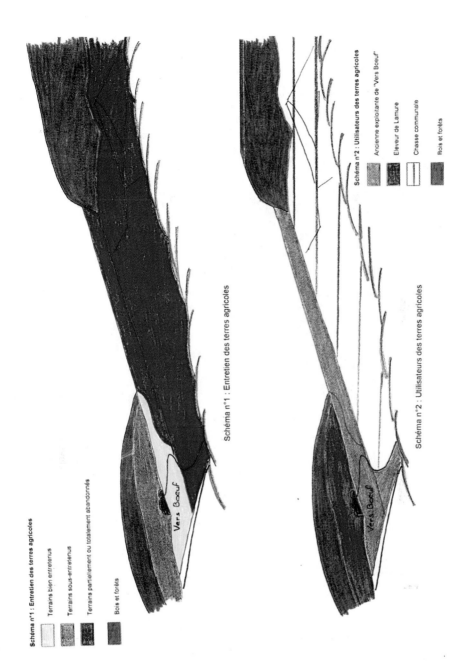

Schéma n°1 : Entretien des terres agricoles

Terrains bien entretenus

Terrains sous-entretenus

Terrains partiellement ou totalement abandonnés

Bois et forêts

Schéma n°1 : Entretien des terres agricoles

Schéma n°2 : Utilisateurs des terres agricoles

Ancienne exploitante de "Vers Boeuf"

Eleveur de Lamure

Chasse communale

Bois et forêts

Schéma n°2 : Utilisateurs des terres agricoles

Vers Boeuf

Planche 5 - Friche et espace agricole à Longessaigne

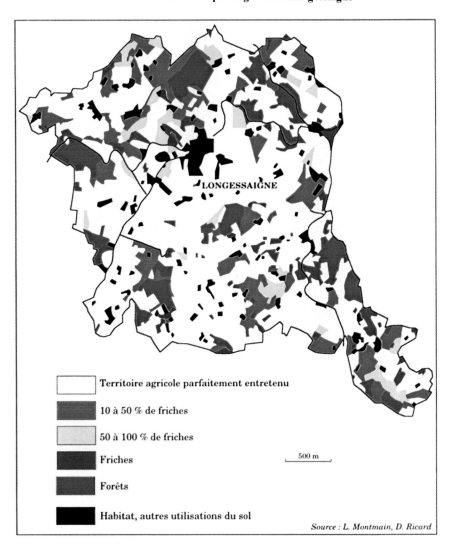

LONGESSAIGNE

Territoire agricole parfaitement entretenu

10 à 50 % de friches

50 à 100 % de friches

Friches

Forêts

Habitat, autres utilisations du sol

500 m

Source : L. Montmain, D. Ricard

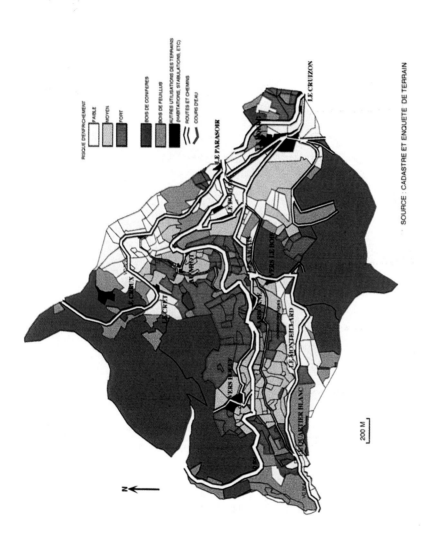

RISQUE D'ENFRICHEMENT
FAIBLE
MOYEN
FORT
BOIS DE CONIFÈRES
BOIS DE FEUILLUS
AUTRES UTILISATIONS DES TERRAINS
(HABITATIONS, STABULATIONS, ETC)
ROUTES ET CHEMINS
COURS D'EAU

200 M

SOURCE : CADASTRE ET ENQUÊTE DE TERRAIN

Planche 6 - Risque d'enfrichement des terres agricoles de la commune de Saint-Cyr-le-Châtoux en 1999

Planche 7 - Enfrichement Saint-Clément

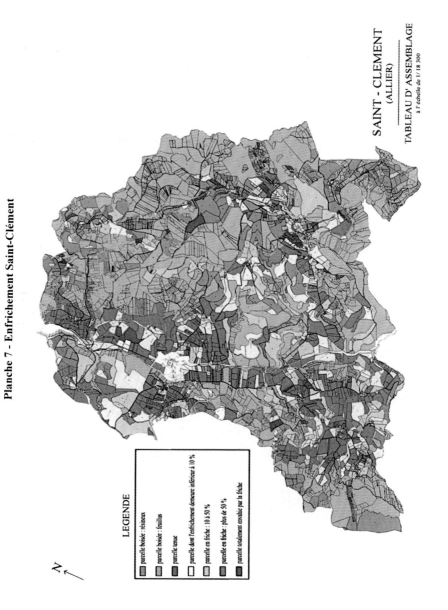

N

LEGENDE

■ parcelle boisée : résineux
■ parcelle boisée : feuillus
■ parcelle tenue
□ parcelle dont l'enfrichement demeure inférieur à 10 %
□ parcelle en friche : 10 à 50 %
■ parcelle en friche : plus de 50 %
■ parcelle totalement envahie par la friche

SAINT - CLEMENT
(ALLIER)

TABLEAU D' ASSEMBLAGE
à 1° échelle de 1/ 18 300

La photographie ci-dessus illustre les contrastes révélés par le relevé parcellaire. Au premier plan, sur le plateau sud-occidental, à proximité du hameau de Goulange se situe un labour parsemé de cailloux. Ici, les haies ont été arrachées et les arbres demeurent isolés. Inclinés vers l'est, les terrains dominent la vallée de la Besbre qui occupe la dépression au centre de la photographie.

En face, sur l'autre rive, la place tenue par l'agriculture devient de plus en plus discrète vers les sommets. A 580 m d'altitude, autour des hameaux de Bonnière et de Rivière qui appartiennent à la première ligne d'habitat, les pâturages restent majoritaires. Toutefois, par endroit, notamment entre les deux hameaux, les bois « descendent » jusqu'à la rivière. Au-dessus de 650 m, les prés ne forment plus que des trouées au cœur de la masse forestière. A mi-pente, les hameaux de Carton (à l'extrême gauche) et de Boudin (au centre) fixés sur la deuxième ligne d'habitat émergent difficilement. Sur le sommet, la croupe du Carry, culminant à 901 m (sur la gauche de la photographie) est entièrement boisée mais en allant vers le centre, quelques prés se distinguent à proximité des Ayes, hameau perché à 860 m d'altitude sur la ligne de faîte.

**Planche 8 - Vue des monts de La Madeleine depuis Goulange (530 m)
situé sur le plateau sud-occidental**

Planche 9 - Les exploitations de Bassurels (1999)

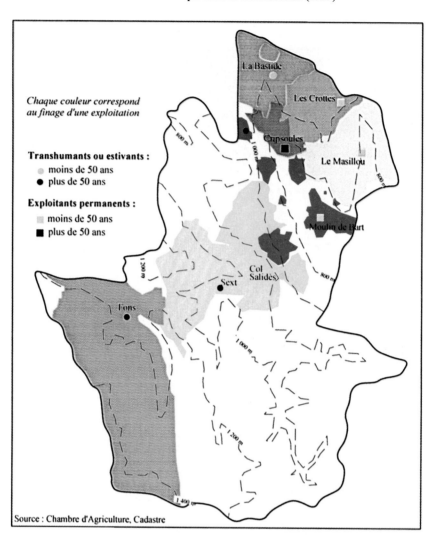

Chaque couleur correspond
au finage d'une exploitation

Transhumants ou estivants :
- moins de 50 ans
- ● plus de 50 ans

Exploitants permanents :
- moins de 50 ans
- ■ plus de 50 ans

La Bastide

Les Crottes

Capsoules

Le Masillou

Moulin de Bart

Col
Salides

Sext

Fons

Source : Chambre d'Agriculture, Cadastre

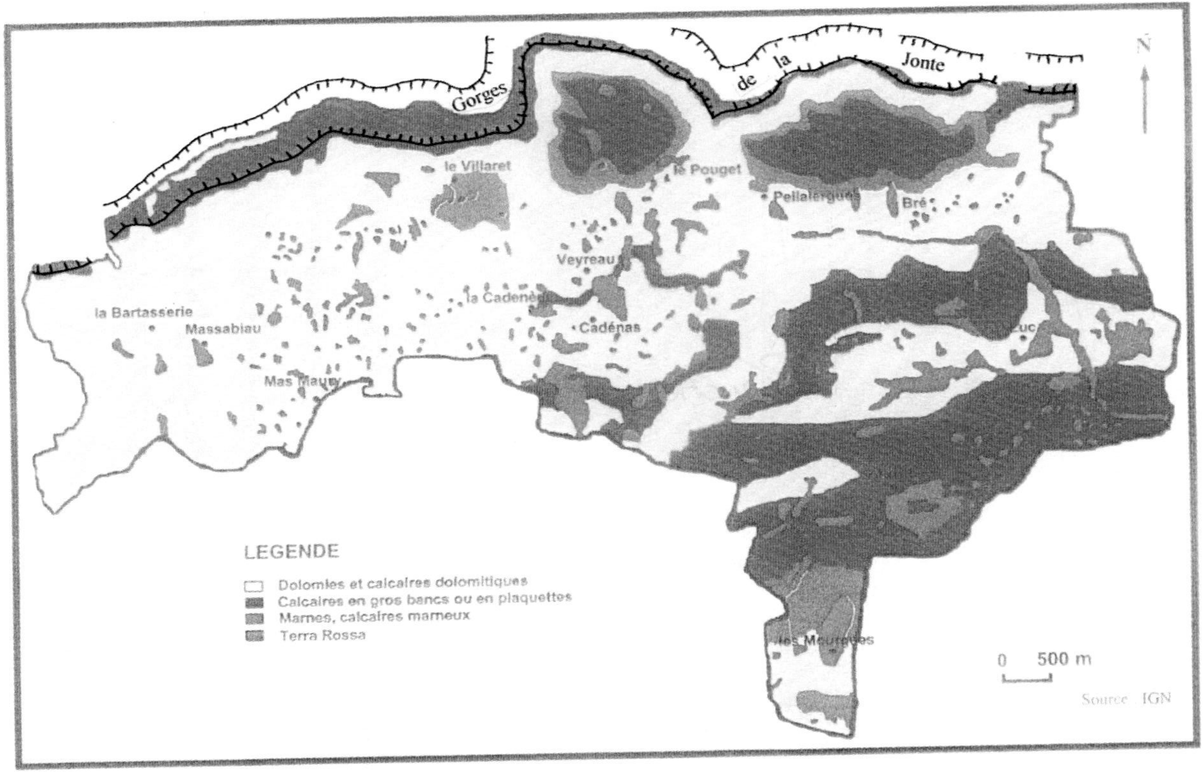
Gorges
de
la
Jonte
N
le Villaret
le Pouget
Bré
Veyreau
la Bartasserie
Massabiau
Cadénas
Luc
LEGENDE
Dolomies et calcaires dolomitiques
Calcaires en gros bancs ou en plaquettes
Marnes, calcaires marneux
Terra Rossa
0 500 m
Source : IGN

Planche 10 - Veyreau et le modelé karstique

Planche 11 - Les exploitations de Veyreau

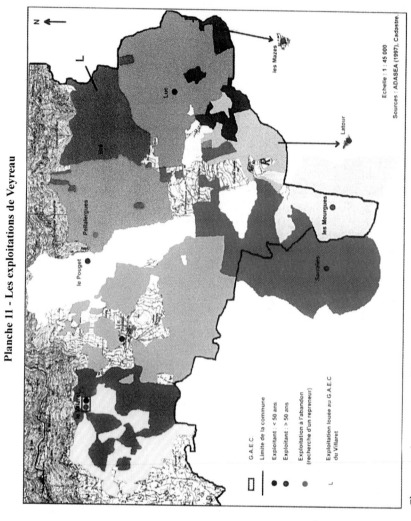

Chaque couleur correspond à une exploitation

Le fonds de la vallée est occupé par des prés amendés qui seront fauchés en été. A gauche de la photo, on remarque les boisements en pin de l'ONF. Au premier plan, les croupes sont envahies de genêts (en fleur) et de fougères, quelques « clairières » subsistent encore. En dernier plan, les bois gagnent de l'espace.

Planche 12 - La vallée du Brion (Bassurels)

Planche 13 - L'opposition terres cultivées/parcours à Veyreau

Doline dont le fonds est tapissé de « terra rossa ». La partie cultivée occupe une très faible superficie. Les premiers abords sont immédiatement colonisés par des pins et du buis.

Au premier plan, buis, pins, genévriers occupent plus de 50 % de la superficie. Au second plan, on observe le fonds d'une combe qui est cultivé. Au dernier plan, on peut apprécier le mitage d'un parcour par la végétation spontanée.

Planche 14 - Terres cultivées et parcours embroussaillés à Veyreau

Planche 15 - La transhumance dans les monts d'Auvergne

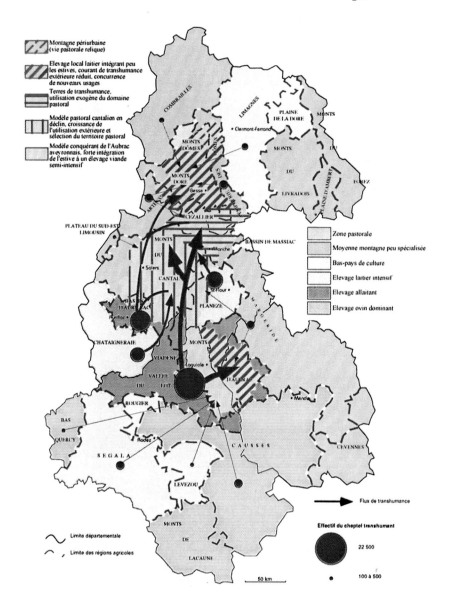

DÉPRISE ET GESTION DE L'ESPACE
PAR LES AGRICULTEURS

LE CAS DE LA COMMUNE DE CROS (ARTENSE)

J. M. PIVOT
CEMAGREF

Les régions de moyenne montagne humide du Massif central comportent des paysages largement ouverts, dont l'évolution est conditionnée par l'activité agricole. Celle-ci occupe l'essentiel de l'espace et se caractérise par une orientation tournée très majoritairement vers la production d'herbe et sa transformation par les élevages bovins et ovins. Mais les exploitations présentes, conduites généralement de façon extensive, sont souvent confrontées à des problèmes de compétitivité, en raison de handicaps naturels auxquels s'ajoute une faible dimension économique des unités de production. Cette situation se traduit, malgré la mise en œuvre de politiques agricoles correctrices spécifiques, par des revenus faibles et une pérennité incertaine des exploitations, ainsi que par des problèmes de déprise agricole. Ce relâchement de l'utilisation du sol par l'agriculture peut aller dans certains cas jusqu'à un abandon complet, l'essor d'usages alternatifs tels que le boisement ne compensant que partiellement le phénomène.

Ces espaces sont par ailleurs le support d'usages variés qui peuvent être plus ou moins profondément affectés par la déprise, en raison d'un moindre agrément des lieux, d'une accessibilité et d'une fréquentation rendues plus difficiles, d'une modification de la richesse écologique, ou parfois d'un accroissement des risques d'incendie. Les acteurs concernés envisagent alors la mise en place d'actions correctrices spécifiques, s'appuyant de manière privilégiée sur les agriculteurs gestionnaires de ces espaces et reposant sur des incitations financières, des actions de nature réglementaire ou des actions de restructuration collective destinées à faciliter la mise en valeur de l'espace. Dans ces conditions, une bonne connaissance des logiques de gestion de l'espace des agriculteurs est de nature à faciliter la définition d'actions adaptées aux situations rencontrées.

Dans cette optique, la présente contribution a plus précisément pour objectif de caractériser les différents modes de gestion par les agriculteurs des espaces menacés de déprise, de repérer ceux susceptibles d'assurer ou non la maîtrise de la végétation spontanée, et d'identifier les déterminants des choix de ces modes de gestion.

I - MÉTHODOLOGIE ET DONNÉES

Le phénomène de déprise se traduit visuellement par une modification du paysage due à un développement progressif d'une végétation spontanée, herbacée, puis ligneuse, arbustive voire arborée. L'absence de maîtrise de cette végétation résulte des modes de gestion appliqués aux parcelles touchées depuis plusieurs années, voire plusieurs décennies.

Les raisons du choix de ces modes de gestion évoquées par les agriculteurs font le plus souvent référence aux caractéristiques du milieu naturel, en particulier agropédoclimatiques. Mais elles peuvent également relever de caractéristiques des structures foncières : dimension et forme des parcelles, éloignement du siège d'exploitation, nature et qualité des accès, mode de faire-valoir, statut juridique de la propriété et des propriétaires, voire d'anticipations spéculatives liées à l'éventualité de changements d'usage à terme. Enfin, ces raisons peuvent aussi être reliées aux orientations d'ensemble de l'exploitation, déterminées par l'agriculteur (Francart et Pivot, 1998 ; Morlon et Benoit, 1990).

La question sous-jacente est en définitive celle du choix des modes de gestion des parcelles (Landais, 1993 ; Petit, 1998). On cherchera donc à identifier les logiques de décision correspondantes, et à repérer en particulier le rôle joué par les caractéristiques des parcelles et par les contraintes éventuelles qu'elles représentent pour l'agriculteur lors de la prise de décision (Morardet, 1993).

D'une manière générale, les décisions de l'exploitant dépendent non seulement des facteurs de production disponibles, mais aussi du contexte familial dans lequel il se situe, de la diversité de ses objectifs, de l'histoire de l'exploitation, de la perception que chaque agriculteur a des atouts et contraintes de son système et de son environnement (Benoît et al., 1988 ; Capillon et Manichon, 1988 ; Bonneviale et al., 1989). L'agriculteur évalue donc le caractère plus ou moins contraignant des caractéristiques naturelles et foncières d'une parcelle au regard du fonctionnement de son système d'exploitation, et notamment des activités mises en œuvre, des moyens de production disponibles et de ses objectifs stratégiques. Ainsi, le caractère contraignant ou non ne constitue pas seulement un attribut intrinsèque de la parcelle mais dépend des caractéristiques du système d'exploitation.

Dans le cadre de cette étude, la démarche consistera à caractériser l'état de la végétation présente dans chaque parcelle, puis à préciser le mode de gestion appliqué à la parcelle, enfin à identifier les déterminants du choix de ce mode de gestion parmi, d'une part, les caractéristiques parcellaires naturelles et foncières et les contraintes éventuelles qu'elles représentent pour l'exploitant, et, d'autre part, les caractéristiques du système d'exploitation dont la parcelle fait partie.

A - Caractérisation des parcelles

Une attention particulière doit être accordée aux différentes variables à retenir pour décrire les parcelles : nature des descripteurs, modalités et seuils. En effet, il s'agit de caractériser chaque parcelle non pas pour elle-même, mais au regard des modalités de gestion susceptibles d'être mises en œuvre et au regard des critères d'appréciation mobilisés par l'agriculteur lors de ces choix. Cette caractérisation comporte donc par construction une part de subjectivité, puisque l'on cherche à connaître essentiellement le point de vue de l'agriculteur sur la situation de la parcelle et les conséquences qu'il en tire au regard des modes de gestion envisageables.

A titre d'exemple, la pente pourra être qualifiée par le type de matériel utilisable ou non : tracteur à 2 ou 4 roues motrices, round baller, épandeur, gyrobroyeur, plutôt que par une valeur absolue. Ce n'est que dans une étape ultérieure qu'il conviendra de chercher, le cas échéant, à relier ces évaluations subjectives à des descripteurs physiques quantifiés.

Dans cette optique, des typologies relatives à chaque thème abordé ont donc été construites avec la participation d'un petit groupe d'agriculteurs volontaires, en s'appuyant sur des visites de terrain approfondies effectuées préalablement au recueil des données proprement dit. Ces typologies sont présentées plus loin.

B - Caractérisation des exploitations

Le choix du mode d'utilisation appliqué à chaque parcelle peut dépendre de facteurs liés au système d'exploitation. Ces données ne peuvent être obtenues que par enquête directe auprès des exploitants (Landais et Lasseur, 1993). Pour identifier les éléments qui influencent ce choix, une analyse sommaire du fonctionnement (1) des systèmes d'exploitation a été réalisée, en s'inspirant de la démarche proposée par Capillon et Manichon (1988). Des schémas simplifiés de fonctionnement ont ainsi été élaborés, comportant :
> • la situation familiale et les objectifs généraux de l'agriculteur ;
> • l'orientation actuelle du système de production (productions, conduites et moyens mobilisés), qui reflète les choix stratégiques effectués ;
> • la dimension physique et économique de l'exploitation ;
> • les contraintes et atouts liés aux caractéristiques de l'appareil de production et de l'environnement de l'exploitation ;

• les résultats obtenus et les changements futurs envisagés par l'exploitant.

C - Choix et caractéristiques de la zone d'étude

Les données à recueillir nécessitant la réalisation d'enquêtes approfondies auprès des agriculteurs, seul un nombre limité d'exploitations pouvait être étudié. Plutôt que d'enquêter un échantillon d'agriculteurs au sein d'une région déterminée, nous avons préféré enquêter exhaustivement les exploitations présentes au sein d'un espace plus restreint, de dimension communale, préalablement sélectionné. Cette manière de procéder présente l'avantage de limiter les facteurs de diversité entre exploitations et permet également d'étudier l'hétérogénéité éventuelle de la gestion des espaces agricoles inclus dans une même unité paysagère.

Le choix de la région d'étude a été effectué parmi les petites régions agricoles dans lesquelles l'agriculture est la plus extensive, et où l'apparition de la déprise présente par conséquent une probabilité élevée. La petite région agricole (PRA) de l'Artense, située aux limites des départements du Puy-de-Dôme et du Cantal, à proximité de la ville de Bort-les-Orgues, répond bien à ces exigences. Au sein de cette région, la commune de Cros, particulièrement concernée par la déprise existante, a ensuite été sélectionnée pour la réalisation de l'étude.

L'Artense présente en effet de nombreuses caractéristiques intéressantes pour la conduite d'une réflexion sur le thème de la déprise. L'agriculture y est très extensive, avec un chargement compris entre 0,7 et 1 unité gros bovin (UGB) par hectare de surface fourragère, et une surface agricole exclusivement consacrée à la production d'herbe. Le taux de boisement reste globalement modéré bien que variant, selon les communes, de 10 % à 50 % de la surface communale. Mais la friche s'y développe, et atteint localement des surfaces importantes. Plus largement, la gestion de l'espace et des paysages y constitue une préoccupation forte pour les responsables locaux (Chambre d'Agriculture d'Auvergne, 1993), (Communauté de Communes Sancy-Artense 1996-a et -b).

L'Artense constitue une unité géographique en forme de plateau incliné vers l'Ouest, assez précisément délimité, à l'Est par le Cézallier, au Nord par le massif du Sancy, au Sud par les monts du Cantal et à l'Ouest par la vallée de la Dordogne. Son altitude varie entre 550 et 1 100 m. Son substratum, issu d'un vieux socle métamorphique et granitique, se compose exclusivement d'anatexite sur la commune de Cros. Au cours de l'ère tertiaire, ce socle massif a subi une altération importante par voie chimique, sous l'action d'un climat tropical humide, conduisant à la formation d'arènes d'épaisseur variable selon la résistance initiale de la roche. Au quaternaire, des glaciers ont décapé les altérites et raboté les roches dures, mettant ainsi à jour un modelé en creux et en bosses, puis ont laissé lors de leur retrait des dépôts morainiques et des blocs erratiques de dimension très variable. Après la disparition des glaciers, des dépressions humides s'installent alors dans les creux en raison de l'imperméabilité de la roche et de l'absence fréquente d'exutoires naturels. Simultanément, des sols squelettiques, où la roche mère affleure parfois, se forment sur les pentes et les sommets (Michelin, 1997).

Le climat actuel de l'Artense, de nature océanique avec une influence montagnarde marquée, se caractérise par des précipitations abondantes, de 1 400 mm/an en moyenne, et des températures assez basses, ne dépassant pas 7 degrés en moyenne annuelle, avec une amplitude importante : au cours de l'hiver, long et rigoureux, accompagné de neige, la température descend parfois jusqu'à moins 20 degrés, et les gelées tardives de printemps et précoces en automne ne sont pas rares, en particulier dans les dépressions humides.

La commune de Cros, dont l'altitude varie entre 670 et 913 m, se situe à la limite entre l'étage collinéen, marqué par la prépondérance du chêne, et, au-dessus de 800 m, l'étage montagnard dominé par le sapin et le hêtre, ce dernier étant plus particulièrement présent sur les versants Nord. Le pin sylvestre d'Auvergne se propage fréquemment sur les terres abandonnées par l'agriculture. Enfin, l'épicéa et le douglas, introduits dans la région respectivement à la fin du 19e siècle et dans les années 1950, s'y développent particulièrement.

D - Réalisation des enquêtes

Afin de connaître les modalités de gestion de l'espace agricole à l'échelle de l'ensemble de la commune de Cros, l'enquête a porté sur la totalité des exploitants y disposant de parcelles agricoles, que leur siège d'exploitation se situe ou non sur la commune. Tous les exploitants ayant leur siège à Cros ont ainsi pu être rencontrés, à l'exception d'un agriculteur ayant refusé l'enquête. Par ailleurs, n'a pas été pris en considération le cas d'un jeune agriculteur en cours d'installation au moment de l'enquête. Les parcelles correspondantes n'ont donc pas pu être incluses dans la présente analyse. D'autre part, tous les agriculteurs à titre principal exploitant des parcelles à Cros mais ayant leur siège à l'extérieur ont également été rencontrés. Dix-sept exploitations ont ainsi été enquêtées.

Les entretiens, d'une durée totale de deux heures par exploitation au minimum, ont été réalisés en une seule ou plusieurs visites successives chez les agriculteurs. Les cartes et les éléments recueillis lors des entretiens au siège d'exploitation ont été précisés par observation directe sur le terrain avec, dans certains cas, la participation de la personne enquêtée. Ces données ont été complétées par des documents cartographiques : carte de l'Institut Géographique National au 1/25 000, couverture photographique aérienne de 1995 à l'échelle approximative du 1/30 000, plans et matrices du cadastre.

II - PRÉSENCE DE LA DÉPRISE ET MODES DE GESTION DES PARCELLES

A - La végétation spontanée présente et sa maîtrise

Il convient tout d'abord de préciser les principales espèces végétales associées à la déprise, leurs caractéristiques, leur dynamique, et les modalités de maîtrise de leur développement. Il s'agit avant tout d'espèces perçues comme révélatrices du processus de déprise, en premier lieu le genêt dont la floraison jaune se démarque nettement de la végétation environnante, et, dans une moindre mesure, la fougère, qui donne à l'automne une couleur rousse aux espaces qu'elle colonise, ainsi que la ronce. La végétation ligneuse spontanée conduisant à la fermeture visuelle du paysage, qu'il s'agisse d'arbustes ou d'arbres également présents dans d'autres compartiments paysagers, est également associée à la déprise (Pivot, 1999).

Dans les conditions naturelles de la zone d'étude, les écosystèmes des milieux ouverts ne sont pas en équilibre stationnaire et évoluent spontanément par stades successifs vers des écosystèmes de type forestier (Rameau, 1999), sauf dans des situations particulières telles que les affleurements rocheux ou les zones humides. Le maintien de l'ouverture du paysage y nécessite donc une intervention humaine, directe ou par l'intermédiaire d'animaux domestiques. Dans ces conditions, l'envahissement des parcelles abandonnées par des espèces colonisatrices telles que la fougère et le genêt correspond bien aux premières étapes de cette évolution vers l'état boisé.

La régulation de la dynamique de ces écosystèmes peut être assurée directement ou indirectement de diverses manières. La fauche constitue la technique la plus simple et la plus répandue, appliquée sur l'ensemble de la surface de la parcelle ou de façon localisée, sur les refus de pâturage, en complément de l'action de pâturage des animaux domestiques. Elle peut matériellement être effectuée dans toutes les parcelles, mais est très fortement consommatrice en temps de travail, dont la disponibilité constituera un point crucial. La fauche d'entretien mécanisée est généralement pratiquée au moyen d'un gyrobroyeur monté sur un tracteur de puissance modérée. Certaines techniques plus spécifiques peuvent également être mises en œuvre, en particulier pour la maîtrise du développement de la fougère. La fauche répétée plusieurs années de suite pendant la phase de développement des feuilles empêche la repousse de nouvelles feuilles et surtout la reconstitution des réserves racinaires, conduisant à terme à l'épuisement de la plante. D'autre part, le chaulage réduit l'acidité du sol et rend le milieu moins favorable à cette espèce. Enfin, il existe des produits de traitement chimique spécifiques, mais qui restent très coûteux. Le brûlage dirigé ou écobuage est également à mentionner mais présente des risques d'incendie non négligeables.

La typologie retenue pour décrire la végétation présente au niveau de la parcelle s'appuie :

• sur la présence des espèces végétales indicatrices de la déprise : fougères, genêts, arbres ;

• sur leur localisation au sein de la parcelle, qui détermine les risques d'extension future de cette végétation, et d'autre part qui est liée au mode de gestion appliqué à la parcelle par l'agriculteur : ponctuelle, en bordure de parcelle, près d'un affleurement rocheux, près d'une rupture de pente, en refus dispersés, en tapis discontinu ou continu.

Tab. 1 - Typologie de la végétation associée à la déprise

Végétation présente (type et localisation)	Occupation de la parcelle par la végétation spontanée	Maîtrise de la végétation spontanée
Espèces prairiales	Aucune fougère, aucun genêt dans la parcelle	Parcelle dont la végétation est maîtrisée
Quelques fougères aigle éparses	Quelques fougères éparses et/ou genêts de plus d'un an en bordure de parcelle	
Fougères en bordure de parcelle		
Genêts de plus d'un an en bordure de parcelle		
Genêts de plus d'un an épars	Quelques massifs denses de fougères et/ou genêts de plus d'un an	Parcelle en déprise
Fougères en refus épars ou localisés sur les ruptures de pente		
Fougères au niveau des affleurements		
Fougères en tapis discontinu	Tapis plus ou moins continu de fougères	
Fougères en tapis continu		
Fougères et genêts de plus d'un an en tapis continu sur la parcelle	Parcelle fermée : genêts, fougères, arbres	
Boisement spontané (bouleaux, pins sylvestres)		

Onze types élémentaires ont ainsi été identifiés. Leur regroupement en cinq catégories caractérise plus globalement la parcelle au regard de l'impact visuel potentiel de la végétation présente. Un regroupement supplémentaire en deux catégories seulement permet de distinguer :

• les parcelles dont la végétation est maîtrisée, regroupant les parcelles ne présentant ni fougère ni genêt de plus d'un an, sauf éventuellement en bordure de parcelle ;
• les parcelles en déprise, dont l'entretien est insuffisant pour assurer la maîtrise de l'extension de la végétation ligneuse et conduit à la fermeture visuelle de l'espace à terme : présence de massifs denses de fougères et de genêts de plus d'un an, recouvrement complet du sol par les fougères voire présence d'arbustes et d'arbres spontanés.

L'étude approfondie de l'état de la végétation sur les parcelles, réalisée selon cette typologie par enquête, observation détaillée et analyse documentaire, conduit aux résultats suivants.

Tab. 2 - Importance des types de recouvrement par la végétation au sein de la zone d'étude

Type de recouvrement	Part du nombre total de parcelles	Part de la surface totale
Aucune fougère, aucun genêt dans la parcelle	55 %	50 %
Quelques fougères éparses et/ou genêts de plus d'un an en bordure de parcelle	20 %	22 %
Quelques massifs denses de fougères et/ou genêts de plus d'un an	6 %	9 %
Tapis plus ou moins continu de fougères	14 %	15 %
Parcelle fermée : genêts, fougères, arbres	5 %	4 %
Total	*100 %*	*100 %*

Ainsi, la végétation est parfaitement maîtrisée sur la moitié de la surface exploitée. Pour près du quart de la surface, la végétation spontanée, cantonnée en bordure de parcelle ou entretenue annuellement, reste contrôlée. En revanche, plus du quart de la surface actuellement exploitée présente les signes d'un entretien insuffisant pour assurer la maîtrise de l'extension de la végétation ligneuse. A un terme plus ou moins rapproché selon les caractéristiques du milieu, et sans changement apporté à leur gestion, ces parcelles n'étant plus en situation d'équilibre stationnaire vont se boiser progressivement et conduire à une fermeture visuelle de l'espace.

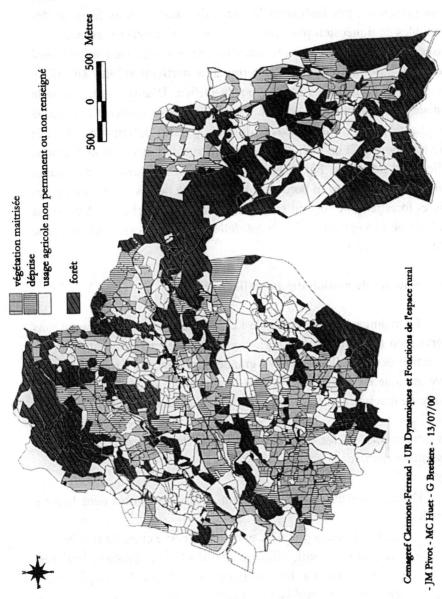

végétation maitrisée
déprise
usage agricole non permanent ou non renseigné

forêt

500   0   500 Mètres

Cemagref Clermont-Ferrand - UR Dynamiques et Fonctions de l'espace rural

- JM Pivot - MC Huet - G Bretière - 13/07/00

Commune de Cros (Puy-de-Dôme) – Etat de la végétation des parcelles agricoles

L'examen de la carte de l'état de la végétation montre que la déprise ne se cantonne pas à un secteur particulier mais se manifeste dans toutes les parties de l'espace communal. De plus, les parcelles concernées ne se présentent pas isolément les unes des autres, mais forment des ensembles de dimension plus importante situés au contact d'espaces déjà boisés. Cette répartition spatiale non aléatoire de la déprise conforte ainsi l'hypothèse de la présence de déterminants particuliers, liés au milieu naturel et aux modalités de gestion du milieu. D'autre part, l'échelle spatiale du phénomène de déprise s'avère ne pas se limiter à la parcelle mais correspondre à des espaces de plus grandes dimensions, dont la détermination revêt un intérêt particulier en vue de l'élaboration d'actions collectives adaptées. Par ailleurs, les parcelles en déprise se situent pratiquement toujours en bordure d'espaces déjà boisés. En revanche, les lisières forestières ne sont qu'en partie bordées de parcelles en déprise : la maîtrise de la végétation de ces parcelles de lisière est donc en partie assurée avec succès.

B - Les modes de gestion des parcelles agricoles

Le maintien de l'ouverture de l'espace ne pouvant être obtenu sans intervention humaine dans la région étudiée, la caractérisation du mode de gestion des parcelles revêt une grande importance. Le rapprochement entre le mode de gestion et l'état de la végétation de la parcelle permet ensuite de préciser les conditions dans lesquelles se manifeste la déprise.

Les principaux modes de gestion à l'échelle de la parcelle et leur importance relative

Deux principaux modes de gestion ont été rencontrés dans la zone d'étude :
> • la fauche de la première pousse de l'herbe et/ou du regain ;
> • le pâturage seul, effectué par des bovins (vaches laitières, génisses, ou vaches allaitantes), aucun des exploitants rencontrés ne possédant de moutons ou de chevaux.

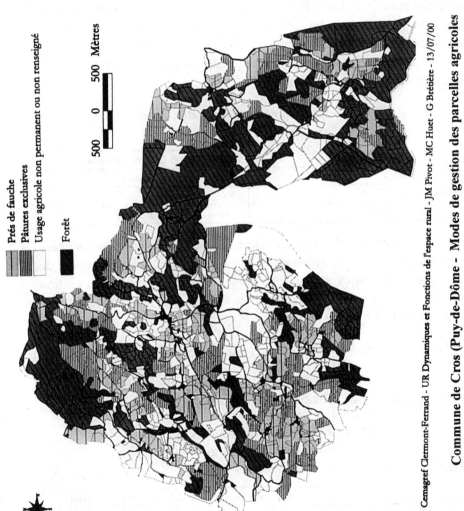

Prés de fauche
Pâtures exclusives
Usage agricole non permanent ou non renseigné

Forêt

500   0   500 Mètres

Cemagref Clermont-Ferrand - UR Dynamiques et Fonctions de l'espace rural - JM Pivot - MC Huet - G Brétière - 13/07/00

Commune de Cros (Puy-de-Dôme - Modes de gestion des parcelles agricoles

Les effets de ces deux modes de gestion sur la végétation présente se distinguent nettement. Dans les parcelles fauchées, le couvert végétal se présente de façon homogène, avec la présence exclusive de l'herbe. Seules les bordures peuvent présenter des différences de végétation et comporter éventuellement des fougères et des genêts de plus d'un an sur une largeur de deux à trois mètres environ. La végétation y est donc toujours maîtrisée. Les pâtures présentent par contre une plus grande diversité de végétation, en fonction du type et du mode de conduite des animaux, ainsi que des techniques d'entretien des refus de pâturage.

La part respective des différents modes de gestion des parcelles est détaillée dans le tableau ci-dessous.

**Tab. 3 - Importance des types de conduite
au sein de la zone d'étude**

	Part de la surface exploitée
Parcelles fauchées	45 %
Pâtures seules	55 %
Ensemble des parcelles	100 %

Les pâtures seules et les surfaces fauchées, qu'elle soient récoltées en ensilage ou en foin, représentent respectivement environ la moitié de la surface agricole exploitée. L'étude de la carte des modes de gestion montre que les prairies de fauche et les pâtures se répartissent sur l'ensemble du territoire communal.

Relations entre modes de gestion et état de la végétation

Le rapprochement entre modes de gestion et état de la végétation permet de préciser les relations existant entre ces deux variables.

**Tab. 4 - Etat de la végétation des parcelles
selon leur mode de gestion**

Unité : part de la surface de la catégorie (en %)

	Végétation maîtrisée	Déprise	Total
Surfaces fauchées	96 %	4 %	100 %
Surfaces en pâtures seules	53 %	47 %	100 %
Ensemble des surfaces	73 %	27 %	100 %

Ce tableau montre que la végétation est bien maîtrisée dans la quasi totalité des parcelles fauchées. Ceci confirme donc bien l'hypothèse que la fauche permet d'assurer le contrôle de la végétation spontanée, sauf en bordure de parcelle, et que la déprise se manifeste essentiellement dans les pâtures seules. Mais le tableau indique aussi que la maîtrise de la végétation est assurée dans la moitié des parcelles exclusivement pâturées : pâture ne doit donc pas être considéré comme un synonyme de déprise.

III - DÉPRISE ET CARACTÉRISTIQUES NATURELLES ET FONCIÈRES DES PARCELLES

A - Caractéristiques naturelles des parcelles

Les différents types de milieux naturels rencontrés

Différentes techniques, manuelles ou mécanisées, évoquées dans les parties précédentes, peuvent être appliquées aux prairies de fauche et aux pâtures, soit sur la totalité de la surface de la parcelle, soit de façon localisée, notamment sur les refus de pâturage et les bordures. Mais, dans certaines conditions naturelles, ces techniques ne peuvent pas matériellement être mises en œuvre. S'agissant ici exclusivement de prairies naturelles, les principales difficultés techniques apparaissent liées, d'après les agriculteurs de la zone d'étude, à trois facteurs principaux :

• la pente, qui rend l'utilisation du tracteur difficile, voire impossible, et affecte d'abord l'utilisation de matériels lourds (ensilage, épandage de fumier), puis celle de matériels de gabarit intermédiaire (récolte du foin), et enfin celle des matériels les plus légers (gyrobroyeur) ;
• la présence de rochers affleurants, cause de détérioration importante du matériel de fauche et de gyrobroyage, voire source de difficulté de circulation à l'intérieur de la parcelle ;
• l'hydromorphie, qui réduit la portance des sols et par conséquent la possibilité d'utilisation de matériel mécanisé.

Commune de Cros (Puy-de-Dôme) - Situation géomorphologique des parcelles agricoles

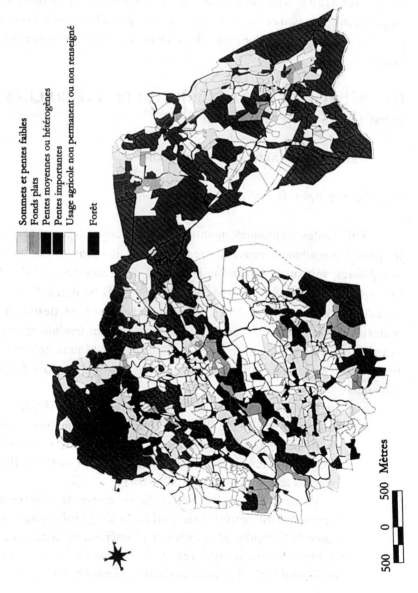

Sommets et pentes faibles
Fonds plats
Pentes moyennes ou hétérogènes
Pentes importantes
Usage agricole non permanent ou non renseigné

Forêt

500   0   500   Mètres

Cemagref Clermont-Ferrand - UR Dynamiques et Fonctions de l'espace rural - JM Pivot - MC Huet - G Brétière - 13/07/00

Ces facteurs ont été caractérisés séparément en termes de techniques et de matériels agricoles utilisables ou non. Une typologie synthétique a ensuite été élaborée, conduisant à la mise en évidence de quatre principales catégories, appelées situations géomorphologiques, et résumées dans le tableau suivant.

Tab. 5 - Principales situations géomorphologiques et possibilités d'utilisation de matériel agricole mécanisé

Situation géomorphologique	Part de la surface totale exploitée	Utilisation de matériel agricole mécanisé
Sommets et pentes faibles	43 %	Restriction voire impossibilité d'utilisation seulement en cas d'affleurements rocheux et/ou de dépressions humides
Pentes moyennes avec présence possible de ruptures de pente	17 %	Circulation difficile en tracteur à 2 roues motrices, possible en tracteur à 4 roues motrices Ruptures de pente non accessibles en tracteur Restriction supplémentaire en cas d'affleurements rocheux
Pentes fortes avec présence possible de ruptures de pente	23 %	Circulation en tracteur à 4 roues motrices pratiquement impossible dans toute la parcelle
Fonds plats	17 %	Selon l'hydromorphie, utilisation de matériel mécanisé restreinte voire impossible

Relations entre milieu naturel et modes de gestion

La mise en évidence des modes de gestion mis en œuvre selon le milieu naturel confirme et précise les difficultés auxquelles sont confrontés les agriculteurs lors de l'utilisation des différentes techniques agricoles rencontrées.

Tab. 6 - Répartition des modes de gestion au sein de chaque situation géomorphologique

Unité : part de la surface de la catégorie (en %)

	Sommets ou pentes faibles	Pentes moyennes	Pentes fortes	Fonds	Ensemble
Fauche	56 %	46 %	24 %	50 %	46 %
Pâturage	44 %	54 %	76 %	50 %	54 %
Ensemble	100 %	100 %	100 %	100 %	100 %

La fauche et le pâturage se rencontrent dans chaque catégorie, dans des proportions assez proches de la moyenne générale, sauf dans le cas des pentes fortes, utilisées aux trois quarts en pâturage. Le tableau confirme ainsi l'existence d'un seuil marqué entre les pentes moyennes et les pentes fortes. En revanche, l'absence de pente ne signifie pas nécessairement l'absence de toute contrainte naturelle, liée notamment à la présence de rochers ou d'hydromorphie.

Relations entre milieu naturel et état de la végétation

Le croisement entre milieu naturel et état de la végétation spontanée, présenté dans le tableau ci-dessous, reprend d'une manière différente les relations établies précédemment entre milieu naturel et mode de gestion d'une part, et entre mode de gestion et maîtrise de la végétation d'autre part.

Tab. 7 - Etat de la végétation selon la situation géomorphologique des parcelles, tous usages confondus

Unité : part de la surface de la catégorie (en %)

	Sommets ou pentes faibles	Pentes moyennes	Pentes fortes	Fonds	Ensemble
Végétation maîtrisée	80 %	62 %	50 %	93 %	72 %
Déprise	20 %	38 %	50 %	7 %	28 %
Ensemble	100 %	100 %	100 %	100 %	100 %

La déprise, pratiquement absente des fonds, est présente dans toutes les autres catégories et atteint 38 % de la surface des pentes moyennes et 50 % des pentes importantes. Comme la déprise se localise exclusivement dans les pâtures, le même croisement effectué pour les seules parcelles pâturées permet de préciser ces résultats.

Tab. 8 - Etat de la végétation des pâtures selon le type géomorphologique

Unité : part de la surface de la catégorie (en %)

	Sommets ou pentes faibles	Pentes moyennes	Pentes fortes	Fonds	Ensemble
Végétation maîtrisée	61 %	34 %	36 %	86 %	52 %
Déprise	39 %	66 %	64 %	14 %	48 %
Ensemble	100 %	100 %	100 %	100 %	100 %

On peut constater que les pâtures en situation de fond sont peu concernées par la déprise, mais que celles situées en sommet ou en pente faible sont touchées en proportion non négligeable, bien que minoritaire. Enfin, les pâtures en pente moyenne ou forte sont très majoritairement en déprise, avec un taux de déprise de plus de 64 %, alors que ce taux est inférieur à 38 % pour les pâtures de toutes les autres catégories.

Ainsi, il semble bien que la pente, au-delà de ce qui peut être considéré comme un seuil (2), constitue une difficulté importante pour l'entretien des parcelles pâturées. Ce résultat converge avec celui présenté plus haut en matière de localisation spatiale des modes de gestion : la fauche, dont la présence est encore significative sur les pentes moyennes, disparaît pratiquement sur les pentes importantes. Sur ces parcelles, la pâture s'avère le plus souvent le seul mode de gestion agricole possible, mais leur entretien mécanisé se montre difficilement réalisable, ce qui conduit à l'apparition de la déprise.

B - Caractéristiques foncières des parcelles

Plusieurs caractéristiques foncières des parcelles peuvent constituer un handicap pour l'utilisation de certains matériels ou de certaines techniques agricoles :
• la surface du bloc de parcelles, constitué par les parcelles gérées ensemble et de la même manière par l'agriculteur ;
• l'accès au bloc de parcelles, la largeur et la qualité du revêtement définissant la dimension maximale du matériel

mécanisé utilisable, le statut foncier des itinéraires empruntés déterminant la sécurité juridique de l'accès ;

• l'éloignement par rapport au siège d'exploitation, mesuré par la durée du trajet jusqu'aux parcelles, qui constitue un handicap notamment pour le pâturage des vaches laitières, compte tenu de la fréquence des trajets jusqu'aux installations de traite ;

• le statut de la propriété, le mode de faire-valoir et la dispersion de la propriété des parcelles exploitées par un même agriculteur, qui déterminent le degré de maîtrise du foncier par l'exploitant et donc de sécurité foncière de l'exploitation.

Avec une surface moyenne de 2,3 ha, les blocs parcellaires exploités sur la commune de Cros se révèlent de petite taille. Comme le montre le tableau suivant, près du quart de la surface agricole exploitée à Cros est composée de blocs parcellaires de moins de 2 ha.

**Tab. 9 - Part de la surface totale exploitée
selon la dimension unitaire des blocs de parcelles**

Classe de dimension unitaire des blocs de parcelles	Moins de 1 ha	1 à 2 ha	2 à 3 ha	3 à 5 ha	5 à 10 ha	Plus de 10 ha	Ensemble
Part de la surface totale exploitée	8 %	13 %	15 %	25 %	27 %	11 %	100 %

L'éloignement des parcelles ne constitue pas une difficulté particulière pour les exploitants ayant leur siège à Cros, les quatre cinquièmes d'entre elles étant situées à moins de dix minutes du siège d'exploitation. Il en va bien entendu différemment pour les agriculteurs venant de l'extérieur, pour qui l'éloignement constitue toujours une contrainte réelle.

Par contre, l'accès aux parcelles pose de nombreuses difficultés. En effet, toutes les parcelles ne sont pas desservies par des routes carrossables, et les anciens chemins d'exploitation, généralement délimités par des murets, sont inaccessibles en tracteur car trop étroits.

La propriété foncière des exploitations apparaît dans l'ensemble très morcelée. Le fermage représente en effet plus des deux tiers de la surface totale exploitée, et, dans plus de la moitié des cas, un même exploitant loue des terres à plus de trois propriétaires différents. Cette structure de propriété présente un handicap certain pour la réalisation de travaux d'investissement sur l'exploitation, en particulier en matière d'amélioration de bâtiments et d'aménagement foncier proprement dit. Les problèmes spécifiques posés par le statut juridique des biens sectionnaux ou par des modes de mise à disposition à titre précaire tels que les ventes d'herbe n'ont pas été examinés, la présence de ces modes de faire-valoir étant marginale dans les exploitations étudiées.

A la différence de ce qui a été observé en matière de milieu naturel, les caractéristiques foncières ne constituent pas, au niveau de la parcelle, un facteur discriminant de l'apparition de la déprise. Ceci signifie que, dans le contexte de la commune étudiée, l'influence de la qualité de la structure foncière est moins forte que celle du milieu naturel. Mais ceci n'exclut pas que la qualité des structures foncières puisse avoir une incidence importante au niveau plus global de l'exploitation agricole et de son fonctionnement d'ensemble.

IV - DÉPRISE ET FONCTIONNEMENT DES SYSTÈMES D'EXPLOITATION

Examinons maintenant le degré de maîtrise de la végétation spontanée non plus seulement au niveau élémentaire de la parcelle, mais à celui de l'exploitation agricole prise dans son ensemble. Le degré de maîtrise de la végétation s'avère différer fortement entre les exploitations : la part de la surface d'exploitation en déprise varie en effet de 4 % à 47 % selon les cas, la moyenne s'élevant à 28 %. La déprise est ainsi pratiquement absente de certaines exploitations alors qu'elle représente dans d'autres cas pratiquement la moitié de la surface exploitée.

On pourrait considérer que cette situation résulte simplement des caractéristiques naturelles et foncières des parcelles exploitées examinées plus haut. Mais d'autres facteurs, relatifs non plus aux parcelles mais au fonctionnement du système d'exploitation, peuvent aussi jouer un rôle sur le choix des modes de gestion de l'espace et, par conséquent, sur le degré de maîtrise de la végétation des parcelles de l'exploitation.

Pour repérer ces facteurs, nous avons conduit une analyse sommaire du fonctionnement du système d'exploitation sur douze exploitations présentes à Cros. Il ne nous a pas été possible de mener cette analyse sur la totalité des exploitations, pour des raisons liées à l'indisponibilité de certains exploitants lors de la période d'enquête, et à la lourdeur des entretiens relatifs à ce volet spécifique. L'échantillon ainsi étudié couvre cependant un large éventail de situations présentes sur la commune.

Les exploitations étudiées ont été ensuite rassemblées en trois groupes homogènes constitués au regard du thème central de l'étude, la maîtrise de la végétation spontanée. Le critère retenu en ce sens est la part de la surface d'exploitation en déprise. Les groupes A, B et C comprennent ainsi des exploitations dont la surface en déprise est respectivement de moins de 15 %, de 25 à 35 %, et de 40 à 50 % de la surface exploitée. L'examen de leurs caractéristiques permet de faire ressortir, au-delà des spécificités individuelles, certains facteurs communs constitutifs de contraintes à l'égard de la gestion de l'espace.

A - Caractéristiques des groupes d'exploitations homogènes au regard de la déprise

Le tableau ci-contre reprend de façon très simplifiée les principaux éléments caractérisant le fonctionnement de l'exploitation : situation familiale et objectifs généraux, stratégie retenue, caractéristiques de l'appareil de production (foncier, main-d'œuvre, équipement et bâtiments, environnement), résultats, perspectives et projets éventuels.

Groupe A – Déprise faible

Ces exploitations, en phase de croissance ou de croisière, sont conduites par des agriculteurs jeunes, dont le conjoint travaille le plus souvent à l'extérieur, et bénéficiant encore de l'appui de parents retraités. La surface exploitée comporte peu de pentes importantes. L'équipement se situe à un niveau élevé : tracteur 4 roues motrices, tractopelle, bâtiments le plus souvent fonctionnels. Les effectifs animaux présents

Tab. 10 - Principales caractéristiques des 3 groupes d'exploitations

Données exprimées en valeurs moyennes par exploitation du groupe

	Groupe	Déprise faible (A)	Déprise moyenne (B)	Déprise élevée (C)
	Nombre d'exploitations (dont siège à Cros)	4 (2)	5 (5)	3 (3)
Maîtrise de la végétation	Part de la surface exploitée en déprise	10 %	30 %	43 %
	Part des pâturages en déprise	17 %	49 %	71 %
Chef d'exploitation et sa famille	Age du chef d'exploitation	35	46	42
	Nombre d'enfants à charge	2,3	1,8	0,3
	Conjoint travaillant à l'extérieur (nombre de cas)	3	1	2
Main-d'œuvre	Unités de main d'œuvre par exploitation	1,5	1,9	1,9
Surface	Surface par exploitation (ha)	60	51	52
	Dont sommets et pentes faibles	40 %	47 %	31 %
	Dont pentes moyennes	13 %	14 %	24 %
	Dont pentes importantes	18 %	21 %	43 %
	Dont fonds plats	28 %	18 %	2 %
Bâtiments et équipement	Bâtiments fonctionnels (nombre de cas)	2	1	1
	Tracteur 4x4 (nombre de cas)	4	3	0
	Tractopelle (nombre de cas)	4	2	0
Animaux	Nombre d'unités gros bétail totales (UGBT) par exploitation	49	36	41
	Référence laitière équivalente par exploitation (kg)	129 300	107 300	104 300
Orientation	Laitier spécialisé (nombre de cas)	1	2	1
	Double troupeau (nombre de cas)	3	2	2
	Allaitant spécialisé (nombre de cas)	-	1	-
Mode d'utilisation de la surface exploitée	Fauche	55 %	46 %	39 %
	Pâturage	45 %	54 %	61 %
Ratios de structure	Surface par unité de main d'œuvre (ha)	42	26	29
	Nombre d'unités de gros bétail par unité de main-d'œuvre	32	19	22
	Droits à produire par unité de main-d'œuvre (équivalent kg de lait)	87 000	56 000	55 000
Phase du cycle de vie	Croissance (nombre de cas)	2	1	1
	Croisière (nombre de cas)	2	2	
	Repli (nombre de cas)	-	-	2
	Cessation (nombre de cas)	-	2	-

sont nettement plus importants que dans les deux autres groupes, ainsi que les droits à produire et à prime correspondants. Avec des conditions naturelles sans difficulté majeure et des structures foncières de bonne qualité, la double orientation, laitière et allaitante, autorise un chargement plus élevé que dans les autres groupes et permet de tirer le meilleur parti de ces conditions relativement favorables. La pérennité de ces exploitations apparaît probable. Par contre, la charge de travail, déjà jugée très lourde actuellement, s'accroîtra encore après le retrait complet des parents et pourrait conduire à une spécialisation des exploitations, au délaissement des parcelles les moins faciles à entretenir et, en définitive, à un moins bon entretien de l'espace qu'actuellement.

Groupe B – Déprise moyenne

Ce groupe rassemble cinq exploitations situées à des stades divers. Deux d'entre elles sont vouées à une disparition à court terme. A une exception près, les agriculteurs de ce groupe sont âgés de 40 à 55 ans. Le conjoint travaille généralement sur l'exploitation, de sorte que la main-d'œuvre par hectare exploité se situe à un niveau élevé. Les caractéristiques naturelles des terrains exploités sont similaires à celles du groupe précédent. En revanche, les structures foncières sont de médiocre qualité, avec un parcellaire dispersé entre plusieurs localisations et plusieurs propriétaires. Des bâtiments vétustes et un équipement d'importance variable attestent d'une modernisation inachevée. Les effectifs animaux demeurent à un niveau modeste, de même que les droits à produire et à prime qui leur sont associés. La part des pâtures atteint 55 % de la surface exploitée, au lieu de 45 % dans le groupe précédent, et l'entretien des pâtures n'est assuré que dans la moitié des cas. Cependant, la diversité de l'orientation de ces exploitations se double, dans le cas des exploitations pérennes, d'efforts d'innovation qui traduisent un effort important d'adaptation : introduction de génotypes animaux originaux, transformation fromagère à la ferme, essais de cultures fourragères par exemple. Pour les exploitations ayant encore de l'avenir, l'enjeu est de franchir le cap de la modernisation et d'accroître la dimension économique de l'unité de production, malgré l'importance des handicaps présents.

Groupe C – Déprise importante

Ces exploitations, pourtant tenues par des agriculteurs relativement jeunes, sont pour l'essentiel en phase de repli. Le conjoint travaille en général à l'extérieur, mais l'exploitation bénéficie du concours des parents, et dispose ainsi d'une main-d'œuvre proportionnellement importante. La pente des terrains constitue un handicap considérable : près de la moitié de la surface est constituée de pentes fortes. Les bâtiments d'exploitation, guère fonctionnels, et l'absence totale de tracteur à 4 roues motrices ou de tractopelle reflètent une modernisation à peine entamée. La dimension des troupeaux dépasse légèrement celle du groupe précédent, mais ne s'accompagne pas de droits à produire et à prime plus élevés. La double orientation, laitière et allaitante, s'avère la plus fréquente. Enfin, la fauche n'est réalisée que sur 39 % de la surface exploitée. La faible dimension économique, la vétusté de l'appareil productif et l'importance du handicap naturel laissent entrevoir un avenir difficile pour ces exploitations et la poursuite de l'abandon des terrains présentant le plus de contraintes.

B - Facteurs clés relatifs au fonctionnement du système d'exploitation

La comparaison des caractéristiques de ces trois groupes permet de préciser le rôle joué par les différents composants du système d'exploitation sur l'entretien de l'espace.

Ainsi, un milieu naturel très défavorable (groupe C) entraîne sans conteste d'importantes difficultés d'entretien de l'espace, se traduisant en particulier par une forte présence de la déprise. Mais l'inverse n'est pas nécessairement vrai : les caractéristiques naturelles des exploitations des groupes A et B ne diffèrent pas significativement, alors que la déprise est faible dans le premier groupe et sensible dans le second. Un ensemble d'autres facteurs, en partie liés entre eux, favorables dans le premier cas et moins dans le second, différencient nettement ces deux groupes : les structures foncières et leur regroupement autour du siège ; la présence de ressources financières, liées notamment à un emploi du conjoint à l'extérieur, et peut-être aux conditions d'installation et de transmission de l'exploitation ; le niveau d'équipement ainsi que le degré de fonctionnalité des bâtiments d'exploitation ; la dimension économique par unité de main-d'œuvre et l'intensité de la conduite.

La surface exploitée par unité de maind'œuvre n'apparaît donc pas comme le facteur prédominant de l'apparition de la déprise : lorsque ce ratio est faible, et que par ailleurs le milieu naturel présente de fortes contraintes, la déprise couvre une part non négligeable de la surface d'exploitation, malgré la présence à première vue d'une main-d'œuvre proportionnellement importante. A contrario, une surface importante par unité de main-d'œuvre ne s'accompagne pas d'une forte présence de la déprise, car le milieu naturel ne présente pas de contraintes très importantes et parce que l'exploitation, correctement structurée au plan foncier et bien équipée, est à même d'en assurer l'entretien.

Enfin, parmi les exploitations étudiées, aucun système d'exploitation n'a été rencontré en situation de milieu naturel peu favorable qui conduise à un fonctionnement satisfaisant et durable et qui assure simultanément un bon niveau d'entretien : à un terme plus ou moins rapproché, ce type de parcelles demeure très exposé à un risque d'abandon, l'activité agricole se repliant sur les parcelles les plus faciles à mettre en valeur.

CONCLUSION

Dans les conditions naturelles de la région étudiée, les milieux ouverts ne se situent en général pas dans une position d'équilibre stable et évoluent spontanément vers des écosystèmes de type forestier. Le maintien de l'ouverture du paysage ne peut donc avoir lieu sans intervention humaine, qu'elle soit spécifique ou motivée par d'autres objectifs.

Concernant les espaces agricoles, les modes de gestion retenus par les exploitants déterminent ainsi largement l'apparition ou non de la déprise. La fauche assurant de facto l'entretien de la parcelle, à l'exception éventuelle des bordures, la déprise se concentre en quasi totalité dans les parcelles exclusivement pâturées, lorsque leur entretien est déficient.

De nombreux facteurs interviennent lors du choix par l'agriculteur du mode de gestion appliqué à chacune de ses parcelles. Certains relèvent de caractéristiques des parcelles elles-mêmes, tandis que d'autres se rattachent à l'exploitation prise dans son ensemble. Dans tous les cas, la possibilité d'utiliser ou non du matériel agricole mécanisé constitue un facteur de différenciation majeur.

Au niveau parcellaire, et dans les conditions de la région étudiée, a été identifié le rôle prépondérant joué par la pente de la parcelle : lorsque celle-ci est importante, les parcelles sont utilisées comme pâtures dans plus des trois quarts des cas, dont près des deux tiers sont en déprise. Cependant, des facteurs autres que la pente interviennent également, bien qu'avec une importance moindre : en effet, l'autre moitié des pentes importantes est constituée de pâtures bien entretenues, voire même fauchées.

Au niveau de l'exploitation agricole prise dans son ensemble, différents facteurs favorables à l'apparition de la déprise ont été identifiés, mais n'ont pas pu être appréciés isolément. Il s'agit de la nature et de la qualité des structures foncières, du niveau d'équipement matériel, de la disponibilité en main-d'œuvre, de la dimension économique, de l'orientation et de l'intensité des productions. Lorsque ces facteurs se présentent simultanément de manière favorable, l'entretien de l'espace résultant de l'activité agricole est assuré, et inversement.

La déprise dépend donc simultanément de facteurs relevant de deux niveaux distincts mais interdépendants, celui de la parcelle et celui de l'exploitation. Une telle décomposition présente un intérêt particulier dans la perspective d'une simulation du devenir du paysage à moyen ou long terme. Les caractéristiques parcellaires permettent d'identifier la présence de handicaps à l'utilisation des matériels d'exploitation agricole. La trajectoire de l'exploitation permet quant à elle d'apprécier l'évolution et la pérennité à terme de l'exploitation et de préciser les perspectives de libération et de reprise éventuelles des parcelles qui la composent.

Par une meilleure compréhension des mécanismes en cause dans l'apparition du phénomène de déprise sur les espaces ouverts par l'agriculture, la présente étude peut ainsi contribuer à une meilleure appréciation du risque d'apparition future de la déprise et à l'identification des déterminants de ces situations, c'est-à-dire des leviers sur lesquels pourraient s'appuyer les actions publiques à mener en vue de réduire la déprise.

Remerciements

La présente étude constitue l'un des volets du projet collectif pluriannuel « Gestion environnementale et paysagère des espaces menacés de déprise » présenté par le pôle de recherche clermontois « Gestion des territoires ruraux sensibles » dont fait partie le Cemagref, et a bénéficié du concours financier du Fonds Européen d'Orientation et de Garantie Agricole (FEOGA) au titre du programme « Objectif 5b » du Massif Central. Par ailleurs, il s'est appuyé sur un partenariat avec des institutions et des collectivités territoriales, en tout premier lieu la Communauté de Communes Sancy – Artense et la commune de Cros, ainsi que le Parc Naturel Régional des Volcans d'Auvergne, l'Association Départementale pour l'Aménagement des Structures d'Exploitations, l'Office National des Forêts et la Direction Départementale de l'Agriculture et de la Forêt du Puy-de-Dôme. Ont également contribué à la réalisation de ce travail Isabelle OTTRIA et Frédéric VIGNOUD, stagiaires de fin de deuxième année de l'Institut National Agronomique Paris-Grignon, Denis CAYLA, Marie-Claire HUET et Geneviève BRETIERE du Cemagref, Barbara CHEVILLOT et Yves MICHELIN de l'Ecole Nationale d'Ingénieurs de Travaux Agricoles de Clermont-Ferrand. Nos remerciements vont à tous ceux, personnes et institutions, qui ont permis la réalisation de ce travail et qu'il n'est pas possible de citer tous ici.

Références bibliographiques

BENOIT M., BROSSIER J., CHIA E., MARSHALL E., ROUX M., MORLON P. et TEILHARD DE CHARDIN B., 1988, « Diagnostic global d'exploitation agricole : une proposition méthodologique, Etudes et Recherches sur les Systèmes Agraires et le Développement,, n°12, Ed. INRA-SAD, 47 p.

BONNEVIALe J.-R., JUSSIAU R. et MARSHALL E., 1989, *Approche globale de l'exploitation agricole,* Ed. INRAP-Foucher, 329 p.

CAPILLON A. et MANICHON H., 1988, *Guide d'étude de l'exploitation agricole à l'usage des agronomes,* Ed. ADEPRINA-APCA, 41 p.

Chambre d'Agriculture d'Auvergne, *Plan de développement durable, zone expérimentale de l'Artense, rapport final,* 1993, 27 p.

Communauté de Communes Sancy-Artense, *Charte paysagère et architecturale, tome 1 : diagnostic,* La Tour d'Auvergne, 1996a, 134 p.

Communauté de Communes Sancy-Artense, *Charte paysagère et architecturale, tome 2 : proposition de charte, fiches techniques, annexes,* La Tour d'Auvergne, 1996b, 92 p.

FRANCART C. et PIVOT J. M., 1998, « Incidences de la structure parcellaire sur le fonctionnement des exploitations agricoles en région de bocage », *Ingénieries Eau - agriculture - territoires,* n°14, pp. 41-54.

LANDAIS E., 1993, « Pratiques d'élevage extensif. Identifier, modéliser, évaluer », *Etudes et recherches sur les systèmes agraires et le développement,* n°27, Ed. INRA-SAD, 389 p.

LANDAIS E. et LASSEUR J., 1993, « Une application du concept de «modèle d'action». Pour une lecture zootechnique des pratiques d'élevage », *Etudes Rurales,* n°131-132, pp. 165-181.

MICHELIN Y., 1997, « Articulation entre différentes échelles d'espaces et de temps dans la gestion patrimoniale d'un paysage : l'exemple de l'Artense », *Ingénieries Eau - Agricultures - Territoires, numéro spécial Prospective et environnement - Maîtrise du long terme,* pp. 83-96.

MORARDET S., 1993, *Pratiques et stratégies foncières des agriculteurs,* Ed. Cemagref, Montpellier, 292 p.

MORLON P. et BENOIT M., 1990, « Etude méthodologique d'un parcellaire d'exploitation en tant que système », *Agronomie,* n°6, pp. 499-508.

PETIT M., 1998, « Elevage, espace et environnement », *Annales de zootechnie,* Ed. Elsevier, INRA, 527 p..

PIVOT J.-M., 1999, *Perception et représentation des espaces en déprise : le cas de 3 communes de l'Artense (Puy-de-Dôme),* Ed. Cemagref, Clermont-Ferrand, 84 p.

RAMEAU J.-C., 1999, « Accrus, successions végétales et modèles de dynamique linéaire forestière », *Ingénieries Eau - Agriculture -Territoires,* n° spécial, pp. 33-48.

Notes

1 - Par fonctionnement, on entend ici « l'enchaînement de prises de décisions de l'agriculteur et de sa famille dans un ensemble de contraintes et d'atouts, en vue

d'atteindre des objectifs qui leur sont propres et qui gouvernent les processus de production présents sur l'exploitation » (Capillon et Sébillotte, 1980), cité par Capillon et Manichon 1988.

2 - Des travaux ultérieurs menés par l'ENITA de Clermont-Ferrand ont permis, grâce à l'utilisation d'un modèle numérique de terrain (MNT) de disposer d'une première approximation de ce seuil critique de pente, évaluée à 25 % environ.

EMBROUSSAILLEMENT ET FRICHES
EN CAUSSES ET CÉVENNES

LES EXEMPLES DE BASSURELS ET DE VEYREAU

J. WIART

J.P. DIRY, CERAMAC, Université Blaise Pascal, Clermon-Ferrand

Deux communes du sud-est du Massif central, saignées par un exode torrentiel depuis des décennies, avec des densités inférieures à 3 hab./km², ont été retenues pour bien cerner la situation de cette frange méridionale : Bassurels dans les Cévennes, Veyreau dans les Causses. Les deux collectivités appartiennent à la moyenne montagne méditerranéenne avec des altitudes dépassant fréquemment les 800 m. Jusqu'en 1850, les Cévennes ont été relativement peuplées par une paysannerie tirant partie des différents terroirs (cultures et prairies des fonds de vallée, terrasses un peu plus haut portant vergers et vignes, châtaigneraie entre 300 et 900 m d'altitude, terrains de parcours au-dessus). Sous prétexte de lutte contre l'érosion, la contraction de l'espace agricole a été accélérée par les reboisements : « *à la charnière du XIXe siècle et du XXe siècle, les Cévenols furent dépossédés par l'administration forestière de leurs territoires de parcours et même partiellement de leurs terres labourables* » (Larrère, 1992). Dans une seconde étape, les Domaines ont acheté à l'amiable de nombreuses parcelles surtout « de 1905 à 1914, puis de 1930 à 1939, et de 1966 à 1973 » (Joutard ; 1979). « *En dépit d'une réduction considérable des surfaces agricoles depuis un siècle, les agriculteurs locaux ne réussissent pas à mettre en valeur les espaces non boisés. Ils accueillent des transhumants. Le problème majeur était et demeure la sous-exploitation des parcours et la diminution du nombre d'exploitants, ce qui entraîne un embroussaillement rapide et une reforestation naturelle et artificielle qui menace les paysages ouverts* » (Granger, 1997).

Les Causses n'ont jamais été aussi peuplés que les Cévennes et, pourtant, en dépit de la faiblesse des densités, ils apparaissent au XIXe siècle quasi surpeuplés en associant cultures de céréales et petit bétail (Fel, 1962). Dès 1880, l'hémorragie démographique rend disponibles de nombreuses terres qui sont soit rachetées par l'Etat (reboisement de l'ouest du Causse Noir entre les deux guerres), soit viennent agrandir les fermes avoisinnantes ou même, cas ultime, sont abandonnées et se boisent spontanément. Les terres agricoles sous exploitées s'embroussaillent. Le système de production fondé sur l'élevage ovin-lait est pourtant fort rentable (Rieutort, 1992). Les éleveurs n'échappent pas à une certaine intensivité et à la course à la productivité avec certaines pratiques proches du « hors-sol » qui ne sont guère favorables à l'entretien des parcours.

I - PRÉSENTATION DES DEUX COMMUNES

A - Bassurels et le massif de l'Aigoual

1 - Terres schisteuses et massif granitique

A l'extrême sud du département de la Lozère, la commune de Bassurels se caractérise par une grande hétérogénéité topographique et géologique :

  • à l'Est, les schistes sont à l'origine d'un relief de serres, aux pentes fortes se recoupant en arrêtes aiguës, avec des dénivelés très marqués entre les talwegs et les crêtes longues et étroites

Fig. 1 - Cévennes schisteuses et Cévennes granitiques

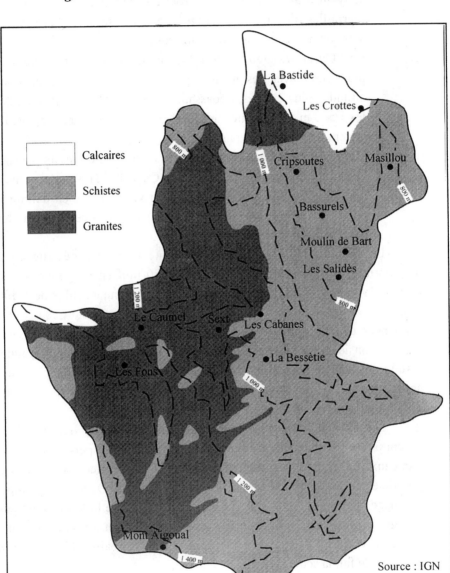

(900-1 200 m d'altitude). Les espaces plats, horizontaux ou peu pentus sont l'exception (Joutard, 1979). Le substrat apparaît souvent à nu sous forme de rochers escarpés ou de tapis de pierrailles donnant au paysage une teinte sombre. Partout, les sols sont minces, voire squelettiques ;

• à l'Ouest, les granites de l'Aigoual donnent une morphologie plus lourde avec des arrondis plus doux, plus amples, mais des altitudes plus élevées, dépassant toujours 800 m pour atteindre les 1 500 m à l'extrême sud-ouest. Si les sols sont plus épais, ils restent chimiquement pauvres ;

• enfin, au nord de la commune, vers 1 000-1 200 m, un placage calcaire explique la présence du « Cam de l'Hospitalet » avec une topographie plane ou doucement vallonnée, bien délimitée par une corniche au contact des schistes et ouverte à tous les assauts de la neige et du vent.

Le climat est celui d'une montagne méditerranéenne avec d'importantes précipitations d'automne (780 mm en moyenne sur la période 1946-1997) qui gonflent nettement le total annuel (plus de 1 500 mm voire plus de 2 mètres sur les sommets), un creux d'été très net, des séquences exceptionnelles d'une violence bien connue, et des écarts annuels considérables. Du maximum de mauvaise saison, et de l'altitude, résulte un couvert neigeux non négligeable qui peut persister plusieurs semaines, avec une saison végétative relativement courte (gelées possibles d'octobre à mai ou juin).

Sur les 4 634 ha de la commune, on ne recense, depuis 1975, qu'entre 60 et 70 habitants (soit moins de 2 hab./km^2) dispersés en mas et hameaux. La plupart des habitations sont des résidences secondaires, propriétés en partie d'habitants du Nord de l'Europe. Depuis longtemps, le village n'a plus ni commerces ni services en dépit de l'éloignement des bourgs ou petites villes. Le collège est à Florac (30 km mais presque une heure en voiture). L'isolement est donc bien une réalité. L'agriculture demeure de fait la seule activité.

2 - *Eleveurs résidents et éleveurs transhumants (planche 9)*

Les enquêtes de terrain effectuées en 1998-1999 montrent l'existence de deux types d'éleveurs :

a - Des « résidents permanents », au nombre de quatre tous installés dans la partie est de la commune, trois sur les schistes (Crispoules, Le Massillou, Le Moulin de Bart) et une sur le Causse calcaire (Les Crottes).

L'élevage ovin-viande est pratiqué par deux d'entre eux. L'exploitant du Massillou, qui travaille seul, possède environ trois cent dix brebis pour deux cent cinquante hectares (dont 70 ha en location). L'agricultrice du Moulin de Bart est aidée par sa mère (85 ans) qui assure la garde de la centaine de brebis et de la quinzaine de chèvres sur les 106 ha du domaine (presque en totale propriété). Un revenu complémentaire est apporté par le mari, maçon de son métier.

Aux Crottes, sur 280 ha (dont 150 ha à Bassurels, le reste sur des communes voisines), l'éleveur détient un troupeau de 310 brebis et 25 vaches allaitantes aubrac. Il est secondé par son épouse.

Enfin, un agriculteur détient environ soixante-dix hectares sur lesquels il a installé une dizaine de moutons et vingt-cinq ponettes. Outre son activité primaire, il écrit des articles pour revues cynégétiques. Sa femme est infirmière.

La dimension de ces exploitations est d'autant plus élevée qu'aux côtés des terres en propriété ou en fermage, il faut ajouter les ventes d'herbe. *« L'exploitation fait deux cent cinquante hectares, mais les bêtes vont bien sur trois cents hectares »* déclare l'un d'eux. Sur ces quatre agriculteurs, un seul a plus de cinquante ans.

b - Des « transhumants », avec des mouvements généralement sur de courtes distances (une quinzaine de kilomètres mais deux effectuent un déplacement d'une centaine de kilomètres), qui associent pâturages de plaine ou de fond de vallées et pacages en montagne :

> • un berger ajoute à ses propres bêtes des troupeaux de diverses origines si bien que six cents à sept cents ovins séjournent au Col de Salidès du 15 juin au 15 septembre. Trois cents hectares lui sont en partie loués ou concédés en échange de la garde des animaux ;

• un éleveur bovin de Saint-Martin-de-Londres loue la totalité du domaine de Fons (850 ha). Aidé par sa femme, il séjourne sur la commune avec ses deux cent cinquante bêtes du 25 juin au 10 novembre ;

• un autre éleveur de bovins, qui réside à une centaine de kilomètres de Bassurels (Les Bondons), installe quatre-vingt-dix vaches allaitantes sur cent soixante hectares du Cam-de-l'Hospitalet ;

• une vingtaine de vaches allaitantes d'un éleveur des Rousses près de Bassurels viennent pâturer une trentaine d'hectares qu'il possède sur la commune auxquels s'ajoutent quelques dizaines d'hectares de ventes d'herbe ;

• enfin, un agriculteur pratique une transhumance mixte ovins-bovins en louant la vallée du Brion via quatre propriétaires, soit quatre cents hectares (40 bovins allaitants, 320 brebis).

Au total, les transhumants occupent 75 % des terres encore utilisées par l'agriculture mais ils sont plus âgés que les résidents.

Le tableau suivant synthétise la situation agricole de la commune.

	Résidents	Transhumants	Total
Nombre d'exploitants	4	5	9
Système ovin-viande	2	1	3
Système bovin-viande	0	3	3
Système mixte	1	1	2
Autres systèmes	1	0	1
Superficie moyenne tenue par chaque exploitant (sur la commune) (ha)	150	350	250
Surface totale tenue (en ha)	575	1 710	2 375
Faire-valoir direct (en %)	100	2	26
Nombre d'ovins	680	950	1 630
Nombre de bovins	25	375	400
Nombre de caprins	15	0	15
Nombre d'équidés	25	0	25
Exploitants avec revenus complémentaires	2	1	3
Exploitants de plus de 50 ans	1	3	4

L'essentiel de la commune est occupé par des parcours non entretenus avec des charges à l'hectare dérisoires.

B - Veyreau et le Causse Noir

1 - Les handicaps agricoles d'un karst (planche 10)

Au sud-est de l'Aveyron, la commune de Veyreau est nettement partagée en deux ensembles : la gorge de la Jonte largement boisée avec une dénivellation considérable (de l'ordre de 300 à 400 m) ; le plateau du Causse Noir, entre 800 et 1 010 m, la partie est étant la plus élevée. L'épaisseur considérable des calcaires et des dolomites explique à la fois la rigidité du relief d'aspect tabulaire et le modelé karstique. Le plateau est loin d'être totalement uniforme : à côté des espaces plats, des croupes (« serres », « puechs »), des dépressions fermées (dolines tapissées de terra rossa), « combes » et « plaines », elles aussi couvertes de sols rougeâtres sont finalement à l'origine d'une grande variété morphologique sans compter l'existence de lapiez ou de reliefs ruiniformes. Exceptées les « terra rossa » qui occupent des surfaces réduites, le potentiel pédologique de la commune est d'autant plus médiocre (sols squelettiques voire roche à nue) que s'ajoute l'absence totale d'écoulement d'eau en surface.

Le climat est de type méditerranéen : sécheresse d'été, maximum d'automne, chutes de neige durant des hivers longs et rudes (au total plus de 1 m de précipitations).

La commune fort vaste (4 109 ha) a perdu 5/6e de ses habitants depuis 1850. On note certes une stabilisation depuis 1975, mais on ne recense guère qu'une centaine d'habitants (moins de 3 hab./km^2) vivant dans une multitude de hameaux. 60 % des logements sont en fait des résidences secondaires. Millau n'est qu'à une quinzaine de kilomètres mais il faut compter une demi-heure de trajet par une route étroite et dangereuse. Des commerces et services d'autrefois il ne reste qu'une école.

2 - L'appartenance au Rayon de Roquefort (planche 11)

Le mouton est le roi des Causses. Si Veyreau n'accueille ni transhumant, ni estivant, une importante proportion des terres est tenue par des « allogènes ». Trois types d'exploitations sont ainsi à distinguer :

• Cinq agriculteurs ont la totalité de leur domaine sur la commune.

Trois exploitants s'inscrivent dans la filière ovin-lait centrée sur Roquefort. L'un, âgé d'une trentaine d'années, loue trois cent cinquante hectares à trois propriétaires ainsi que la bergerie construite par la commune au Pouget. Pour entretenir les trois cents ovins, il est aidé par un salarié. Ses revenus sont complétés par la ferme auberge qu'il tient avec son père. Les deux autres sont installés au Villaret. Un agriculteur de soixante et un ans s'occupe seul de trois cent quatre-vingt brebis (sur 230 hectares). Un GAEC (père-fille) exploite quatre cent cinquante hectares pour un troupeau de trois cents brebis.

Un seul élevage s'est spécialisé dans la filière viande. L'agriculteur, d'une quarantaine d'années, détient trois cent soixante brebis et dix chevaux sur quatre cent cinquante hectares. Il gère également la ferme-auberge de Cadenas louée à la mairie.

Enfin, au Luc, un fermier (location de 330 hectares à un seul propriétaire), issu du Luberon, et installé depuis 1998, associe quatre-vingt-treize brebis laitières et quarante bovins allaitants. Ce jeune agriculteur, d'une trentaine d'années, secondé par son épouse, ne travaille pas en liaison avec le Rayon de Roquefort.

• Deux exploitants, spécialisés dans la brebis laitière (Roquefort), ont une grande partie de leur domaine à Veyreau. Le premier réside aux Mourgues (180 ha dont 30 ha sur la commune). Le second gère six cents hectares (dont 162 ha à Veyreau) et réside à Saint-André-de-Vézines.

• Deux autres exploitants ne contrôlent qu'une petite superficie de la commune (61 et 72 ha). Ils habitent à Lanuéjols.

Enfin, le domaine des Pellalergues est vacant.

Au total, la petite dizaine d'agriculteurs de Veyreau contrôlent 2 295 ha (dont 19 % en faire-valoir direct) avec une préférence massive pour la production de lait de brebis. Un seul a adopté le système ovin-viande. On ne recense qu'une quarantaine de bovins. Deux agriculteurs bénéficient de revenus complémentaires. En dépit de la taille des exploitations, un seul salarié est employé.

II - EMBROUSSAILLEMENT ET FRICHES : L'ÉTAT DES LIEUX

La méthode retenue pour évaluer l'embroussaillement et l'ampleur de la friche est celle qui a été exposée p. 15. Cependant, ici, elle a été particulièrement difficile à mettre en œuvre. D'une part, de grandes parcelles sont loin d'être homogènes, présentant ici des surfaces parfaitement tenues, là une conquête progressive par des hôtes végétaux indésirables. D'autre part, certains bois peuvent être pâturés. Enfin, les châtaigneraies de Bassurels introduisent une catégorie supplémentaire qu'il a été nécessaire de prendre en compte. Le recensement et l'examen des parcelles aboutissent aux valeurs relatives suivantes, établies par rapport à la superficie totale de la commune (1999) :

	Bassurels	Veyreau
1 - Absence totale de broussailles	6,5 %	17,2 %
2 - Embroussaillement partiel	4,1 %	11,6 %
3 - Embroussaillement de 10 à 50 %	17,4 %	18,3 %
4 - Embroussaillement à plus de 50 %	3,8 %	9,2 %
5 - Fourrés	1,4 %	0,6 %
6 - Bois (y compris châtaigneraie)	66,8 %	48,1 %

A - Bassurels (planche 12)

1 – • Absence totale de broussailles.

• Terres labourées (céréales, fourrages) ou prairies naturelles, fauchées et/ou pâturées, souvent clôturées. Bons rendements.

• Pentes faibles.

• Localisation privilégiée sur le Cam-de-l'Hopsitalet et dans les fonds de vallée.

• Parcelles souvent proches de l'exploitation.

2 - • Moins de 10 % de la parcelle sont occupés par genêts, buis, genévriers, ronces.

• Terrains de pâtures.

• Faible pente à toutes altitudes.

• Parcelles souvent proches de l'exploitation.

3 -   • Les broussailles occupent généralement près de la moitié de la parcelle, réparties régulièrement on concentrées en certains lieux. Fougères, buis, genévriers, genêts de tous âges et de toutes tailles.

4 -   • En général, 70 à 90 % de la surface tenue par la broussaille. Toute la parcelle est uniformément occupée. Mêmes espèces qu'en 3, plus plantes aromatiques, petits taillis.

5 -   • Fourrés.
   • Avec aussi arbres. Anciennes terrasses ou parcours non pâturés. En général petites parcelles.

6 -   • 54 % des bois sont détenus par l'ONF. La forêt privée correspond aussi bien à d'anciennes châtaigneraies qu'à des plantations ou à des boisements spontanés, à l'abandon ou pâturés.

La forêt domaniale de l'Aigoual (hêtres, épicéas, sapins, pins) a été plantée à la fin du XIXe siècle en remplacement d'une lande à genêts, callune et graminées accueillant les troupeaux transhumants du Languedoc (au titre des lois de 1860 et 1882 sur la Restauration des Terrains de Montagne pour lutter contre érosion et crues).

Des forêts privées bien entretenues sont détenues par des investisseurs extérieurs (ex. : 93 ha appartiennent à Beghin-Say) et par des groupements forestiers.

Il faut ajouter à ces massifs forestiers, souvent bien gérés et couvrant environ deux mille hectares, des bois spontanés (ou très anciennement plantés) qui sont entretenus par le pâturage et qui font partie intégrante des terrains de parcours. Tous les agriculteurs de Bassurels sont concernés.

Au total, cette forêt « entretenue » s'étend sur 2 575 ha (58 % de la superficie communale).

En revanche, des bois spontanés sont à l'abandon (cf. densité du sous-bois) mais les superficies sont limitées. Ils sont souvent localisés près des parcelles déjà très embroussaillées.

Reste enfin le cas de la châtaigneraie installée uniquement sur la partie schisteuse de la commune. L'arbre nourricier des Cévennes a été victime de l'exode, de la maladie de l'encre, de l'absence de débouchés économiques. Aujourd'hui, plus des quatre cinquièmes de la châtaigneraie de Bassurels ont été complètement abandonnés. Aucun verger n'est exploité pour son bois ou ses fruits. Au mieux les parcelles sont pâturées.

On constate donc que les bois couvrent les deux tiers de la commune, les espaces bien entretenus, environ 10 %, les reste (un gros cinquième) étant fortement embroussaillé.

B - Veyreau (planches 13 et 14)

1 - • Absence totale de broussailles.
   • Parcelles en cultures céréalières ou fourragères ou encore prairies fauchées.
   • Superficie moyenne des parcelles très réduite (moins de 1 ha).
   • Sur terra rossa (dolines, «plaines», vallées sèches) ou sur replats.

2 - • Moins de 10 % de la parcelle sont occupés.
   • Soit broussailles diffuses, soit localisation en un lieu précis (du fait de considération lithologique) ou le long de clôtures ou de murets. Uniquement en pâturage pour la plupart. Pentes faibles. Isolées ou regroupées.

3 - • Parcelles embroussaillées de 10 à 50 %.
   • Surtout pins sylvestre, buis, genévriers plus épineux, en général répartition diffuse.
   • Terrains de parcours.
   • Position variable par rapport au centre de l'exploitation.

4 - • Parcelles embroussaillées de 50 à 90 %.
   • Pins de toutes tailles.
   • Terrains de parcours, chasse.
   • Souvent en contact avec bois.

5 -   • Fourrés.

• Proche du stade forestier. Parfois encore difficilement pâturées.

• Eventuellement arbres absents (ronces, épineux) (par exemple sur anciennes terrasses abandonnées de la vallée de la Jonte)...

6 -   • Le couvert forestier est beaucoup plus important à l'ouest de Veyreau. D'anciens domaines (La Bartasse, Massabiau) ont été reboisés en pins noirs par l'ONF. De même, un boisement spontané couvre toute une partie de la gorge de la Jonte (chênes blancs et résineux).

• Peu à peu, y compris à l'est, l'espace agricole est rongé par l'extension des bois (pins sylvestre).

L'Etat possède trois cent dix hectares à l'ouest. En bordure de cette forêt domaniale, de nombreuses plantations appartiennent à des propriétaires forains (pin noir, pin sylvestre). Il faut ajouter des bois pâturés. Au total, environ cinq cents hectares sont bien entretenus.

Par contre, pour toute une partie des bois, le sous-bois est beaucoup plus dense. L'utilisation n'est que temporaire (sous-pâturage, non exploitation du bois) (185 ha environ).

Enfin, certains bois sont à l'abandon. Il s'agit non seulement de formations spontanées mais aussi, parfois, de plantations non exploitées (chemins trop étroits, pente trop forte). C'est souvent à partir de ces bases que l'on constate l'extension d'accrus. Mille deux cents hectares de la commune sont concernés par ce type de boisement.

Globalement, les terres bien entretenues représentent environ le quart de la commune, les bois de tous types, une petite moitié, le reste étant embroussaillé ou en voie d'embroussaillement. Ce sont des parcours pour un élevage extensif.

III - ESSAI D'INTERPRÉTATION

Les causes d'enfrichement ont été décelées en fonction d'une grille applicable dans l'ensemble des communes étudiées et reposant sur des facteurs naturels, économiques et sociaux (cf. p. 18).

Pour chacun de ces facteurs, une note comprise entre 1 et 3 a été attribuée à chaque parcelle embroussaillée. On peut estimer qu'un critère est véritablement handicapant lorsque la note 3 lui est décernée. On constate qu'un seul critère n'est jamais déterminant. En revanche, les parcelles embroussaillées sont souvent affectées par au moins quatre éléments négatifs et souvent bien davantage.

Nombre de handicaps
(en % du total des parcelles embroussaillées)
(plus de 10 % de la superficie de la parcelle affectée)

	1	2	3	4	5	6	7	8	9	10	11	12
Bassurels	-	0,3	0,5	10,7	20,9	30	14,8	14,8	4,7	3,3	-	-
Veyreau	0,2	0,4	0,6	34,1	22,4	9,5	3,6	0,6	-	-	-	-

Lecture : à Bassurels, 20,9 % des parcelles embroussaillées sont touchées par 5 critères ayant recueilli la note 3 donc très défavorable.

Les handicaps majeurs à Bassurels

Parcelles embroussaillées à moins de 50 %	Parcelles embroussaillées de 50 à 90 %	Fourrés
Qualité agronomique médiocre (83,5 %)	Qualité agronomique médiocre (94,8 %)	Qualité agronomique médiocre (100 %)
Eloignement du siège de l'exploitation ou difficulté d'accès (81,3 %)	Pente (89,7 %)	Pente (100 %)
Faible superficie (75,4 %)	Faible superficie (72,4 %)	Faible bien en surface (97,6 %)
Faible besoin en surfaces de l'exploitation (63 %)	Faible besoin en surface (70,7 %)	Faible superficie (92,7 %)

Lecture : 83,5 % des parcelles embroussaillées à moins de 50 % ont une qualité agronomique médiocre (critère 3).

Les handicaps majeurs à Veyreau

Parcelles embroussaillées à moins de 50 %	Parcelles embroussaillées de 50 à 90 %	Fourrés
Faible pression foncière (100 %)	Faible pression foncière (100 %)	Faible pression foncière (100 %)
Faible superficie (68,8 %)	Qualité agronomique médiocre (77,5 %)	Faible superficie (83,3 %)
Qualité agronomique médiocre (60,5 %)	Faible superficie (59,5 %)	Qualité agronomique médiocre (75 %)

L'embroussaillement des parcelles : les variables essentielles

	Conditions physiques				Conditions foncières				Conditions humaines et économiques			
	Pente forte	Qualité agro. médiocre	Eloignée, difficile d'accès	Entourée de terres boisées en friche	Faible superficie	Propriété collective	Propriétaire forain	Vente d'herbe	Exploitant âgé sans succession	Exploitant avec ressources compl.	Un seul actif sur l'exploitation	Besoin en surface faible
Commune de Bassurels												
En %/ nombre total de parcelles embroussaillées à 10-50 %	57,0	83,5	81,3	20,4	75,4	1,1	41,9	34,5	59,5	17,3	60,6	63,0
En %/nombre total de parcelles embroussaillées à 50-90 %	89,7	94,8	48,3	56,9	72,4	0,0	29,3	10,3	43,1	1,7	56,9	70,7
En %/ nombre total de parcelles embroussaillées à plus de 90 %	100,0	100,0	7,3	95,1	92,7	0,0	30,9	36,6	37,4	37,4	97,6	97,6
En %/ nombre total de parcelles	74,8	90,9	55,3	51,4	73,6	0,5	35,0	29,1	49,5	21,0	71,7	75,2
Commune de Veyreau												
En %/ nombre total de parcelles embroussaillées à 10-50 %	57,0	83,5	81,3	20,4	75,4	1,1	41,9	34,5	59,5	17,3	60,6	63,0
En %/nombre total de parcelles embroussaillées à 50-90 %	89,7	94,8	48,3	56,9	72,4	0,0	29,3	10,3	43,1	1,7	56,9	70,7
En %/ nombre total de parcelles embroussaillées à plus de 90 %	100,0	100,0	7,3	95,1	92,7	0,0	30,9	36,6	37,4	37,4	97,6	97,6
En %/ nombre total de parcelles	74,8	90,9	55,3	51,4	73,6	0,5	35,0	29,1	49,5	21,0	71,7	75,2

Quel que soit le degré d'embroussaillement, il apparaît clairement que plusieurs facteurs sont prépondérants et s'ajoutent dans de nombreux cas :

- qualité agronomique médiocre,
- faible superficie des parcelles,
- pente forte (surtout pour les secteurs les plus embroussaillés),
- éloignement du siège de l'exploitation,
- faible pression foncière : l'agriculture dispose de suffisamment de terre.

A - Le rôle du milieu naturel

1 - Le relief peu marqué de la commune caussenarde laissait prévoir ce résultat : la pente n'est pas un facteur d'abandon des parcelles à Veyreau. En revanche, les forts dénivelés constituent un réel problème en Cévennes : les trois quarts des parcelles de Bassurels sont affectées et les secteurs les plus embroussaillés sont aussi les plus pentus.

2 - La très médiocre qualité agronomique des sols est générale et touche au minimum près de deux parcelles sur trois à Veyreau (embroussaillement à moins de 50 %). La question se pose encore davantage à Bassurels quelle que soit la physionomie végétale de la parcelle.

Le milieu naturel s'oppose donc largement à toute intensification. La mécanisation de la plupart des terrains est difficile voire impossible à Bassurels. Si à Veyreau la pente est rarement un facteur limitant, les sols toujours très pierreux obligent à posséder un matériel spécifique coûteux. Dans les Causses comme dans les Cévennes, les surfaces labourables sont extrêmement réduites et la bonification des parcours par apport d'engrais demanderait des investissements considérables pour des résultats sans doute très décevants. On conçoit donc le choix de systèmes de production extensifs peu gourmands en consommations intermédiaires et fondés sur l'élevage, avec une main-d'œuvre réduite, dans le cadre de grandes exploitations. La charge à l'hectare ne dépasse guère une brebis pour deux hectares. Il convient cependant de souligner l'incontestable avantage de Veyreau par rapport à Bassurels. Sauf exception, la commune caussenarde ne souffre pas de la pente et les surfaces tapissées de terra rossa, même si elles sont morcelées et limitées en superficie offrent un potentiel agronomique non négligeable.

B - Les caractéristiques des parcelles

1 - L'éloignement des parcelles et /ou leur difficulté d'accès jouent davantage à Bassurels (environ la moitié des parcelles sont dans ce cas) qu'à Veyreau (entre le quart et le tiers). C'est cependant une variable à prendre en considération. Le déplacement du troupeau sur plusieurs kilomètres fatigue les bêtes et occasionne une perte de temps pour l'agriculteur. Une telle pratique est quasiment exclue pour la filière ovin-lait. Quelle que soit l'orientation choisie, la proximité de la bergerie est toujours recherchée si bien que les pâturages et les parcours près de la ferme sont davantage utilisés. Leur gestion est plus rationnelle, l'embroussaillement est donc en partie contenu.

2 - La proximité des bois est un autre élément favorable à la déprise. A Veyreau, près de la moitié des parcelles fortement embroussaillées sont proches d'une forêt. La tendance est encore plus marquée à Bassurels.

3 - La faible superficie des parcelles est incontestablement un facteur favorable à leur abandon où à leur sous-utilisation. Près de trois parcelles embroussaillées sur cinq à Veyreau, les trois quarts à Bassurels sont de taille limitée. La remarque est d'autant plus pertinente que les parcelles sont isolées et ne peuvent être intégrées dans des parcs de grande dimension. Or, paradoxalement, alors que les exploitations sont vastes, il n'en est pas nécessairement de même pour les propriétés et encore moins pour la taille des parcelles. A Veyreau, 297 particuliers se partagent 3 573 ha, soit environ douze hectares chacun en moyenne. A Bassurels, hormis le domaine de Fons (852 ha), 189 propriétaires détiennent 2 175 ha soit onze hectares en moyenne. Le morcellement est d'autant plus marqué que chaque propriété est souvent composée de multiples parcelles, la pulvérisation étant maximale dans la Cévenne schisteuse (terrasses et châtaigneraie). Or, les propriétaires n'entendent pas se séparer de leur bien, en dépit de sa faible valeur. Comme souvent en montagne, tout remembrement semble donc exclu.

4 - La faible pression foncière ne pousse pas l'éleveur à entretenir avec soin la totalité de son exploitation. Les prix du foncier restent très bas (12 000 à 15 000 F/ha pour les terres labourables ; 5 000 F/ha pour les bons parcours ; 1 500 à 3 000 F/ha pour les mauvaises pâtures). Certes, à Veyreau, beaucoup d'agriculteurs sont preneurs lorsqu'un fond de doline ou une « plaine » même éloignée du centre de l'exploitation est à vendre. Ils en espèrent un accroissement des quantités de fourrages disponibles et donc une limitation des achats à l'extérieur. En revanche, les parcours ne font pas l'objet d'une grande compétition. La plupart des éleveurs jugent qu'ils sont suffisamment dotés et l'état du nombre de parcelles montre à l'évidence que la question n'est pas celle d'un manque de surfaces. L'abondance de terres compense sans doute la médiocrité du tapis végétal, mais elle ne conduit pas à un entretien poussé des parcours.

Il semble bien que les parcelles louées (en particulier pour les transhumants) bénéficient des soins les plus indigents. Or, la propriété foraine joue un rôle considérable. Plus des quatre cinquièmes de la SAU de Veyreau, près des trois quarts de celle de Bassurels sont en faire-valoir indirect. Les éleveurs font peu d'efforts pour entretenir ces terres. Ils craignent les reprises possibles ou les reboisements et ne se sentent guère concernés par la fermeture du paysage et l'extension des broussailles. En outre, au moins sur le causse, certains éleveurs ne cherchent à s'agrandir que pour accroître leurs surfaces labourables. Mais beaucoup de propriétaires les obligent à prendre en même temps des terrains de parcours qui resteront sous-utilisés et auront tendance à s'enfricher.

Beaucoup de parcelles louées ne font d'ailleurs pas l'objet d'un véritable bail (en particulier pour les petits propriétaires). Dans de telles conditions, l'éleveur en situation précaire n'a guère intérêt à entreprendre des travaux d'amélioration.

C - Le rôle des systèmes de production

1 - La question des clôtures

Le fait marquant sur les deux communes a été la disparition du gardiennage d'où la nécessité de clôturer les parcours. De nombreuses causes sont à l'origine de la fin des bergers : manque de candidats, charges financières excessives pour l'exploitation. La conséquence directe en est une aggravation de la déprise car le berger ne se contentait pas d'accompagner le troupeau. A sa façon, il gérait l'espace et luttait contre l'enfrichement, en nettoyant une partie des parcours au besoin par le feu et en répartissant les temps de pâtures sur l'ensemble des parcelles. Même une charge en bétail plus forte qu'aujourd'hui ne pourrait à elle seule contenir l'envahissement. Les travaux du berger étaient indispensables. Or, aujourd'hui, sur les deux communes, on ne compte guère que deux bergers : une jeune femme du GAEC de Villeret à Veyreau et une grand-mère de 85 ans au Moulin de Bart à Bassurels. En fait, le GAEC a adopté un système ovin-lait et les brebis sortent peu et le Moulin de Bart n'a qu'une centaine de brebis.

Il en résulte que les parcelles non clôturées ne sont pâturées que rarement. Or, elles représentent des surfaces importantes. La pose des clôtures n'est pas toujours aisée (pente, nature du sous-sol, végétation préexistante, ...), sans compter le travail et la charge financière.

La dimension des parcs est variable. Proches de l'exploitation, ils sont faciles à surveiller et fréquemment utilisés (agnelles, jeunes béliers...). Plus éloignés des bâtiments, les grands parcs accueillent les brebis taries en août. D'une façon générale, dans les élevages à viande, les parcs sont de vaste dimension et à eux seuls les troupeaux ne permettent plus l'entretien de la parcelle dans son intégralité. Le mouton sélectionne les espèces et la dynamique de l'embroussaillement est de plus en plus difficile à circonscrire.

2 - Elevages pour la viande et élevage pour le lait

Il convient cependant de distinguer les élevages-viande et les élevages-lait. Le premier système, très extensif, concerne tous les agriculteurs de Bassurels et deux de Veyreau. Le parcours reste le moyen le moins cher pour nourrir le troupeau. C'est ce type de production qui assure au mieux l'entretien de l'espace. Dès que possible les animaux son mis en champ. Le but de l'agriculteur est toujours de réduire au maximum les dépenses et souvent il préfère louer de nouvelles terres plutôt que d'entreprendre de coûteux travaux de défrichement. Outre les résidents, les transhumants jouent un rôle essentiel à Bassurels : à une exception près ils occupent les terres de pente à plus de 900 m d'altitude. Certes, l'utilisation très temporaire des parcours ne permet pas un entretien efficace du milieu. Cependant, la transhumance permet de limiter la progression de l'embroussaillement et de maintenir « ouverte » une partie du finage de la commune. En définitive, les systèmes extensifs fondés sur la viande ont des effets contradictoires. D'une part, la taille des domaines, le refus de tout investissement, la recherche des coûts de production les plus bas, favorisent l'embroussaillement. D'autre part, ils contrecarrent la friche ou du moins freinent sa progression sur des terroirs qui seraient abandonnés depuis longtemps, tout autre système étant non viable.

Il n'en est pas de même pour l'élevage ovin-lait qui s'est considérablement transformé depuis les années 1960. L'alimentation du troupeau caussenard repose désormais davantage sur la distribution de fourrage et l'apport d'aliments composés que sur l'utilisation des parcours.

Les pâtures médiocres accueillent les brebis quelques mois de l'année (second semestre), seulement quelques heures par jour et souvent sur les parcelles les plus proches de l'exploitation. La race de Lacaune supporte mal les intempéries : les animaux doivent être rapidement rentrés en cas d'orage ou de pluie. Au printemps, le rendement laitier dépend largement de la qualité de l'alimentation et de la distance journalière parcourue par les bêtes. En pleine saison de production, les brebis sont conduites sur des parcelles cultivées en herbe ou sur des prairies naturelles proches de la salle de traite. La conséquence de ces nouvelles orientations est un enfrichement des parcelle des parcours. Au total, le système laitier ne les utilise que quelques mois dans l'année (juillet à octobre) lorsque la croissance de la végétation est très faible.

On comprend mieux, dès lors, les progrès de l'embroussaillement. Sur le Causse, les défrichements sont limités aux parcelles labourables. Partout, le nettoyage des parcours par bulldozer est peu pratiqué pour des raisons financières. En revanche, nombre d'éleveurs ont recours au girobroyage (5 à 10 ha en moyenne par exploitation et par an). La technique est cependant impossible si la pente est très forte ou si les rochers affleurent. Reste l'écobuage. Toutefois, la méthode est de plus en plus encadrée (interdiction l'été, déclaration obligatoire...) et mal gérée, elle peut se révéler désastreuse. Dans l'ensemble, ces techniques sont insuffisantes pour lutter efficacement contre l'enfrichement.

Le schéma de la page suivante souligne le rôle des différents facteurs négatifs conduisant à l'embroussaillement des parcelles.

IV – DANS L'AVENIR, UN EMBROUSSAILLMENT TRIOMPHANT ?

A – Le rôle des parcs

La plus grande partie de la commune de Bassurels appartient à la zone centrale du parc national des Cévennes. Selon G. Granger, « *le parc souhaite lutter contre la régression*[des] *des espaces ouverts et* [des] *paysages anthropisés caractéristiques des Cévennes* », en raison de la diversité floristique et faunistique de la montagne et dans le souci de « *sauvegarde du patrimoine identitaire cévenol (terrasses, châtaigneraie...)* ». Les responsables estiment que la fermeture des paysages s'accroît d'environ 1 %/an et que les activités agricoles sont des outils majeurs pour tenter de maîtriser l'évolution végétale. Parmi les actions retenues, tout un volet agricole a été mis en place (subventions pour installation de jeunes, achats de bétail, constructions de bâtiments, clôtures, points d'eau...). Cependant, les conflits ne sont pas exclus. L'un des points de litige entre agriculteurs et parc tient à la prolifération des sangliers (la chasse est totalement interdite dans la forêt de Marquaires au nord-ouest de Bassurels) qui occasionne de nombreux dégâts aux cultures. De même, le parc a droit de regard pour la construction ou la

Friches et milieu naturel et humain - Essai d'interprétation

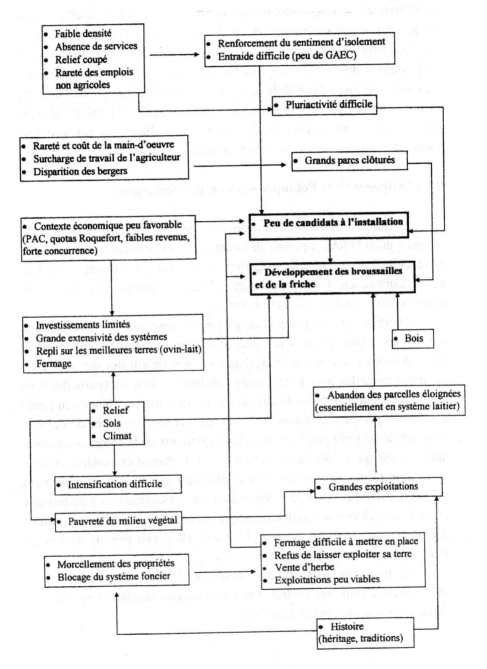

modification de tout bâtiment. Le conseil d'administration souhaiterait manifestement se diriger vers une contractualisation de l'agriculture, alors que les exploitants souhaitent conserver une liberté totale et, en tout cas, une fonction de production. Les ambitions affichées par le parc nécessitent d'importants moyens financiers qui depuis une quinzaine d'années semblent faire défaut. Le parc naturel régional des Grands Causses, créé en mai 1995, inclut Veyreau dans sa totalité. Il peut apporter des compléments financiers aux agriculteurs (clôtures, points d'eau…), mais dispose de moyens très faibles.

B – L'influence de la Politique Agricole des communes

Certains agriculteurs sont devenus de véritables « chasseurs de primes » et, si la PAC a permis de maintenir des exploitations en survie et donc évité l'abandon, elle a également encouragé l'extensivité. Les agriculteurs achètent, louent des terres dont ils n'ont pas nécessairement besoin et qui sont donc peu entretenues.

Outre les primes (en particulier prime compensatrice ovine, prime aux bovins mâles, prime à la vache allaitante, indemnité compensatrice des handicaps naturels…), les agriculteurs bénéficient des mesures agri-environnementales pour lutter contre l'embroussaillement (parcelles sous contrat pendant une durée de cinq ans pour accroître les charges en bétail à certaines périodes de l'année). A Veyreau, la mise en place de l'article 19 a débuté en 1990 ; en 1997, tous les exploitants de la commune avaient adhéré : sur les 1 766 ha de parcours, 1 118 étaient considérés comme « surfaces primables, article 19 » et 580 hectares étaient effectivement primés. L'ADASEA de l'Aveyron estime que cette opération a permis une prise de conscience des agriculteurs qui ont été sensibilisés aux questions d'environnemnet et de déprise. L'article 19 aurait permis de limiter l'embroussaillement de certains parcours.

En revanche, à Bassurels, un seul agriculteur (parmi les quatre sédentaires) a signé un contrat. Les transhumants résidant dans un autre département ne peuvent en bénéficier.

C – L'association foncière pastorale de Veyreau

Les Associations foncières pastorales favorisent le regroupement de propriétaires dans le but de réaliser des aménagements fonciers et d'obtenir des financements. Les terres sont regroupées, entretenues et gérées par un syndicat élu qui choisit les agriculteurs locataires et définit les travaux pastoraux à réaliser (subventions à hauteur de 70 % en Lozère).

A Veyreau, une AFP de dix propriétaires (485 ha) a été constituée. Des aides financières ont permis l'installation de clôtures, de chemins, de points d'eau.

Pour l'avenir, se pose le problème de la reprise des exploitations. La taille des domaines et l'ampleur des capitaux nécessaires, les bâtiments vétustes, les contraintes liées à la traite (système ovin-lait) découragent les jeunes. C'est en partie pour répondre à ces questions que la mairie de Veyreau a construit deux bergeries en 1993. Certains domaines peuvent rester inoccupés des mois voire des années avant qu'une solution ne soit trouvée (reprise ou démembrement au profit d'agriculteurs proches). Durant ce temps, l'embroussaillement gagne du terrain, les parcelles se ferment.

L'opinion de nombreux auteurs sur l'avenir du Massif de l'Aigoual est fort sombre (Godron, 1992 ; Bourbouze, Dedieu, 1992). La moitié des parcelles embroussaillées sont « exploitées » par des éleveurs sans successeur. Une grande partie du finage dépend de transhumants extérieurs à la commune. Quant à la remise en état des terrains et de la châtaigneraie, elle apparaît problablématique (rôle des propriétaires forains, morcellement, délabrement extrême). En dépit des aides proposées, il est peu probable que les éleveurs, qui ne parviennent à gérer des exploitations de plus en plus vastes qu'avec grande difficulté, s'engagent sur une telle voie.

A Veyreau, pour le système ovin-lait, le futur dépend des droits à produite. Certains quotas sont d'ores et déjà insuffisants. Le système laitier dominant ne favorise guère la lutte contre l'embroussaillement. Pour les éleveurs ovins-viande, il faudra des exploitations de plus en plus vastes. On parle de 1 000 hectares... L'immobilisme foncier, lié en partie au poids de la propriété foraine n'incite guère à l'optimisme.

L'exode rural a conduit ces régions à des densités extrêmement faibles. Les boisements couvrent aujourd'hui une bonne partie des finages. L'agriculture se caractérise par une forte extensivité mais elle permet de maintenir une ouverture des paysages. Pour combien de temps ? Les espaces ouverts des deux communes ne cessent de se rétracter. La déprise a frappé plus durement Bassurels que Veyreau et, à terme, une grande partie des terres exploitées dans la commune lozérienne risque d'être abandonnée contrairement à celles de la commune aveyronnaise. A Veyreau, l'embroussaillement touche surtout les parties les plus éloignées des exploitations et les zones « naturellement » les plus pauvres. A Bassurels, l'avenir apparaît incertain, voire très sombre. Seules les exploitations du Cam de l'Hospitalet sont dans une situation plus favorable.

Bibliographie sommaire

BOURBOUZE A., DEDIEU B., « Extensification, reconversion, innovation : les hésitations d'un élevage en quête d'équilibre avec son environnement », *Annales du Parc National des Cévennes*, tome 5, Florac, pp. 57-87.

FEL A., 1962, *Tradition paysanne et économie agricole*, thèse Lettres, Clermont-Ferrand.

GODRON M., POISSONET J., 1992, « Evolution des paysages et potentialités pastorales actuelles dans la commune de Dourbies », *Annales du Parc national des Cévennes*, tomme 5, Florac, pp. 189-223.

GRANGER C., 1997, *Diagnostic des exploitations agricoles du Massif central*, Mémoire ENSAM, Montpellier, 40 p.

JOUTARD Ph., 1979, *Les Cévennes de la montagne à l'homme*, Privat, Toulouse, 508 p.

LARRÈRE G., NOUGAREDE O., POUPARDIN D., 1992, « Deux gestionnaires pour une forêt : de la tactique au débat de fond », *Annales du Parc national des Cévennes*, tome 5, Florac, pp. 161-189.

RIEUTORT L., 1993, *Espaces fragiles et dynamique des systèmes agricoles. L'élevage ovin en France*, thèse de géographie. Université Blaise Pascal, Clermont-Ferrand II. 455 p.

FRICHES ET TERRITOIRES

FRICHES ET ENFRICHEMENT EN AUVERGNE : L'APPORT DES DONNÉES STATISTIQUES À UNE PREMIÈRE APPROCHE DU PROBLÈME

A. GUERINGER

Avec les perspectives de relâchement de la pression agricole sur l'espace, la question de la déprise a largement alimenté, dans le courant des années 1980, les débats des ruralistes, toutes disciplines confondues. Au-delà du problème de la définition même de la déprise qui, entre une approche « par les friches » et une approche « par la démographie agricole », a contribué à fausser en partie les débats, la question de la réalité de l'enfrichement reste posée.

Paradoxalement en effet, alors que de multiples opérations de « gestion de l'espace » sont engagées, la connaissance de la répartition du sol, comme celle des mutations de l'espace reste sommaire. La remarque est particulièrement vraie en ce qui concerne les friches et les processus d'enfrichement. Considérés « sans usage », ces espaces sont « omis » par les statistiques, construites avant tout pour répondre à des préoccupations sectorielles, agricoles ou forestières.

Des données existent cependant, à l'échelle régionale ou départementale avec l'enquête TER-UTI, à une échelle plus grande dans l'inventaire forestier national. Compte tenu de leur nature et du mode de recueil de l'information, celles-ci sont à utiliser avec précaution, et appellent à être précisées par des investigations complémentaires à l'échelle locale. Elles permettent néanmoins une première approche du problème sur l'ensemble de la région.

EN PREMIÈRE IMPRESSION, UNE DYNAMIQUE INVERSE DE LA DÉPRISE

Les landes et / ou friches couvrent en Auvergne un peu moins de cent mille hectares, ce qui représente près de 4 % de l'espace régional. Par rapport aux autres régions, l'Auvergne n'apparaît pas particulièrement « en friches ». La proportion est de 4,3 % pour l'ensemble du pays, et parmi les quatre départements auvergnats, seule la Haute-Loire avec presque 6 % de son territoire, affiche une valeur sensiblement différente du chiffre national. Par ailleurs, ces surfaces sont en régression de près de 30 % depuis le début des années 1980, période durant laquelle les inquiétudes au sujet de la déprise agricole se sont pourtant exprimées avec le plus de vigueur.

Ces données sont issues de l'enquête TER-UTI pour l'année 1997, source relativement fiable à l'échelle régionale. Elles appellent néanmoins plusieurs remarques. Souvent retenu pour évaluer la déprise agricole, ce total des surfaces en landes ou friches recouvre, dans la nomenclature retenue pour l'enquête, des types végétaux, garrigues, landes ou maquis notamment, qui ne s'inscrivent pas nécessairement dans une dynamique de déprise. A l'inverse, certaines formations végétales faisant l'objet d'une autre classification dans les résultats de l'enquête peuvent correspondre à une certaine déprise.

Par ailleurs, alors que la notion de déprise signifie pour beaucoup un abandon de l'usage agricole, elle est évaluée à partir des surfaces en landes et friches, formations végétales qui l'évoquent certes, mais qui ne sont pas toujours exemptes de tout usage agricole. Au plan national, de l'ordre de 10 % de ces superficies restent occasionnellement utilisées par des agriculteurs.

Enfin, l'enfrichement correspond avant tout à un processus, ce qui implique la nécessité d'une approche dynamique intégrant l'évolution des surfaces elles-mêmes, mais également la référence à leur usage antérieur. Compte tenu de ces remarques, le chiffre de 100 000 hectares annoncé plus haut demande à être précisé.

Plus encore que pour les autres modes d'occupation du sol, on se heurte pour ces espaces à un problème d'évaluation. L'enquête TER-UTI constitue aujourd'hui la seule source statistique ayant précisément l'espace pour objet. Si elle permet une évaluation relativement fiable des surfaces à l'échelle régionale, la méthodologie de l'enquête, extrapolation à partir d'un échantillon de points, rend plus difficile son utilisation à l'échelle départementale, ne permet aucune évaluation à un échelle plus grande. Les statistiques agricoles ou les inventaires forestiers permettent alors de préciser les choses, mais elles posent également des problèmes de méthode ou de champ couvert, liés en particulier à leur objet initial, évaluation de la ressource forestière dans un cas, de la situation socio-démographique et du potentiel de production agricole dans l'autre.

Tab. 1 - Surfaces en landes et friches en Auvergne selon les sources de données

	Auvergne	Allier	Cantal	Haute-Loire	Puy-de-Dôme
Landes et friches TER-UTI 89	139 700	37 500	39 900	28 000	65 300
Landes IFN 3e inventaire	101 222	10 849	26 142	26 135	38 096
Landes et Parcours RGA 1988	211 241	17 716	80 645	51 218	61 662
Classe Landes Cadastre 1994	135 987	8 307	37 647	47 579	42 454

Le tableau 1 permet de comparer, pour l'ensemble de la région et pour chacun des quatre départements, les surfaces assimilables aux landes et friches, selon les diverses sources disponibles, pour des dates voisines. On constate des écarts allant du simple au double entre les données, du simple au triple même pour le département du Cantal, qui incitent à reprendre pour chacune, la signification de la donnée elle-même.

Pour l'enquête TER-UTI, les friches sont des « *terres non comprises dans l'assolement, anciennement cultivées mais non utilisées à des fins de production agricole depuis plusieurs campagnes* ». Les parcelles concernées conservent les traces évidentes d'une ancienne exploitation, ou sont complètement entourées de terres labourables. Les landes sont quant à elles définies comme des formations de plus grande étendue, naturellement enherbées ou non, et dont 25 % au moins sont occupés par des plantes ligneuses ou semi-ligneuses, fougères, bruyères, genêts, ajoncs..., et dont le couvert boisé représente moins de 10 % de la superficie totale. La classification est établie par un enquêteur pour un échantillon de points, et les données sont ensuite extrapolées à l'ensemble du territoire.

Pour l'IFN, une seule catégorie regroupe les « *landes, friches et terrains vacants non cultivés et non entretenus régulièrement par le pâturage* ». Ces terrains peuvent contenir des arbres forestiers épars, ou en bouquets, mais le couvert boisé reste inférieur à 10 %. La classification est établie par photo interprétation et validée par un échantillon de points d'observation.

Les landes, parcours et friches au RGA recouvrent deux catégories d'espace : les landes et parcours productifs d'une part, les friches et landes non productives d'autre part. Leur distinction se fait selon l'usage agricole ou non qui en est fait. Il s'agit des surfaces rattachées aux exploitations agricoles et, de ce fait, les surfaces en friches totalement abandonnées ne sont pas comprises. Par ailleurs, les surfaces correspondent à celles déclarées par l'exploitant à l'enquêteur chargé du recensement. La représentation que l'exploitant se fait de ces surfaces, leur intégration ou non dans le fonctionnement de l'exploitation interfèrent donc sur leur classement.

Enfin, en ce qui concerne les landes au cadastre, il s'agit ici de la classification cadastrale des parcelles, donnée peu fiable. La finalité fiscale du cadastre, le fait que la déclaration de changement d'affectation du sol revienne au propriétaire, limitent fortement la validité de cette information. La dernière révision générale du cadastre date du début des années 1960, et la donnée reflète la situation à cette date, plus ou moins actualisée selon les communes ou les secteurs géographiques.

Finalement, les écarts observés dans le tableau résultent de la combinaison de divers facteurs, qui interfèrent tantôt dans un sens, tantôt dans l'autre : différences dans la définition ou le champ couvert par la statistique ; différences dans le mode de recueil de l'information qui introduit une marge d'erreur plus ou moins grande ; maintien ou non d'un usage agricole ; divergences dans les représentations que l'on se fait d'un même espace.

UNE ÉVOLUTION PLUS COMPLEXE QU'IL N'Y PARAIT

Entre l'importance modérée des surfaces actuelles en landes et friches, et une évolution d'ensemble qui conduit à leur contraction, les données évoquées ci-dessus n'apparaissent pas révélatrices d'une dynamique de déprise. C'est d'ailleurs cette observation qui avait conduit, dans le courant des années 1980, un certain nombre d'auteurs à relativiser un discours qu'ils jugeaient alarmiste sur la question. Il apparaît cependant nécessaire d'affiner l'observation.

On l'a souligné plus haut, certaines des surfaces classées en landes ne s'inscrivent pas dans une dynamique de déprise agricole. En particulier dans le Massif central, plusieurs régions se caractérisent par le maintien jusqu'à une date tardive d'un système agro-pastoral traditionnel s'appuyant pour partie sur le pâturage collectif de landes sectionales. Une bonne part de ces landes sont aujourd'hui boisées, mais elles couvrent encore des surfaces importantes dans certaines régions (Monts Dômes, Margeride) et, si elles font effectivement aujourd'hui l'objet d'une certaine désaffection compte tenu des systèmes agricoles actuels, leur état ne correspond pas à un stade intermédiaire d'évolution, dans une dynamique végétale entre le champ cultivé ou la prairie et un peuplement pré-forestier.

En fait dans la nomenclature TER-UTI, seule la classe « friches », dans sa définition, fait explicitement référence à un usage agricole passé encore visible sur la parcelle. On soulignera alors que, pour l'Auvergne, en dépit de la remarque qui précède sur l'existence de landes anciennes, les friches entendues dans un sens plus restrictif comptent pour un tiers du total « landes et friches », contre un peu moins du quart en France. Cette proportion varie considérablement d'un département à l'autre, Quasi inexistantes dans le Cantal et en Haute-Loire, ces friches couvrent plus de vingt-cinq mille hectares dans le Puy-de-Dôme.

En outre, si le total « landes et friches » est effectivement en diminution presque constante depuis plusieurs décennies, cette régression globale masque une progression quasi constante des surfaces plus spécifiquement en « friches ». En particulier depuis le début des années 1990, les données TER-UTI indiquent pour l'Auvergne une diminution des surfaces de « landes » de dix-huit mille hectares, contre une augmentation de plus de douze mille hectares des surfaces en « friches ».

A cela, il faut ajouter que certaines catégories d'usage du sol, classées dans l'espace agricole pour les unes, dans l'espace forestier pour les autres, sont révélatrices d'une dynamique de déprise. Les « surfaces en herbe à faible productivité potentielle » sont définies dans l'enquête comme des *« surfaces de friches, landes, maquis ou garrigues utilisées pour le pacage de manière régulière. Il s'agit de surfaces en herbe donnant une production annuelle très faible (moins de 1 500 UF/ha), essentiellement pacagées et dont une partie est occupée par une végétation ligneuse, semi-ligneuse ou des roches »*. Dans leur définition, ces surfaces sont donc assimilables aux parcours et landes productives du recensement agricole. Elles ont un faible niveau de production fourragère soit du fait de potentialités du milieu réduites, soit du fait de la faible pression de pâturage exercée. Dans ce dernier cas, en dépit du maintien de pratiques agricoles, la faible pression exercée sur l'espace peut révéler une situation de déprise.

Dans un même ordre d'idée, les « boisements à faible densité », rattachés à l'espace forestier dans les résultats de l'enquête, peuvent être vus comme un stade plus avancé de la dynamique de déprise. Ils couvrent, en France comme en Auvergne, un peu moins de 1 % de l'espace total. Pour la région, cela équivaut néanmoins à près de vingt mille hectares, dont près de la moitié se situent dans le seul département de la Haute-Loire. La distinction de ce type de peuplement n'est retenue dans l'enquête que depuis 1993, et il n'est donc pas possible de préciser la part réelle d'accrus pré-forestiers consécutifs à l'enfrichement des parcelles. Certaines de ces surfaces peuvent en effet résulter de coupes sévères dans des peuplement forestiers initialement plus denses.

On notera cependant que, au plan national, la classe nouvellement créée a été constituée pour plus d'un tiers à partir de surfaces antérieurement classées en landes ou friches, et pour 10 % par des surfaces, antérieurement en usage agricole. On soulignera également que leur emprise a doublé en quatre ans (de 1993 à 1997), augmentation qui annule la diminution des landes et friches totales constatée sur la même période, de telle sorte que, en fin de compte, les surfaces dont le couvert végétal évoque la déprise sont en légère progression en Auvergne.

Le suivi diachronique des points TER-UTI d'une part, l'évaluation des surfaces par photo interprétation pour établir l'inventaire forestier d'autre part, permettent pour ces deux sources d'information, de comparer l'utilisation actuelle du sol, avec son utilisation antérieure, et d'évaluer les transferts entre les différents types de couvert. Au-delà de la simple évolution des surfaces totales, il est alors permis de préciser la place des friches et landes dans un processus plus général de redistribution entre les divers modes d'occupation du sol.

Pour la période 1982-1989, les données de l'enquête font état d'une légère régression (de l'ordre de 1 000 ha) des surfaces en friches et landes en Auvergne. Il s'agit en fait là du solde de mouvements bien plus importants puisque les échanges entre les classes friches et landes, et les autres classes TER-UTI, avoisinent les cinquante mille hectares durant cette période, transferts qui s'opèrent dans les deux sens, et qui globalement s'annulent presque.

Dans ces mouvements on peut noter que l'enfrichement de surfaces agricoles compte pour près des trois quarts des surfaces de landes nouvelles, tandis que les landes ayant dans le même temps évolué vers un autre usage connaissent une destination plus variée : près de la moitié correspondent à des défrichements agricoles, 30 % évoluent vers le boisement, sans qu'il soit possible d'en préciser la forme (accrus ou plantation), et 20 % sont « artificialisés » (urbanisation et voies de communication).

**Evolution des surfaces en landes et friches en Auvergne
par redistribution avec les autres utilisations du sol**

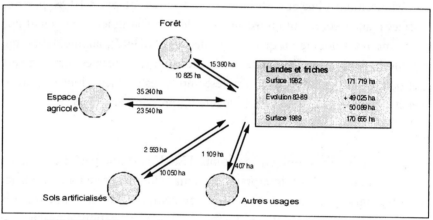

Source : TER-UTI 82-89

La contraction des landes sur l'espace apparaît nettement plus sensible dans les données de l'inventaire forestier national. Leur régression est évaluée à près de vingt-sept mille hectares pour l'ensemble de l'Auvergne, et pour la décennie séparant les deux derniers inventaires, approximativement les années 1980. L'évolution s'inscrit cependant dans la même logique d'ensemble, faite d'échanges multiples. Alors que près de trente mille hectares de landes sont boisés au cours de cette période, l'enfrichement et les défrichements agricoles concernent près de douze mille hectares chacun et se compensent presque totalement. Comme pour l'enquête TER-UTI, on peut souligner le caractère transitoire de ce type de végétation. Le tiers des surfaces de landes recensées à la fin des années 1970 ont disparu dans le courant de la décennie pour évoluer vers un autre type de couvert, et ont été compensées pour moitié par de nouvelles landes, principalement issues de la déprise agricole.

DIVERSITÉ DES DYNAMIQUES SPATIALES ET DES ENJEUX DE DÉPRISE EN AUVERGNE

Derrière les données globales à l'échelle de l'Auvergne, des différences notables existent d'une région à l'autre, d'un massif montagneux à l'autre, tant en ce qui concerne l'importance relative des landes et friches sur l'espace, que la dynamique d'évolution dans laquelle elles s'inscrivent. Les données de l'IFN, établies à l'échelle des « petites régions forestières », permettent de préciser les choses sur le plan spatial.

Les surfaces en landes sont connues à cette échelle pour les deuxième et troisième inventaires pour le département du Cantal, pour les trois inventaires dans les autres départements. Certes, le découpage en petites régions forestières n'est pas totalement satisfaisant au regard de la question qui nous préoccupe. La différenciation des régions repose sur les caractéristiques du milieu et les potentialités forestières qui en découlent, aussi elle aboutit à un découpage dans lequel on trouve des régions de taille très variable, selon l'homogénéité du milieu naturel. Les extrêmes sont constitués par des ensembles de l'ordre de deux cents mille hectares d'une part (Limagne, monts du Cantal ou Combraille bourbonnaise), et le bassin de Massiac d'autre part, identifié comme un milieu particulier par rapport aux régions qui l'entourent, et qui ne compte qu'un peu plus de mille cinq cents hectares.

A l'intérieur des ensembles de grande dimension, une certaine imprécision demeure donc. Pour la « région IFN Limagne » par exemple, la différenciation n'est pas possible entre la Limagne des terres noires au Nord, la Limagne des buttes, celle du Lembron ou le fossé d'Ambert qui lui a été rattaché. Pour chacun de ces sous-ensembles, la proportion de landes sur l'espace, comme leur dynamique d'évolution est différente. Une région homogène du point de vue du forestier ne correspond en outre pas toujours à un ensemble cohérent au plan géographique ou du point de vue des systèmes de production agricole.

Enfin, ce découpage IFN a fait l'objet de quelques recompositions entre les différents passages de l'inventaire, ce qui perturbe l'analyse de l'évolution des surfaces sur certains secteurs. Malgré ces remarques, l'IFN présente un assez bon compromis entre la qualité de l'information et l'échelle à laquelle celle-ci est disponible.

Si les landes et friches couvrent de l'ordre de 4 % de l'espace auvergnat, cette proportion varie dans un rapport de 1 à 25 selon les régions IFN. En fait, cinq régions ont leur territoire occupé à plus de 8 % par ce type de végétation, soit plus du double de la valeur régionale, et alors qu'elles ne représentent que le dixième de l'espace total de l'Auvergne, ces cinq régions concentrent plus du quart des surfaces de landes.

Avec un peu plus de 12 %, le maximum est atteint sur la région du « Brivadois », dans sa partie comprise dans le département du Puy-de-Dôme, et qui correspond en fait au Pays coupé des Couzes et à la bordure ouest du Livradois. Dans cette région assez fortement entaillée par les cours d'eau, les pentes accusées, des sols maigres et le parcellaire hérité de l'ancienne activité viticole ont certainement constitué des facteurs favorables à la progression des friches.

Les landes couvrent également une part relativement importante de l'espace, autour de 10 % du foncier total, dans les régions agro-pastorales traditionnelles, monts Dômes et Margeride. Dans ce cas, il s'agit pour l'essentiel de véritables landes plutôt que de friches. En effet, le système agraire de ces régions reposait en particulier sur le pâturage d'un troupeau ovin collectif dans des landes, en propriété sectionale dans la majorité des cas. Celles-ci ont alors toujours occupé des surfaces importantes dans ces régions. En Margeride cantalienne par exemple, elles couvraient plus de 20 % des surfaces au début du siècle, plus de 50 % sur certaines communes. Si elles ont fortement régressé depuis, avec l'évolution des systèmes agricoles et le boisement d'une grande partie des biens sectionaux, elles marquent encore les paysages de ces régions.

A l'opposé, dans certaines régions, les landes et friches n'occupent qu'une faible voire insignifiante partie de l'espace. D'une manière générale, on peut noter que leur emprise est plus forte dans les régions de montagne, mais cela ne constitue pas une règle En fait la proportion des landes apparaît la plus faible soit dans les pays très agricoles et on

Carte 2 - Evolution des surfaces en landes au cours des années 1980

Evolution positive

Evolution négative

3700 ha

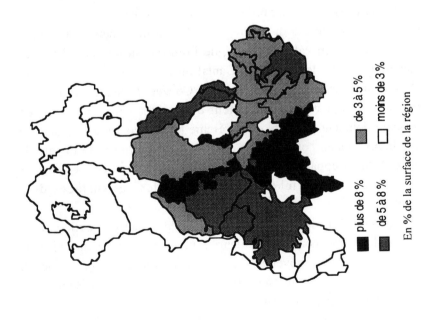

plus de 8 %

de 5 à 8 %

de 3 à 5 %

moins de 3 %

En % de la surface de la région

Carte 1 - Importance des landes selon les régions IFN au début des années 1980

retrouve ici les Limagnes et l'ensemble du Bourbonnais, mais aussi des régions de montagne comme la Châtaigneraie ou la planèze de Saint-Flour, soit dans les régions très boisées comme le Livradois.

Entre ces extrêmes, les situations intermédiaires varient, entre d'une part les plateaux vellaves, de La Chaise-Dieu, du Devès ou de l'Yssingelais, assez fortement boisés et où les landes occupent une portion de l'espace inférieure à la moyenne régionale, et les montagnes à vocation pastorale ancienne d'autre part, Cézallier, monts Dore, monts du Cantal et crêtes du Forez, plus hauts en altitude et où les landes ont également toujours occupé un certaine portion de l'espace.

Entre les second et troisième passages de l'inventaire forestier, les surfaces de landes ont globalement reculé de l'ordre de vingt-sept mille hectares. Outre que cette évolution constitue, on l'a vu, le solde de mouvements d'échanges plus importants, elle correspond également à une diminution de plus de trente et un mille hectares sur la majorité des régions forestières, tandis que sur quatre autres, les landes progressaient pour un total avoisinant quatre mille cinq cents hectares.

Sur chacune de ces quatre régions, les surfaces supplémentaires sont assez proches en valeur absolue, de l'ordre d'un millier d'hectares dans les monts Dore, les monts du Cantal ou le Bocage bourbonnais, et mille six cents hectares dans le Pays des Couzes. L'incidence de cette progression est par contre totalement différente. Ainsi, en dépit de surfaces qui doublent presque, elle présente peu de conséquence dans le Bocage bourbonnais, compte tenu des faibles superficies de départ. A l'inverse, l'enjeu apparaît bien plus fort dans les Pays coupés, moins étendus, et où cet enfrichement vient abonder des surfaces déjà importantes.

En contrepoint, les surfaces de landes régressent particulièrement, en nombre d'hectares comme en valeur relative dans d'anciennes régions agro-pastorales, Devès, moyenne Combraille, ou Margeride (cf. carte 2). Dans ce dernier cas, l'évolution reste malgré tout encore insuffisante pour ramener le taux d'occupation en-deçà de 8 %.

UNE TYPOLOGIE DES DYNAMIQUES D'ÉVOLUTION

Globalement, sur l'ensemble de l'Auvergne, la diminution de l'ordre de 20 % des surfaces en landes enregistrée entre les deux derniers passages de l'IFN constitue le solde d'une dynamique dans laquelle on enregistre seize mille hectares de landes nouvelles tandis que le tiers des landes présentes lors du deuxième passage, plus de quarante mille hectares, ont glissé vers une autre utilisation.

Les matrices de transfert entre les quatre grandes catégories retenues par l'IFN, sols boisés, sols agricoles, landes, et sols « improductifs » (correspondant en fait aux surfaces en eau et aux sols artificialisés), permettent de préciser ces données à l'échelle des régions forestières. L'exercice est à considérer avec précaution. En effet, cette estimation des transferts d'usage est établie à partir d'un échantillon de points, et on retrouve, lors du passage de l'échelle départementale à l'échelle de la région forestière, les mêmes problèmes de fiabilité qu'avec l'enquête TER-UTI.

Quoi qu'il en soit, il apparaît que, derrière des évolutions semblables en première approche, on trouve des dynamiques très différentes. Ainsi, alors que dans certaines régions, les landes apparues dans l'intervalle comptent peu, elles peuvent représenter de 30 à 40 % des surfaces pour d'autres. De même les landes plus anciennes, celles présentes au deuxième inventaire, ont plus ou moins, selon les cas, évolué vers un autre usage. La faible diminution des surfaces en friches peut alors résulter d'une faible participation de leur part à la dynamique foncière d'ensemble, c'est le cas pour des raisons différentes tant sur plateau de La Chaise-Dieu que sur la planèze de Saint-Flour, mais elle peut également masquer une dynamique de redistribution bien plus forte entre les landes et les autres usages du sol, en Artense par exemple.

L'origine des landes nouvelles, comme la destination des landes réutilisées, permet de préciser également la dynamique d'évolution par rapport à la question de la déprise. Dans certains secteurs, les landes nouvelles résultent essentiellement du déboisement ou de coupes forestières importantes. Dans beaucoup d'autres, elles sont principalement alimentées par d'anciennes surfaces agricoles et apparaissent effectivement comme une conséquence de la déprise.

En ce qui concerne l'utilisation nouvelle des landes anciennes, si leur boisement domine assez largement, que celui-ci s'opère par plantation ou par une progression des accrus, le défrichement pour une réutilisation agricole existe aussi parfois mais dans des proportions bien inférieures. Enfin, à proximité des agglomérations, elles sont, pour une part non négligeable (de l'ordre du tiers), absorbées par l'urbanisation.

La combinaison de ces divers éléments permet de dresser une typologie des dynamiques d'évolution. Compte tenu des précautions à prendre dans l'utilisation des matrices de transfert de l'IFN, on retiendra, sans trop s'attacher aux valeurs, l'idée générale qui sous-tend la dynamique caractéristique de chacun des types : l'ampleur des mouvements, le sens des évolutions, leur incidence sur l'espace, etc.

Les landes et friches sont en progression sur l'espace

Dans le massif du Sancy, les monts du Cantal, en Aubrac, les surfaces augmentent de l'ordre de 10 %. Dans l'ensemble, l'enrichement sur la décennie n'est pas plus fort qu'ailleurs en Auvergne, mais il vient abonder des landes et friches plus anciennes, peu réaffectées à un autre usage. On peut noter que lorsqu'elles le sont, leur réutilisation agricole est assez fréquente. L'apparition de landes nouvelles correspond quant à elle à de la déprise. Celles-ci proviennent en effet de surfaces encore agricoles lors du deuxième passage de l'inventaire.

L'évolution traduit finalement une dynamique de déprise inscrite dans la durée. Elle semble caractéristique des régions de la montagne volcanique à tradition pastorale, et peut traduire une dynamique plus lente, du fait de conditions agro-climatiques qui ralentissent ou limitent l'enforestation naturelle, mais révèle également les vicissitudes de l'activité pastorale. Sur ce point, les années 1980 sont marquées par une désaffection passagère dans l'utilisation des domaines d'estive. Il conviendrait alors de préciser si l'enrichement traduit l'abandon réel d'une partie du domaine pastoral ou une extensification de son utilisation.

Par ailleurs, la dynamique caractérisée peut avoir été modifiée sur la période plus récente (depuis 1990), non couverte par les statistiques et au cours de laquelle on a pu constater un regain de la demande en estives.

Dans le Bocage bourbonnais, la progression des landes sur l'espace est plus forte, de l'ordre de 70 %. En valeur absolue, cela ne représente qu'une surface modérée cependant, et la proportion des landes dans la région reste inférieure à 3 %. L'enjeu apparaît donc relativement faible, d'autant que cette évolution s'inscrit principalement dans une dynamique forestière : les landes nouvelles correspondent avant tout à des déboisements (coupes forestières ?), tandis que le tiers des surfaces en landes lors du deuxième passage de l'IFN ont à l'inverse été boisées.

L'enjeu apparaît bien plus important dans le Pays coupé des Couzes et sur la bordure du Livradois où les landes couvraient déjà des surfaces relativement importantes et progressent encore de 50 %. Elles passent ainsi de 8 à 12 % de la surface totale de la région, la plus enfrichée d'Auvergne aujourd'hui. La logique d'évolution s'apparente à celle évoquée plus haut pour les massifs volcaniques : des landes nouvelles, issues de la déprise, viennent s'ajouter aux surfaces plus anciennes, elles-mêmes peu réaffectées. A l'inverse du cas des montagnes volcaniques, par contre, elles évoluent plus souvent vers le boisement.

Les surfaces en landes diminuent peu

Cette faible diminution peut résulter de deux dynamiques différentes. Dans un premier cas, les landes participent peu à la dynamique spatiale. Dans les régions concernées, il y a peu de friches, peu d'enfrichement et si les surfaces régressent de 15 à 20 %, cela représente peu en valeur absolue. La situation recouvre en fait deux cas opposés. Celui de pays agricoles tenus, Sologne bourbonnaise, planèze de Saint-Flour et basse Châtaigneraie. La pression agricole est relativement forte, et la régression des landes résulte principalement de leur remise en culture. Mais cette faible dynamique s'observe également dans une région de forte déprise agricole, le plateau de La Chaise-Dieu, où l'évolution de l'espace se traduit par le boisement direct des surfaces délaissées, l'enfrichement intervenant peu dans la dynamique foncière d'ensemble.

Dans d'autres cas, les surfaces de landes diminuent peu car elles sont « ré-alimentées ». De nouvelles surfaces de landes apparaissent, principalement issues de la déprise agricole. Les surfaces totales varient peu cependant car les landes plus anciennes sont, dans des proportions légèrement supérieures, réaffectées à un autre usage. On peut alors souligner des nuances importantes dans la destination de ces dernières. Dans le Haut-Forez, elles sont principalement reprises pour une utilisation agricole. En Artense à l'inverse, elles sont boisées dans la plupart des cas. En Limagne et Val Allier enfin, le tiers des surfaces en landes disparues dans la décennie ont été absorbées par l'urbanisation. La dynamique de « déprise » masque certainement dans ce dernier cas une part de spéculation foncière.

Les surfaces en landes diminuent de 20 à 35 %

On évoquera tout d'abord ici la dynamique propre aux pays agro-pastoraux traditionnels, chaîne des Puys et Margeride. Les landes régressent de 20 à 30 % mais leur emprise sur l'espace reste importante, de l'ordre de 10 % de la superficie totale, compte tenu des surfaces initiales et de leur place dans le système traditionnel de ces régions. Cette diminution n'empêche pas l'apparition de landes nouvelles. Alors que dans la chaîne des Puys, elles sont presque exclusivement issues de la déprise, on trouve, dans le cas de la Margeride, encore la marque du système traditionnel dans lequel le pin sylvestre rentrait dans un système de rotation longue. Ici, les landes nouvelles sont autant alimentées par d'anciennes surfaces agricoles que par des déboisements. Dans ces régions, des nuances sont également à relever en ce qui concerne le devenir des landes plus anciennes : alors que, en Margeride de Haute-Loire et dans la chaîne des Puys, elles sont majoritairement boisées, en Margeride cantalienne elles sont, compte tenu d'une pression agricole relativement forte, plus souvent remises en exploitation.

Dans d'autres régions, la régression des landes résulte d'une déprise qui reste modérée, tandis qu'une part des landes plus anciennes disparaît. Celles-ci sont principalement boisées dans les Combrailles, plutôt reprises pour un usage agricole en Mézenc Meygal, tandis qu'une partie est urbanisée dans le bassin du Puy.

Parfois, sans être au bout du compte plus importante en valeur relative, la régression des surfaces de landes s'inscrit dans une dynamique d'ensemble bien plus forte. C'est le cas en Livradois, dans les monts du Forez, en Bordure limousine ou sur le plateau du Velay granitique. Sur ces massifs, un tiers des surfaces sont de nouvelles landes, tandis que les anciennes landes ont été boisées en majorité. La dynamique traduit finalement une certaine déprise de la décennie précédente, déprise qui se ralentit probablement en partie faute de terres agricoles pour l'alimenter.

Les surfaces en landes diminuent fortement

Dans la région du Brivadois, les surfaces régressent de 40 % au cours de la décennie. Les anciennes landes sont boisées, tandis que l'on compte peu de landes nouvelles, ces dernières résultant d'ailleurs avant tout de coupes forestières. En haute Châtaigneraie, les landes anciennes sont également réaffectées à un autre usage, mais leur destination est plus variée que dans le cas précédent : un tiers sont reprises pour un usage agricole, un tiers sont boisées, un tiers sont bâties, effet de la relative proximité d'Aurillac. Là encore, on compte peu de landes nouvelles et elles résultent avant tout de coupes forestières.

Sur le plateau du Devès, en haute Combraille, dans la Montagne bourbonnaise, dans la chaîne des Bouttières, leur rétractation est bien plus forte encore, malgré l'apparition de nouvelles surfaces. La réutilisation des anciennes landes est en effet plus importante encore. Les landes nouvelles sont issues pour moitié de la déprise agricole, pour l'autre moitié du déboisement. La dynamique de déprise est assez forte, mais le stade « lande » semble assez bref. Ces pays sont déjà fortement boisés et la dynamique végétale y est plus rapide.

Enfin, dans le bassin d'Aurillac, les landes disparaissent presque totalement. Il est vrai qu'elles couvraient des surfaces déjà faibles, et que, en valeur absolue, cette évolution pèse peu dans la dynamique foncière générale. La dynamique dans laquelle s'inscrit cette évolution est en outre exclusivement forestière : les quelques surfaces nouvelles résultent d'un déboisement tandis que les landes anciennes ont été boisées.

On le voit, les évolutions varient considérablement d'une région à l'autre. La typologie réalisée et les commentaires qui l'accompagnent, reposent sur des données couvrant approximativement les années 1980. Les réorientations de la politique agricole au début des années 1990 ont cependant modifié le contexte de redistribution du foncier agricole, et en conséquence les modalités de la dynamique d'ensemble. Alors que la mesure de préretraite tendait à accroître les libérations de foncier, le rythme des agrandissements s'accélérait également, dans la perspective de l'obtention de droits à produire.

Le prolongement de la réflexion pour les années 1990 n'est cependant pas permis. Le quatrième inventaire forestier est en préparation, tandis que le renouvellement de l'échantillon TER-UTI ne permet pas une mise en continuité des données avec la période antérieure.

Quoi qu'il en soit, on retiendra de l'analyse que la friche apparaît bien comme un état transitoire, dans une dynamique de la végétation qui peut correspondre à des situations très variées, plus ou moins inscrites dans une logique de déprise. Dans certains cas, alors que la déprise est bien réelle, elle ne se manifeste pas par des processus d'enfrichement. C'est le cas par exemple sur le plateau de La Chaise-Dieu où les surfaces évoluent directement vers le boisement. A l'inverse, il peut y avoir maintien de la pression agricole, et malgré tout réduction de la SAU et enfrichement. C'est souvent le cas en zones périurbaines où le rapport des forces sur le marché foncier est défavorable à l'agriculture et alimente une spéculation que la progression des friches traduit. Enfin certains espaces, la Margeride par exemple, véhiculent une image de la déprise en raison de surfaces importantes couvertes de landes, alors que la dynamique globale s'inscrit à l'inverse dans une logique de reprise sous l'effet d'une forte pression agricole.

Finalement, plus que la question de l'enfrichement il convient de s'interroger sur la dynamique plus globale de redistribution entre les divers usages du foncier, les problèmes que celle-ci soulève, et renvoie finalement aux jeux d'acteurs qui sous-tendent ces dynamiques foncières, dynamique de renouvellement des exploitations agricoles, modalités de redistribution de la propriété, relations entres propriétaires et exploitants, etc., questions auxquelles seules les enquêtes locales permettent de répondre.

Bibliographie

DERIOZ P., 1994, *Friches et terres marginales en basse et moyenne montagne : revers sud-oriental du Massif central*, Thèse de doctorat de géographie, Université d'Avignon et des Pays du Vaucluse, Laboratoire Structures et Dynamiques spatiales, Avignon, 314 p.

DERIOZ P., 1994, « Arrière pays méditerranéen entre déprise et reprise : l'exemple du Haut-Languedoc occidental », in *Economie rurale*, n°223, sep.oct.1994, Paris, pp 32-38

GUERINGER A., 2000, *Stratégies des acteurs locaux et mutations foncières dans la montagne auvergnate : contribution aux objectifs de gestion de l'espace*, Thèse de doctorat, Institut de géographie, Faculté des lettres et Sciences humaines, CERAMAC, Clermont-Ferrand, 361 p.

LAURENT C., 1992, « A la recherche de la déprise agricole », in *Courrier de la cellule environnement*, n°17, août 1992, INRA, Paris, pp 5-26.

MIGNON C., 1991, « La déprise agricole dans les montagnes françaises » in *Géographie sociale*, n°12, septembre 1992, actes du colloque de Rennes 7-8 février 1991 « Quelles campagnes pour demain ? », Centre de publications de l'université de Caen, pp 261-270.

MIGNON C., 1991, « La déprise agricole dans les montagnes d'Auvergne », in *Notes et documents de recherche*, n°29, août 1991, Québec, Université Laval, département de géographie, pp 31-51.

FRICHES ET SECTIONAUX

P. COUTURIER,

CERAMAC, Université Blaise Pascal, Clermont-Ferrand

Les hautes terres du Massif central comptent environ 300 000 ha de terres collectives, héritage historique qui, ayant survécu à plus d'un siècle de mutations socio-économiques, constitue un patrimoine doublement original dans le cadre français : il est la propriété de communautés dont le fondement est le voisinage résidentiel ; il est soumis à des règles de mise en valeur qui relèvent autant de la coutume que du droit.

Par leurs diverses implications ces particularités rendent compte des difficultés d'adaptation de l'héritage. Certes, le droit moderne l'a consacré en instituant la section de commune propriétaire des *biens sectionaux*. Mais cette entité territoriale infra communale, dont l'existence juridique n'a d'autre justification que la reconnaissance institutionnelle des droits que ses habitants exercent sur un patrimoine commun, reste, par sa nature comme par son fonctionnement, assez floue. L'apparente unité de la personne morale ne saurait, en effet, occulter l'indétermination qui entoure ses composantes, notamment son *territoire* et ses *habitants*. De même, il s'avère impossible de donner une définition précise, *ne varietur* de l'ayant droit. Dès lors, l'intégration dans l'ordre juridique laisse une large place à des usages plus ou moins dévoyés au profit d'arrangements locaux portant sur la jouissance des terres agricoles. L'accès à la terre commune fait ainsi l'objet de compromis mais aussi de conflits qui hypothèquent les possibilités de rationalisation. De fait, la réputation peu flatteuse des biens sectionaux tant auprès des ayants droit que des élus ou des techniciens de l'agriculture est souvent corroborée par les enquêtes de terrain qui révèlent une mise en valeur anarchique de parcours plus ou moins dégradés, utilisés occasionnellement, selon des modalités imprécises, à l'image d'un statut juridique confusément perçu ; bref, une terre marginale au sein des nouveaux systèmes productifs qui se mettent en place à partir des années 1960. Cette marginalité à un visage : les paysages de genêts, de landes à bruyère, d'accrues forestières, apparaissent comme l'expression d'une déstructuration sociale. Si bien que l'image dominante du sectional est péjorative, souvent à l'excès, comme si la terre collective, qui n'appartient à personne sinon à une communauté déstructurée, devenait l'exutoire des sentiments de rejet inspirés par la friche.

A vrai dire, l'idée d'une sous-valorisation n'est pas récente. Au XIXe siècle, notables et spécialistes de l'agriculture, héritiers des physiocrates, ne cessent de souligner les déficiences de la mise en valeur et prônent le partage comme remède. Si le diagnostic est récurrent, l'examen approfondi des symptômes fait défaut, aujourd'hui comme hier. Les sources d'information étant rares et partielles, comment prendre la mesure du phénomène ?

Remarquons d'emblée qu'une partie seulement des sectionaux est susceptible d'être concernée par l'enfrichement. En effet, sur une superficie totale de 300 000 hectares, 40 à 50 % sont durablement soustraits à l'agriculture du fait de leur état forestier. Environ un tiers des 150 000 hectares restants ont fait l'objet d'aménagements assortis de dispositions juridiques garantissant leur intégration au sein des exploitations agricoles. Restent une centaine de milliers d'hectares relevant de pratiques plus ou moins fondées sur d'anciens usages et situées hors du champ institutionnel. On peut s'attendre à ce que ces terres marginales, au sens où elles sont en marge de l'ordre juridique et économique dominant, soient particulièrement sensibles au phénomène d'enfrichement. Comment vérifier l'hypothèse ? Les enquêtes de terrain doivent pallier les insuffisances de sources statistiques rares, anciennes et lacunaires.

La principale et souvent l'unique source d'ensemble utilisable est l'*Enquête communale* réalisée en 1969-70 par le Service Central des Enquêtes et Etudes Statistiques (SCEES) du Ministère de l'agriculture, parallèlement au RGA de 1970. Elle recense la propriété sectionale que le RGA ignore, en distinguant les « landes, friches et pâturages inutilisés ». L'état et la dynamique des estives sectionales devraient être connus grâce aux *enquêtes pastorales* menées en 1971-72 et 1983-84 par les Directions départementales de l'agriculture à l'initiative du SCEES ; mais du fait de lacunes méthodologiques, les résultats sont difficilement utilisables hors du département de la Lozère. Enfin, de rares enquêtes, comme celle menée en 1983 par la préfecture du Puy-de-Dôme dans l'arrondissement de Clermont-Ferrand, peuvent donner quelques indications spatialement limitées.

Aux insuffisances des sources s'ajoutent des difficultés inhérentes à la nature même du fait sectional. Les questionnaires d'enquêtes statistiques, nécessairement schématiques, ne permettent pas de saisir toute la complexité de la notion de déprise. Toutes les gradations possibles existent en effet dans les formes de mise en valeur plus ou moins extensives de parcours dont la physionomie dépend par ailleurs des conditions physiques inégalement favorables au développement d'une végétation ligneuse. Si quantifier paraît donc illusoire, du moins est-il possible de percevoir quelques tendances générales.

· L'*Enquête communale* de 1970 montre une proportion importante d'abandon - supérieure à 20 % de la superficie sectionale - dans les régions où les sectionaux n'occupent que des surfaces très réduites, souvent négligeables (nord-est de la Creuse, Châtaigneraie cantalienne, Causses du Quercy). Seuls trois secteurs se caractérisent à la fois par l'importance des pâturages collectifs et un fort taux d'abandon : les cantons de Murat, de Sainte-Enimie et la vaste commune de Saint-Anthème. Depuis cette date, la haute Ardèche, les hautes terres granitiques de la Lozère, ont connu une dynamique fortement régressive alors que l'évolution s'est stabilisée, voire inversée dans les montagnes volcaniques. On reconnaît l'ancien clivage entre les régions précocement touchées par les progrès agronomiques et l'ouverture économique et celles restées plus longtemps à l'écart de la modernisation, ayant maintenu plus tardivement les systèmes agraires traditionnels. Le destin récent des sectionaux semble prolonger cette dichotomie historique. Toutefois l'image du sectional déserté par les troupeaux correspond de moins en moins à la réalité. Plutôt que l'abandon pur et simple, les enquêtes de terrain font ressortir un double phénomène : la concentration des activités pastorales sur une partie plus ou moins restreinte des grandes estives collectives, une mise en valeur extensive qui alimente l'idée d'une sous-utilisation du potentiel agronomique.

Les terres non productives

	Surface agricole non utilisée par rapport à la surface agricole utile des sectionaux (%)	Surface non cultivée par rapport à la surface agricole utile du département (%)
Creuse	77	13
Cantal	30	3
Corrèze	22	9
Puy-de-Dôme	14	12
Aveyron*	13	15
Haute-Loire	10	14
Lozère	7	5

*Les sectionaux de l'Aveyron, situés sur les hautes terres de l'Aubrac, ont une fonction d'*estives* qui en fait des pâturages très recherchés.
Source : SCEES, 1970 et 1989.

Conséquence de l'exode rural et des mutations des systèmes de production, le phénomène de ségrégation spatiale n'est certes pas propre aux terres collectives mais la proportion des surfaces improductives, quelles qu'en soient les causes, est généralement plus forte sur les sectionaux que pour l'ensemble des terres agricoles. Bien que fondée sur la comparaison de données ayant vingt ans d'écart, l'observation reste valable dans la mesure où les chiffres concernant les sectionaux n'ont pas diminué mais plutôt augmenté depuis 1970.

La faible productivité des sectionaux est souvent mise au compte de handicaps naturels. Un potentiel agronomique inférieur à celui des terres privées les condamnerait à des formes d'utilisation extensives, voire à l'abandon dans le cadre de systèmes productifs exigeants et sélectifs. Cette destinée serait déterminée par les origines de la terre collective (concessions seigneuriales) ainsi qu'une conséquence du processus historique de privatisation par partages auxquels seules auraient échappé les parties les plus déshéritées. Une telle perception du sectional s'enracine dans la tradition de systèmes agraires révolus et se fonde sur une confusion entre potentiel et valeur agronomique présente. La situation périphérique du *communal* dans le finage correspondait en effet à sa fonction au sein des anciens systèmes agraires : à la fois terrain de parcours et source de fertilité par l'intermédiaire du troupeau qui fournit la fumure pour les terres cultivées proche du village. Cette complémentarité entre *terres froides* et *terres chaudes* n'a pas nécessairement un fondement naturel. Dans l'ancienne économie agricole, l'éloignement était à lui seul un motif de dépréciation. Il ne l'est plus aujourd'hui mais l'exploitation « minière » des *terres froides* a conduit à leur appauvrissement. Le transfert prolongé de fertilité a eu des conséquences néfastes sur la production fourragère et la valeur pastorale des parcours collectifs. Leur état dégradé n'a rien d'une fatalité naturelle : il résulte pour une part de leur fonction au sein du système agro-pastoral. A cet héritage qui reste discret dans les paysages s'ajoutent les effets plus spectaculaires d'une mise en valeur trop extensive. La propagation des genêts, des accrues forestières, l'extension de la lande à bruyère sur les hauteurs, témoignent de l'incapacité des systèmes productifs contemporains à maîtriser les dynamiques végétales. Dans une large mesure, les aptitudes actuelles des sectionaux se comprennent en référence à leur histoire et aux transformations socio-économiques. Tel est le sens du conditionnel volontiers employé par les agriculteurs sollicités sur le sujet : « les communaux ne seraient pas mauvais mais... ».

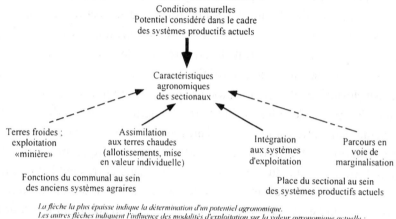

Les facteurs déterminants les caractères agronomiques des sectionaux

Conditions naturelles
Potentiel considéré dans le cadre
des systèmes productifs actuels

↓

Caractéristiques
agronomiques
des sectionaux

Terres froides :
exploitation
«minière»

Assimilation
aux terres chaudes
(allotissements, mise
en valeur individuelle)

Intégration
aux systèmes
d'exploitation

Parcours en
voie de
marginalisation

Fonctions du communal au sein
des anciens systèmes agraires

Place du sectional au sein
des systèmes productifs actuels

La flèche la plus épaisse indique la détermination d'un potentiel agronomique.
Les autres flèches indiquent l'influence des modalités d'exploitation sur la valeur agronomique actuelle :

– – – ▶ appauvrissement des parcours par exportation des éléments fertilisants

—— ▶ dégradation des parcours par extension des espèces végétales non fourragères

——▶ amélioration ou entretien de la valeur agronomique

Ainsi, les caractéristiques agronomiques des sectionaux prennent sens en référence aux systèmes de production susceptibles d'en tirer parti avec ou sans amélioration. Or, depuis les années 1960-70, la modernisation technique de l'agriculture s'accompagne de phénomènes de ségrégation spatiale dont les sectionaux semblent être les premières victimes.

Dès l'entre-deux-guerres, le communal perd la place fondamentale qu'il occupait au sein des anciens systèmes agro-pastoraux. Désormais, chaque changement dans les systèmes agricoles (substitution des bovins aux ovins, arrêt de la transhumance du Midi, crise des *montagnes* fromagères, spécialisation laitière), s'accompagne d'une baisse de la pression pastorale sur les terres communes, voire de leur abandon par les éleveurs locaux. La friche et la dégradation des pâturages n'en sont pas la seule manifestation : les montagnes volcaniques s'ouvrent à des utilisateurs extérieurs, les boisements s'étendent, particulièrement sur la montagne de Margeride.

Depuis les années 1960-70, les caractéristiques des nouveaux systèmes de production ne sont guère favorables à la mise en valeur des sectionaux. La spécialisation des élevages ne permet pas de valoriser l'hétérogénéité des ressources pastorales. En outre, l'orientation laitière est fondée sur une intensification qui, bien que dans l'ensemble relativement limitée au regard d'autres régions françaises, remet en cause les anciens systèmes fourragers. Ceux-ci, adaptés à des animaux de races locales, rustiques, peu productifs, intégraient des parcours collectifs plus ou moins dégradés qui permettaient de libérer les prairies proches des exploitations pour la récolte de foin. L'élevage laitier repose sur l'introduction de races spécialisées à fort potentiel et corrélativement sur une véritable révolution fourragère encouragée par les techniciens et les organismes professionnels. L'amélioration à la fois quantitative et qualitative de la ration s'est d'abord faite par la création de prairies temporaires puis par l'adoption de l'ensilage, voire l'achat d'aliments composés, sans que soit résolu pour autant le problème du décalage entre capacité génétique et ressources alimentaires disponibles. Dans ces conditions, il n'est guère envisageable d'intégrer à la SAU des espaces dont la valeur pastorale ne satisfait pas aux exigences zootechniques des éleveurs.

Il en va de même pour les élevages orientés vers la viande. Certes ceux-ci ne sont pas gênés par un éventuel éloignement des parcours, du moins dans le cas des bovins, et les cheptels sont de races rustiques. Pourtant ils ne sont pas nécessairement plus intéressés par les sectionaux que les éleveurs laitiers. Leur faible rentabilité les rend en effet fortement dépendants de la productivité pondérale du troupeau et donc de l'alimentation des mères (vaches ou brebis nourrices). Sur les Causses, les risques inhérents au parcage des ovins sur des parcours éloignés où la surveillance est problématique, la diminution de la main-d'œuvre disponible pour le gardiennage, s'ajoutent à l'intensification des systèmes d'élevage pour entraîner un moindre recours aux sectionaux les moins accessibles.

Dans tous les cas, la double intensification (même si elle est relative) du cheptel et des surfaces fourragères est réalisée aux prix d'investissements qui entraînent une fragilité économique de l'exploitation et oblige à limiter les coûts de production. Dès lors, quelle place accorder à des parcours appauvris et souvent dégradés à la suite d'une période d'abandon, sachant que leur mobilisation nécessite de coûteux travaux d'amélioration et que, par ailleurs, les disponibilités foncières se font plus grandes ?

L'intensification des systèmes d'élevage est d'autant moins favorable à une mise en valeur rationnelle des sectionaux que la diminution du nombre d'agriculteur se poursuit, entraînant une libération de terres de qualité qui commence à excéder les capacités de reprise. Il n'est pas rare désormais que des villages ne comportent qu'un ou deux agriculteurs en activité, voire aucun. Mais le sectional d'un village sans agriculteur peut fort bien être mis à profit par les fermiers non-résidents des propriétaires ayants droit. Habituellement les manifestations de la déprise sont ponctuelles, disséminées. Les sectionaux ne sont massivement délaissés que dans les régions les plus marquées par la crise démographique comme le Mont-Lozère. A l'inverse, il est rare d'observer des signes de déprise sur les estives sectionales de l'Aubrac qui restent très convoitées. Si le contraste des situations foncières, la variété à l'échelle de la commune, du village et même de l'exploitation, brouillent les schémas trop généraux, une corrélation semble néanmoins apparaître, à l'échelle régionale, entre la situation des sectionaux et celle du marché foncier. Par ailleurs, si la diminution du nombre d'agriculteur a atténué la pression foncière, elle n'a pas supprimé la concurrence pour l'accès aux terres réputées de qualité. Localement, en particulier lorsque la population agricole est rajeunie, les tensions subsistent, parfois, paradoxalement en présence d'un sectional délaissé malgré ses aptitudes agronomiques.

La mise en valeur déficiente d'un potentiel aisément valorisable dans un environnement de demande foncière non satisfaite est en effet un paradoxe propre aux sectionaux. Il est la traduction d'une série d'incertitudes attachées à leur statut juridique ainsi que des difficultés d'adaptation des usages traditionnels. Le droit à la jouissance étant fondé sur la résidence, les agriculteurs en activité sont souvent minoritaires dans la communauté des ayants droit. Or, une grande partie des sectionaux ont été allotis lors du déclin des pratiques pastorales collectives. Du fait de l'inertie des structures foncières ainsi créées, nombre de lots sont désormais aux mains d'ayants droit non agriculteurs, souvent retraités. Une redistribution s'opère alors par l'intermédiaire de locations informelles, plus ou moins précaires, au profit des exploitants entretenant un réseau de relations foncières ou familiales étendu. Ce sont fréquemment ceux qui subissent le moins les contraintes foncières qui monopolisent ainsi des parcelles qui, quel que soit leur potentiel, restent marginales au sein des grandes exploitations, constituant une réserve fourragère en cas de sécheresse, voire permettant une optimisation des primes liées à la superficie exploitée. En outre, la précarité foncière qui caractérise la mise en valeur de ces lots n'incite pas à leur intégration au sein de la partie intensive des exploitations.

Le fonctionnement des systèmes relationnels évoqués débouche souvent sur l'introduction de bénéficiaires extérieurs à la section. Toutefois, dans certaines régions, le rejet d'usagers non-résidents témoigne de la force des traditions. Ainsi, sur les Causses, rares sont les ayants droit prêts à accepter un assouplissement de l'obligation de résidence. Pour beaucoup ce serait ouvrir la voie à une « colonisation » du territoire. Ces préoccupations territoriales ne sont pas exclusives de stratégies patrimoniales individuelles qui intègrent le sectional comme réserve foncière. Quoi qu'il en soit, plusieurs centaines d'hectares sur les Causses sont abandonnés ou sous-pâturés sans qu'il soit toujours possible de faire la part entre une demande déficiente, des facteurs psychosociologiques qui s'expriment à travers l'attachement aux usages ou le souci de valoriser son propre patrimoine en conservant le monopole d'un droit.

Quant aux modes de jouissance collectifs traditionnels, ils ont été mis à mal par le déclin des anciens systèmes d'élevage et la diminution du nombre d'exploitations. Les règlements d'usage ont perdu leurs raisons d'être, se sont effacés de la mémoire collective sans être toujours remplacés par des règles plus adaptées. Bien que les participants soient moins nombreux qu'autrefois, l'organisation est devenue problématique en raison de la difficulté à concilier des intérêts contradictoires. Les besoins diffèrent selon la composition des cheptels et les exigences des éleveurs varient en fonction des résultats économiques escomptés. Il est particulièrement malaisé de s'accorder sur une date de montée à l'estive qui dépend de facteurs aussi variables d'une exploitation à l'autre que la conduite des surfaces pastorales de base, le type de production, le calendrier de reproduction.

Superficie totale des biens sectionaux supérieurs à 10 hectares

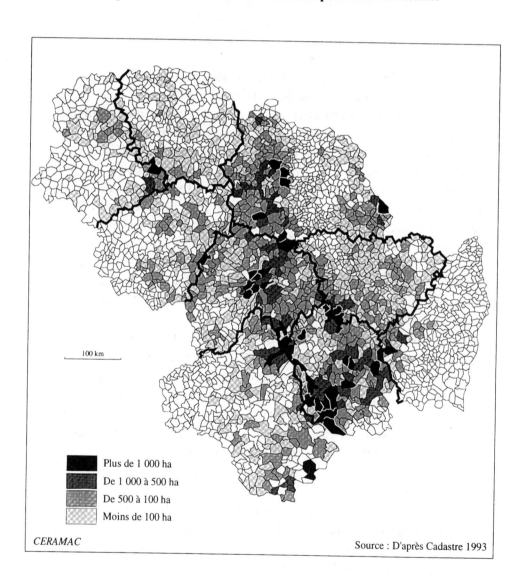

Plus de 1 000 ha
De 1 000 à 500 ha
De 500 à 100 ha
Moins de 100 ha

100 km

CERAMAC

Source : D'après Cadastre 1993

**Part des superficies sectionales déclarées inutilisées
dans l'enquête communale de 1970 (%)**

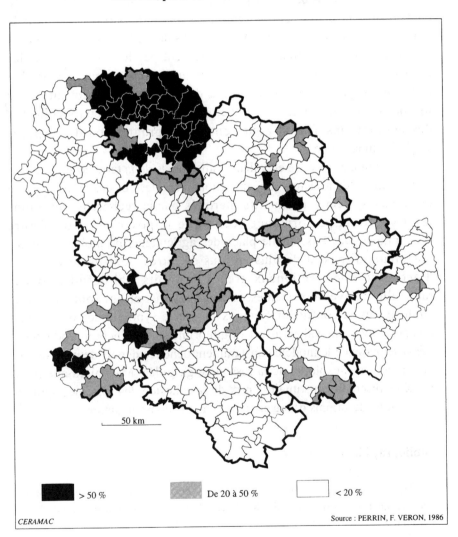

50 km

> 50 %   De 20 à 50 %   < 20 %

Source : PERRIN, F. VERON, 1986

En raison de la diversité des attentes à l'égard des pâturages collectifs, de leur inégale importance dans les systèmes d'exploitation, il est difficile de trouver un consensus sur le degré d'intensivité à atteindre : charge pastorale, création de parcs, installation de nourrisseurs, travaux d'amélioration pastorale, font l'objet d'appréciation divergentes. Les seules charges d'entretien minimales engendrent des dissensions : doivent-elles être réparties à parts égales ou proportionnellement au cheptel mis au pâturage, personne ne souhaitant « travailler pour le voisin » ? Le dilemme est généralement résolu en limitant au maximum les dépenses. Une tendance au nivellement par le bas s'affirme, les éleveurs exigeants considérant le recours au sectional comme un pis-aller et préférant parfois avoir recours à des mises en pension ou à des locations d'estives privées. Le chargement sur les parcours collectifs devient alors insuffisant pour contenir la progression des espèces végétales indésirables.

Les modes de mise en valeur traditionnels de la terre collective sont donc confrontés à la fois aux mutations sociales et aux exigences de nouveaux systèmes productifs marqués par la recherche, au moins relative, de la performance technique imposée par l'ouverture économique. Dès lors, quelle place des agriculteurs de moins en moins nombreux, disposant de plus en plus de terres, sont-ils susceptibles d'accorder à des sectionaux grevés de droits mal définis, dont la rationalité relève de systèmes agraires révolus et qui sont l'objet de stratégies et de conflits aux enjeux en partie symboliques obligeant à composer avec une valeur affective qui prime sur la fonction productive ? Ainsi se perpétue le modèle constamment dénoncé depuis deux siècles du communal sous-exploité, de la ressource gaspillée. Mais alors que par le passé ce discrédit constituait le prix de la cohésion des systèmes agraires, il témoigne désormais d'une crise des valeurs communautaires.

Bibliographie

COUTURIER P., *Sections et biens sectionaux dans le Massif central, héritage et aménagement de l'espace*, CERAMAC 13, Presses Universitaires Blaise Pascal, Clermont-Ferrand, 2000. 476 p.

FRICHES ET ESTIVES

E. BORDESSOULE,
CERAMAC, Université Blaise Pascal

Folklorique, résiduelle, tels sont les qualificatifs que l'on associe désormais fréquemment à la mise en valeur du domaine pastoral dans la majeure partie de la montagne française. Milieu fragile au sein d'un ensemble également sensible, l'estive, pâturage d'altitude d'utilisation saisonnière, apparaît comme le lieu privilégié de la déprise. Confrontés successivement à la décadence des formules pastorales classiques, à la modernisation des systèmes d'élevage, à la déprise humaine, enfin, les pâturages hauts semblent bien condamnés à céder la place à la friche ou à la forêt. D'ores et déjà, le sort d'une large fraction des alpages, estives, hautes chaumes, plus de la moitié certainement, est scellé.

Si le constat est clair, il s'avère toutefois délicat d'apprécier avec précision l'ampleur et les contours exacts de la déprise pastorale, d'approcher la réalité par des estimations chiffrées. Le premier écueil tient à l'insuffisance des sources statistiques. Ignorés pour l'essentiel par les RGA, les pâturages d'été ne sont finalement pris en compte dans leur ensemble que par les enquêtes pastorales réalisées en 1971 et 1983 à l'échelle nationale. Leur exploitation est cependant difficile devant l'hétérogénéité du domaine pastoral et la nécessité de se démarquer dans la définition de l'estive, de critères trop alpins, fondés sur un strict étagement altitudinal. Ainsi, sur les hautes terres du Massif central, marquées par l'enchevêtrement des différents terroirs, les limites sont imprécises, souvent fluctuantes, le territoire pastoral ne correspond qu'imparfaitement à une stratification des activités humaines et englobe des milieux très divers.

La montagne auvergnate se signale surtout, au sein d'un domaine pastoral tombé en déshérence, par la permanence d'une intense exploitation des pâturages d'altitude (appelés « montagnes » ou estives). Dans ses expressions les plus marquantes, la déprise demeure limitée, la friche et la forêt n'ont gagné, au cours des vingt dernières années, que peu de terrain au détriment des estives. Montagne pastorale encore vivante, les monts d'Auvergne offrent ainsi un terrain privilégié à l'étude des mécanismes de déprise. En effet, étendues par les défrichements à l'étage montagnard sur le domaine de la hêtraie, la végétation climax, les « montagnes » ne sont pas à l'abri d'un enfrichement rapide et d'une reconquête forestière si la pression des troupeaux se relâche. D'autre part, bien que, globalement, l'évolution récente de l'activité pastorale s'oppose nettement à l'abandon observé dans les autres massifs français, des Dômes à l'Aubrac, les milieux sont variés et les situations souvent contrastées. Au total, l'équilibre actuel est fragile et les perspectives inégalement favorables.

I – LA PERMANENCE DE L'ACTIVITÉ PASTORALE

Actuellement, avec près du tiers des bovins inalpés en France (près de 150 000 bovins de plus de un an), les monts d'Auvergne s'affirment comme le premier foyer pastoral français. Demeurée fondamentalement agricole, la montagne volcanique a vu, depuis trente ans, se renouveler profondément les pratiques pastorales. Toutefois, si la pratique de l'estive conserve une étonnante vitalité, les pâturages d'altitude n'occupent plus, dans les systèmes d'élevage, la place qui fut la leur autrefois. Le modèle pastoral spéculatif de la grande « montagne fromagère » et les formules agro-pastorales villageoises ont disparu et, privée de toute production spécifique, l'estive actuelle n'est plus la « montagne » classique.

Dans les années 1960, la crise des formules traditionnelles a mis un terme à une économie séculaire fondée sur une intense mise en valeur du territoire pastoral et la fabrication du fromage au buron, elle n'a cependant pas préludé à un déclin irrémédiable de l'utilisation des pâturages d'altitude. Certes, dans le Cézallier, les Dore, au cœur du Massif cantalien, le boisement a progressé au détriment d'estives laissées vacantes. En 1959, on recense plus de trois mille hectares abandonnés sur les « montagnes » du Cantal, alors que les plantations reprennent de plus belle dans les Dore où l'on peut estimer que plus du quart des superficies a été soustrait au domaine pastoral depuis le XIXe siècle. Cependant, stoppée dès la fin des années soixante, cette phase d'abandon n'a pas revêtu une ampleur comparable aux pertes enregistrées dans les Alpes ou le Massif pyrénéen où, pour le seul département des Hautes-Pyrénées, ce sont plus de dix mille hectares qui ne sont plus utilisés depuis 1971.

Superficie des unités pastorales abandonnées entre 1971 et 1983

	Superficie (en ha)	% par rapport au domaine pastoral utilisé en 1971
Monts d'Auvergne	2 300	-2,2
Jura	11 000	-25
Alpes du Nord	28 000	-9
Alpes du Sud	19 000	-3
Pyrénées	18 000	-4

Source : Enquêtes pastorales – SCEES-INERM 1971-1983 – Dossiers communaux. enquête pastorale 1983 – DDAF du Cantal. Aveyron, Lozère.

La régression du domaine pastoral est demeurée très limitée dans les monts d'Auvergne, la friche et le retour d'un boisement naturel n'ont concerné que 2 % des superficies, pour l'essentiel dans des secteurs difficiles. Ces pertes modérées ne doivent cependant pas masquer l'amorce d'une lente recomposition du paysage pastoral. Les progrès de la mécanisation, l'amélioration de la desserte ont permis de transformer près de deux mille hectares d'estives en prés de fauche. Inversement, on observe dans le même temps une véritable dilatation de la zone d'estive par l'abandon de prés de fauche et d'exploitations entières, ce phénomène étant particulièrement sensible à l'amont des hautes vallées cantaliennes. Une nouvelle enquête pastorale, réalisée en 1999 pour le seul département du Cantal, confirme pour la période récente ces grandes tendances. Les superficies en estive n'ont diminué en fin de compte que de neuf cents hectares mais le domaine pastoral traditionnel a pourtant perdu près de six mille hectares.

Evolution du domaine pastoral cantalien de 1971 à 1999

	Nombre d'unités	Surfaces (en ha)
Enquête 1983	1 478	62 300
Disparition 1999-83	-204	-5 700
Nouvelles par apport 1999-83	+227	+5 600
Nouvelles par partage 1999-83	+234	(5 800)
Diminution de la superficie du domaine pastoral	-	-900
Enquête 1999	1 735	61 300

Source : DDAF Cantal, enquête pastorale 1999

Le renouvellement de l'activité pastorale auvergnate se fonde tout à la fois sur les aptitudes naturelles de la moyenne montagne volcanique, le développement de nouveaux systèmes d'élevage et l'essor considérable d'une transhumance qui vient prendre le relais de l'estivage local.

Tout d'abord, les « montagnes » des massifs volcaniques qui couvrent plus de cent trente mille hectares et occupent souvent près du tiers de la superficie des communes montagnardes, davantage encore sur les hautes planèzes cantaliennes ou le Cézallier, font figure de bon pays pastoral en comparaison des pauvres parcours des montagnes sèches ou encore des alpages plus élevés de la haute montagne. Leur situation à moyenne altitude confère à ces « faux alpages » de la montagne auvergnate nombre d'atouts : allongement de la durée de la période d'estive, modestie des contraintes liées au relief ou à la pente. Enfin, l'ambiance climatique de la moyenne montagne humide apporte sur les riches andosols volcaniques des conditions privilégiées au développement

Le domaine pastoral des Monts d'Auvergne

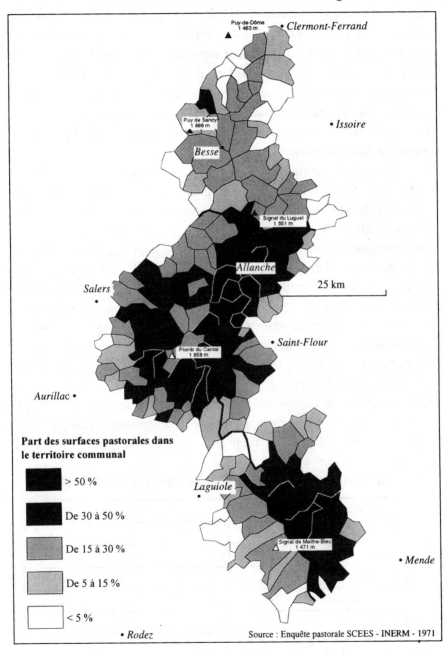

Puy-de-Dôme
1 463 m
● *Clermont-Ferrand*

● *Issoire*

Puy de Sancy
1 886 m

Besse

Signal du Luguet
1 551 m

Allanche

Salers
●

25 km

Plomb du Cantal
1 858 m

● *Saint-Flour*

Aurillac ●

**Part des surfaces pastorales dans
le territoire communal**

> 50 %

De 30 à 50 %

De 15 à 30 %

De 5 à 15 %

< 5 %

Laguiole
●

Signal de Mailhe-Biau
1 471 m

● *Mende*

● *Rodez*

Source : Enquête pastorale SCEES - INERM - 1971

- 253 -

des herbages. Ignorant les sévères sécheresses que connaissent parfois les plaines et les bassins périphériques, la montagne volcanique mérite bien son nom d'« île verte ». Les chargements observés dans les « montagnes » sont ainsi largement supérieurs à la moyenne nationale du domaine pastoral, ils dépassent même le plus souvent une UGB à l'hectare sur les meilleurs pâturages de l'Aubrac et du Cantal. On saisit bien là comment les conditions du milieu constituent un élément non négligeable de l'ancienne prospérité des « montagnes » et de la solidité de leur mise en valeur actuelle.

Surtout, la permanence de l'activité pastorale est permise, dans le cadre d'une fonction agricole encore prépondérante dans l'économie des massifs et localement très dynamique (Aubrac), par le rapide essor d'un élevage allaitant tourné vers la production de viande maigre qu'accompagne le développement d'une importante transhumance depuis les régions périphériques. L'élevage montagnard s'est orienté vers la production de « broutards », veaux sevrés tardivement et vendus entre huit et douze mois. La polyvalence des races rustiques autochtones a favorisé cette reconversion, les jeunes bovins issus d'un croisement salers-charolais ou aubrac-charolais répondant bien à l'attente des ateliers d'engraissement de la plaine du Pô. Parallèlement, dans les régions périphériques d'altitude moins élevée (planèze de Saint-Flour, Châtaigneraie), le processus d'intensification laitière, conduit le plus souvent sur de petites surfaces, a entraîné l'obligation de mettre à l'estive la fraction non productive du troupeau.

Structure du cheptel mis à l'estive dans le Cantal en 1999

Vaches allaitantes	43 000
Génisses allaitantes	14 000
Vaches laitières	2 200
Génisses laitières	5 000
Autres bovins	32 000
Ovins	4 800

Source : enquête pastorale DDAF 15 – 1999

L'estivage actuel répond donc avant tout à la nécessité d'agrandissement des exploitations. En permettant de récolter davantage de fourrage en bas, il rend possible l'entretien d'un cheptel plus important sans avoir recours à un processus d'intensification coûteux et délicat en zone de montagne. Au total, simple phase d'adaptation aux réalités économiques, le passage de la « montagne fromagère » à la « montagne d'élevage » n'a pas durablement remis en cause la vocation d'estive bovine du domaine pastoral auvergnat. La pratique de l'estive apparaît toutefois profondément transformée par une plus grande diversité des systèmes d'élevage utilisateurs et l'apparition de nouveaux transhumants depuis le nord Aveyron, le bassin d'Aurillac, la Châtaigneraie. Si elle n'a pas totalement supplanté l'élevage local, cette transhumance, migration plus lointaine en provenance de régions extérieures à la montagne volcanique, représente aujourd'hui près de la moitié du bétail estivé dans les monts d'Auvergne.

En définitive, le bilan est nuancé. Préservée, la vie pastorale n'en connaît pas moins une profonde mutation et la renaissance enregistrée à la fin des années soixante porte en elle les risques d'un relâchement des liens unissant l'estive au reste du territoire agricole.

II – DES DIFFICULTÉS NOUVELLES

L'impression rassurante de stabilité qui prévaut au premier abord ne doit pas masquer la précarité de l'équilibre sur lequel repose désormais la mise en valeur des hautes terres. Beaucoup plus instables, les combinaisons actuelles renforcent la fragilité et l'hétérogénéité du domaine pastoral.

Certes, le recours à l'estive n'est pas dépourvu d'atouts. Les « montagnes » constituent une réserve d'herbe appréciable, elles permettent d'assurer avec plus de sécurité la constitution du stock fourrager hivernal lors des années de sécheresse et d'augmenter sans intensification la dimension du troupeau. Enfin, elles offrent aux élevages des possibilités accrues de diversification des productions et permettent à l'éleveur de bénéficier de certaines aides.

Non négligeables, ces avantages sont-ils suffisants en regard des difficultés nouvelles rencontrées par l'exploitation des pâturages d'altitude ?

Par une libération accrue des terres aux marges du territoire pastoral, le dépeuplement montagnard favorise les phénomènes de substitution au détriment des véritables « montagnes ». En effet, cantonnés dans un simple rôle d'agrandissement, les pâturages d'altitude sont désormais soumis à la concurrence d'autres espaces susceptibles de remplir les mêmes fonctions. L'enquête pastorale de 1999 confirme cette tendance dans le Cantal avec la création de plus de deux cents unités pastorales couvrant près de cinq mille hectares alors que, dans le même temps, une superficie équivalente disparaît. A ce glissement du domaine pastoral s'ajoute également l'apparition de « fausses estives » dans les bas pays, en Châtaigneraie, voire même dans l'Allier avec l'achat à bas prix de pâtures par les éleveurs aveyronnais.

D'autre part, sur de nombreux points, les conditions d'utilisation du domaine pastoral se révèlent déficientes. Plus sensibles que jadis, ces handicaps peuvent remettre en cause l'intérêt de l'estivage. Il faut ainsi tout particulièrement retenir :

> • La qualité et les facilités d'exploitation inégales des pâturages d'altitude qui dépendent essentiellement de leurs équipements. Deux obstacles essentiels doivent être surmontés : celui de l'accès, tout d'abord, les difficultés de desserte s'opposent à toute tentative d'équipement et d'entretien des pâturages (pose de clôtures, fertilisation) et, d'autre part, celui du ravitaillement en eau du bétail. Aujourd'hui, le marché foncier est révélateur de l'importance des conditions d'accès, une « montagne » mal desservie ne trouve plus preneur, alors que les estives voisines peuvent se négocier pour plusieurs dizaines de milliers de francs l'hectare. Selon les secteurs considérés, les situations sont très variables mais, en dépit des efforts consentis depuis une vingtaine d'années, 20 % des estives dans le Cantal n'ont encore ni chemin, ni route carrossable (enquête pastorale Cantal 1999).

> • L'aspect sanitaire peut être tout aussi dissuasif : considérée comme un facteur important de diffusion de certaines maladies

Les difficultés d'accès sur les montagnes

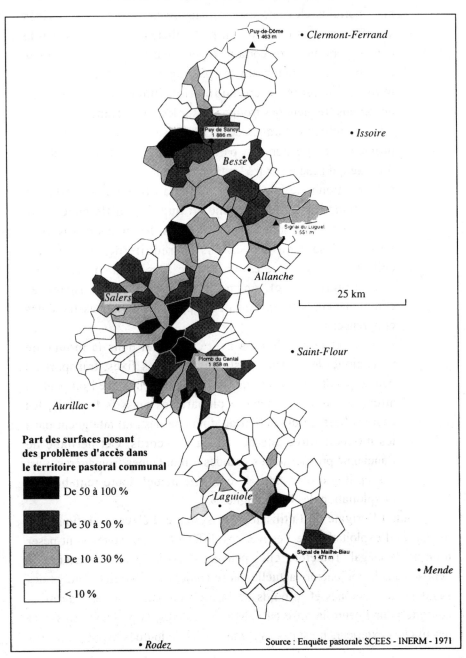

Part des surfaces posant des problèmes d'accès dans le territoire pastoral communal

De 50 à 100 %

De 30 à 50 %

De 10 à 30 %

< 10 %

Source : Enquête pastorale SCEES - INERM - 1971

du bétail, la pratique de l'estive suscite beaucoup de réticences chez certains éleveurs et parmi les responsables des services vétérinaires. Ces derniers, en particulier, insistent sur son rôle dans la persistance de certains foyers de brucellose. Ce n'est pas le séjour des animaux sur les pâturages qui est mis en cause, mais les dangers de contamination inhérents au mélange désormais fréquent des troupeaux sur les « montagnes ».

• Le statut des pâturages collectifs pose également de sérieux problèmes de gestion. En particulier, la complexité des droits d'usage qui pèsent sur les sectionaux ne facilite pas une mise en valeur rationnelle et s'adapte mal à la diversité nouvelle des utilisateurs. On notera cependant que, à la différence de la plupart des autres montagnes françaises, les monts d'Auvergne ne connaissent qu'une extension réduite de la propriété collective. Celle-ci ne couvre que le tiers de la superficie des « montagnes » et on ne retrouve pas les formules communautaires complexes développées dans les massifs alpins et pyrénéens.

• Enfin, et le problème s'avère essentiel dans la montagne volcanique, le coût de l'estivage (charges fixes, transport...) peut apparaître prohibitif en regard des revenus que l'on peut en attendre. Modérées dans la plupart des massifs français, les charges liées à l'utilisation du domaine pastoral atteignent dans les monts d'Auvergne des niveaux records. Cet héritage de l'ancienne prospérité des grandes « montagnes fromagères » est susceptible d'ôter, dans le contexte actuel, toute rentabilité à l'exploitation des « montagnes ».

Selon l'origine de l'utilisateur, le système d'élevage pratiqué, les modalités d'exploitation de l'estive, ces différentes contraintes vont peser d'un poids inégal. Toutefois, elles peuvent devenir autant de facteurs de déprise dans la conjoncture actuelle, où se conjuguent l'affaiblissement des systèmes autochtones et le poids de la transhumance. Si cette dernière conforte pour l'heure la mise en valeur des estives, la pression croissante des usagers extérieurs n'est pas sans faire peser de lourdes hypothèques sur l'avenir du domaine pastoral. Elle renforce les risques d'un relâchement des liens unissant l'estive au reste du territoire agricole et entretient un processus de sélection au détriment des « montagnes » les plus élevées, les moins productives. On peut craindre, enfin, au gré de l'évolution du marché foncier dans les régions émettrices, un redéploiement des troupeaux transhumants sur des exploitations agrandies par les terres se libérant à proximité avec pour conséquence une renonciation à la pratique de l'estive. Par ailleurs, les conditions actuelles d'exploitation du domaine pastoral, plus extensives que par le passé, entraînent une dégradation du potentiel fourrager des « montagnes », source éventuelle d'un abandon futur. Avec une intervention humaine désormais très limitée dans la conduite des troupeaux, la végétation des estives apparaît beaucoup plus hétérogène qu'autrefois. L'abandon des pratiques traditionnelles de la fumade et de l'aîgade, peu remplacées par le pâturage tournant et l'apport d'engrais, ne permet plus de maîtriser l'évolution du couvert végétal. Cette exploitation minière favorise par sur ou sous-pâturage le retour de la nardaie puis des landes à callunes et à genêts.

En définitive, les principaux termes du renouveau pastoral de la montagne volcanique ne sont pas exempts d'ambiguïté. Conjugués aux insuffisances liées aux estives elles-mêmes, les progrès d'un élevage extensif fondé sur des bases instables (dépendance incontrôlée vis-à-vis du marché italien, crise de la filière bovine, incertitudes de la politique agricole) au sein d'un milieu montagnard dépeuplé ne laisse d'inquiéter. Pourtant devenu le support privilégié d'un tourisme des « grands espaces », le domaine pastoral est désormais l'objet de nouveaux enjeux. L'irruption du tourisme se révèle déterminante dans la prise en compte du risque de déprise. Ce regain d'intérêt pour l'avenir des pâturages d'altitude s'exprime tout d'abord par les actions entreprises par le Parc des volcans dont la périmètre couvre, à l'exception de l'Aubrac, l'ensemble des massifs volcaniques. S'appuyant successivement sur la loi pastorale de 1972 puis sur les mesures européennes en faveur de l'environnement (art. 19.21), le parc a lancé depuis 1978 un programme d'animation pastorale fondé sur la création de groupements d'utilisateurs et la mise en place d'OGAF estives spécialisées. Ces dispositifs sont aujourd'hui prolongés par les mesures agri-environnementales liées à la PAC (opérations locales, mesures zonales, prime à l'herbe) qui semblent de nature à élargir considérablement les possibilités d'intervention en faveur du domaine pastoral.

La prime à l'herbe, en particulier, bien qu'elle ne constitue pas une aide spécifique à l'activité pastorale et s'apparente davantage à une prime au capital qu'à une véritable mesure agri-environnementale, favorise indiscutablement l'utilisation des estives. Son montant n'est pas négligeable, il représente en moyenne plus de vingt mille francs pour les exploitations suivies par le réseau estives du CEMAGREF. On peut estimer que les pâturages d'altitude interviennent pour le tiers du montant perçu au titre de la prime à l'herbe (PMSEE, prime au maintien des systèmes d'élevage extensif) par les exploitations des hautes terres. Cet apport permet de rembourser une partie des frais occasionnés par le recours à l'estive. Surtout, la location, l'achat d'estives ou les mises en pension par l'intermédiaire d'un groupement pastoral, s'inscrivent désormais dans la stratégie des élevages intensifs de la périphérie des massifs afin d'abaisser notablement le seuil de chargement. Il est significatif à cet égard que le questionnaire de l'enquête pastorale de 1999 considère comme motifs principaux d'utilisation des estives non seulement la possibilité d'utiliser des ressources fourragères supplémentaires mais également la faculté de diminuer le chargement afin d'accéder aux aides.

Au total, les perspectives sont encore incertaines et il serait vain de vouloir rendre un verdict définitif, consacrant à terme un abandon généralisé des « montagnes ». Du poids respectif de l'utilisation locale et de la transhumance extérieure, de la nature des systèmes d'élevage et de l'évolution démographique des exploitations qui les animent résultent des situations fort contrastées.

III – GÉOGRAPHIE DE L'OCCUPATION DES « MONTAGNES »

L'évolution de l'élevage depuis deux décennies révèle, sous l'uniforme abandon de la « montagne fromagère », un milieu plus divers où se juxtaposent des formes d'exploitation pastorale et une fréquentation des pâturages d'altitude très variées. Entre l'Aubrac et les Dômes, cas extrêmes, les situations sont souvent nuancées. Une césure fondamentale s'affirme au sein de la montagne volcanique et se traduit par un déclin progressif de l'activité pastorale du sud au nord de celle-ci. Cette opposition repose sur la diversité des aptitudes du domaine pastoral, le poids du passé, mais davantage encore, comme le démontre le bouleversement des anciennes hiérarchies, sur les orientations récentes de l'élevage, l'inégale dynamique agricole et la plus ou moins grande proximité des principaux foyers de transhumance. Fondée sur ces variables, la géographie actuelle de l'activité pastorale, oppose ainsi, selon un gradient sud-nord, quelques grands types de milieux pastoraux.

Des régions où, pour l'heure, le maintien des estives paraît assuré. Il s'agit essentiellement de l'Aubrac et des foyers de l'ouest cantalien. Un élevage local orienté vers la production de viande maigre, sur de grandes structures, conforté à des degrés divers par la venue d'usagers extérieurs, maintient une pression importante sur les estives. Ainsi, les « montagnes » de l'Aubrac, en particulier dans sa partie aveyronnaise sont surexploitées par les troupeaux indigènes, et les transhumants des pays du Lot. Si le domaine pastoral recule sur l'Aubrac, cette évolution ne résulte pas de l'abandon mais des progrès de l'intensification fourragère menée dans le cadre d'un élevage allaitant semi-intensif. Faciles d'accès, aisément mécanisables, les « montagnes » du versant occidental de l'Aubrac se prêtent parfaitement à une reconversion en prairies de fauche. Avec les progrès de la révolution fourragère, le manque d'estives devient même le facteur limitant. Dès lors, on saisit mieux les ressorts de la transhumance aveyronnaise qui se propage sur la quasi totalité des monts d'Auvergne (planche 15).

Les éleveurs aveyronnais assurent aujourd'hui la mise en valeur de près de 15 % du domaine pastoral cantalien. Tout à la fois haute terre pastorale et bassin d'alimentation d'un très fort courant de transhumance inédit et conquérant, l'Aubrac affiche ainsi une position tout à fait originale au sein des monts d'Auvergne.

Dans les monts du Cantal, longtemps symboles de la formule la plus achevée d'exploitations des « montagnes », la tendance est moins nette. L'évolution des hauts pâturages révèle en effet des tendances variées ; dans certains secteurs, les estives gagnent, sous la pression de la transhumance extérieure, des terroirs réservés autrefois aux près de fauche, ailleurs, au contraire, le recul du territoire pastoral devant la lande ou la forêt traduit l'impuissance de l'élevage local à tenir tout l'espace. Sur les « montagnes » des riches planèzes occidentales, l'abandon et le boisement demeurent exceptionnels. De grands domaines à l'assise confortable n'abandonnent qu'assez peu des pâturages d'été qui comptent parmi les plus doués de la montagne volcanique. Convoité également par les transhumants aveyronnais, le domaine pastoral affiche, en dépit de quelques retouches, une certaine stabilité. Il n'en va pas de même dans les hautes vallées et sur les marges orientales où une déprise sensible se manifeste. Fort logiquement, les secteurs les plus montagnards du centre du massif se révèlent les plus menacés par le double mouvement d'abandon et de descente du domaine pastoral, l'utilisation autochtone décline et les conditions du milieu (altitude, pente, accès) n'attirent pas les usagers extérieurs. L'ordonnancement des différents étages du paysage agricole, qui n'a toutefois jamais été aussi rigoureusement fixé que dans les Alpes, s'en trouve bouleversé. Sur la bordure orientale du Massif, aux marges de la planèze de Saint-Flour, la déprise est également notable. L'économie laitière de la planèze ne peut se satisfaire de mauvais parcours et la propriété sectionale, souvent dominante à l'est des monts du Cantal, apparaît fréquemment comme un obstacle aux tentatives d'amélioration. Délocalisation des estives, enrésinement, retour de la lande sont les principaux termes de l'évolution d'une partie du domaine pastoral cantalien. Dans cette mutation, la transhumance joue un rôle ambigu. Elle intervient localement avec efficacité pour limiter l'ampleur de l'abandon, mais elle amplifie également les transferts entre les différents terroirs.

La situation des hauts plateaux du Cézallier se révèle sensiblement différente. La bonne tenue des estives tranche ici avec la fragilité d'un milieu humain rendu exsangue tant par la décroissance naturelle que le déficit du solde migratoire. Une déprise humaine accentuée, souvent moins de 5 hab./km², une reconversion incomplète vers l'élevage allaitant ne perturbent cependant guère l'occupation des pâturages d'été. En dehors d'une reconquête arbustive spontanée en périphérie des tourbières sur les versants des rares reliefs et de quelques reboisements en résineux réalisés par de grandes sociétés dans les années soixante, les herbages demeurent omniprésents. Pour l'essentiel, la mise en valeur du domaine pastoral est assurée dans le Cézallier par les transhumants et il s'agit d'une tradition ancienne. Vieille terre de transhumance, le Cézallier catalyse en effet d'importants courants depuis les bassins laitiers du Sanflorain et de la Châtaigneraie et surtout les foyers allaitants du bassin d'Aurillac et du nord Aveyron. A Montgreleix, où les pâturages d'altitude couvrent près de 1 100 hectares, 60 % de la superficie du territoire communal, les transhumants représentent plus des deux tiers du cheptel estivé alors que les éleveurs locaux se satisfont des pâtures sectionales proches de l'habitat permanent. En définitive, le Cézallier offre l'exemple d'une activité pastorale qui repose essentiellement sur l'ampleur des flux de transhumance à longue distance. La tradition, le vide humain de ces hautes terres et l'orientation de l'élevage autochtone expliquent cette situation de dépendance. Pour l'heure, les « montagnes » du Cézallier ne semblent pas menacées d'abandon. Seuls les flux issus des bas pays laitiers, la Châtaigneraie en particulier, enregistrent un certain affaiblissement , mais cette évolution est largement compensée par la relative stabilité des transhumants du bassin d'Aurillac et surtout la relève spectaculaire qu'assurent les éleveurs du nord de l'Aveyron.

Dans les Monts Dore voisins, la dépendance vis-à-vis de la transhumance est également une constante de la vie pastorale. Toutefois, la stabilité du domaine d'estive apparaît beaucoup plus compromise que dans le Cézallier. Cette fragilité est liée, dans les Dore, aux caractéristiques de l'élevage local, à l'insuffisance, en dépit de ses progrès, de la transhumance ainsi qu'à la pression exercée par le tourisme au cœur d'un massif tombé dans l'orbite de l'agglomération clermontoise. L'absence de grands domaines sur le modèle cantalien a freiné les progrès de l'élevage allaitant et, sur de petites exploitations, l'orientation laitière fondée sur un système relativement intensif demeure prépondérante. Les Monts Dore s'individualisent ainsi au sein d'une montagne pastorale qui se tourne de plus en plus vers les systèmes extensifs. Par ailleurs, le massif est trop éloigné des foyers de transhumance du sud-ouest cantalien et de l'Aubrac alors que les bas pays voisins comme le bassin laitier de Rochefort ne sont guère demandeurs d'estives. Enfin, le tourisme contribue à marginaliser la fonction agricole et concurrence localement par ses emprises l'activité pastorale. Dès lors, la sous-utilisation voire l'abandon des estives peuvent revêtir un caractère marqué, c'est d'ailleurs une constante pour ce massif situé à la limite septentrionale de l'ancien système Salers. Ainsi, dans les Dore comme dans le Cézallier, l'avenir des « montagnes » est largement assujetti au maintien de la transhumance mais les perspectives s'annoncent bien différentes. Les estives des Monts Dore souffrent de leur position marginale par rapport aux grands bassins allaitants alors que les flux issus des élevages laitiers de la périphérie sont extrêmement vulnérables à l'agrandissement des structures et à la peur des risques sanitaires.

Au nord de la montagne volcanique, la chaîne des Puys, où les parcours ne couvrent plus que quelques milliers d'hectares, offre l'image d'une déprise pastorale conduite à son terme. Le milieu est ici tout autre, les cheires et les cônes de scories quaternaires n'ont jamais pu porter que de maigres pâtures en raison de la perméabilité et de la médiocrité des sols. Dès lors, les parcours sont demeurés propriété collective (sectionaux) et dans le cadre d'un système agropastoral paysan, l'usage de la lande commune n'a jamais suscité comme dans les autres massifs, le développement d'un estivage commercial et la venue de transhumants extérieurs. Nous sommes là bien loin de la grande « montagne » des massifs méridionaux et cette pauvre économie fondée sur le seigle et le mouton va décliner dès le XIXe siècle. Aujourd'hui, l'ancien système agropastoral s'est désagrégé et les exploitations restantes orientées vers l'élevage bovin laitier et l'élevage ovin sont impuissantes à tenir les vieilles terres de villages, source de nombreux problèmes et déjà pour l'essentiel revenues à la forêt. La double crise du système agropastoral et de la vie rurale subjuguée peu à peu par les influences urbaines et touristiques a brisé les vieux cadres collectifs. Les pentes et les sommets se couvrent de taillis et à leurs pieds les « plaines » pâturées, rares espaces demeurés ouverts, indispensables aux activités de loisirs, se rétrécissent comme peau de chagrin. Soucieux des risques que fait courir cet abandon rapide du territoire pastoral aux formes volcaniques de la chaîne des Puys, le parc des Volcans a entrepris depuis une quinzaine d'années, un programme d'aménagement des sectionaux et de création de nouvelles formules collectives. L'objectif est de sauvegarder le paysage, de concilier les différentes activités et de permettre à une agriculture, victime en zone périurbaine du blocage foncier, de mobiliser les surfaces nécessaires à son développement. La préservation des dernières estives, guère plus de cinq mille hectares, ne peut plus s'envisager désormais qu'au travers du soutien apporté par le parc aux groupements pastoraux qui tentent de rénover les anciennes formules d'exploitation en commun.

En définitive, le choc, causé sur les hautes terres par la disparition des formules traditionnelles, a pu être surmonté, la fonction des pâturages d'altitude s'est modifiée, de nouveaux systèmes d'élevage ont assuré la relève des anciens modèles pastoraux et permis de sauvegarder, à l'exception des Dômes, l'essentiel des estives. Les facteurs naturels ont sans doute constitué un atout important (marginalité géographique relative, contraintes physiques limitées, richesse des pelouses), mais non décisif pour autant. C'est davantage dans le maintien d'une fonction agricole prépondérante qu'il faut chercher la clé de la vitalité de l'estivage dans les massifs volcaniques. De plus, cette exclusivité agricole n'est pas le propre des hautes terres mais intéresse tout autant les bas pays voisins qui, de ce fait, jouent également un grand rôle, dans l'occupation du domaine pastoral.

La place des troupeaux du bassin d'Aurillac, de l'Aveyron n'a cessé de s'accroître. La montagne à vaches s'intègre dans un ensemble plus vaste où l'élevage est encore suffisamment présent pour trouver à travers l'estive un complément utile, parfois même indispensable aux ressources fourragères de l'étage agricole. Peu sollicité par d'autres activités, la montagne volcanique s'est trouvée, finalement par défaut, dans l'obligation d'assurer la continuité de la fonction agricole seule porteuse d'avenir.

La permanence de l'activité pastorale n'est toutefois pas assurée. L'étude régionale révèle des tendances contraires et, localement, la pratique de l'estive rencontre des difficultés nouvelles. Paradoxalement, les hautes terres trouvent les raisons d'une nouvelle fragilité, dans les facteurs mêmes du maintien de la vie pastorale. La fréquentation des transhumants n'est pas partout également assurée, mais surtout, en l'absence d'une réelle valorisation de ses aptitudes touristiques, le destin de la montagne volcanique demeure intimement lié à la capacité de son agriculture d'assurer l'existence de la société montagnarde. Or, en dépit de tendances favorables, la fonction agricole ne parvient pas à freiner la dégradation du tissu humain. Sans l'apport d'activités nouvelles et de sang neuf, ce recul prend aujourd'hui des proportions alarmantes. L'occupation des estives ne peut être assurée qu'au sein d'une montagne vivante, la préservation du paysage pastoral passant avant tout par celle des hommes.

A l'heure où une crise d'une ampleur sans précédent semble s'annonce, l'importance de l'enjeu implique que l'on se penche sur la recherche de solutions nouvelles. En fait , dans la tradition ou le développement agricole récent, elles existent déjà mais leur mise en œuvre demeure ponctuelle. Puisant aux sources du passé, la restauration de l'image de marque des produits fermiers peut devenir le gage de survie de certaines exploitations et constituer une passerelle indispensable à une meilleure intégration de l'agriculture et du tourisme. La diversification des produits de l'élevage allaitant peut assurer le renouvellement d'un grand nombre d'exploitations et atténuer la dépendance des hautes terres devenues de simples bassins de collecte. La voie suivie sur l'Aubrac est applicable en d'autres lieux mais nécessite des appuis, une volonté, qui font trop souvent défaut. Enfin, la reconnaissance du rôle de l'estive dans l'évolution des paysages implique des aides plus directes susceptibles d'initier de nouvelles dynamiques.

Bibliographie

BORDESSOULE E., 1994, *Les montagnes du Massif central, espaces pastoraux et transformation du milieu rural dans les monts d'Auvergne*, Thèse de doctorat, Clermont-Ferrand, CERAMAC, Université Blaise Pascal, 362 p.

BORDESSOULE E., MIGNON C., « Les estives dans les montagnes françaises : situations et perspectives », 3e colloque franco-polonais, Cracovie, in *Milieu naturel et activités socio-économiques dans les montagnes Carpates - Massif central*, Université Jagelonne, Cracovie, *Prace Geograficzne Zeszyt*, 1999, 99, pp. 77-85.

MIGNON C., 1997. « Le rôle de l'agriculture dans les moyennes françaises », 5e colloque franco-polonais, *Gestion des espaces en moyenne montagne*, Clermont-Cracovie, CERAMAC 9, pp. 11-26.

RICARD D., 1994, *Les montagnes fromagères en France*, Terroirs, agriculture de qualité et appellations d'origine, CERAMAC 6, Université Blaise Pascal, Clermont-Ferrand, 496 p.

RIEUTORT L., 1995, *L'élevage ovin en France, Espaces fragiles et dynamique des systèmes agricoles*, CERAMAC 7, Université Blaise Pascal, Clermont-Ferrand, 512 p.

QUELLES PERSPECTIVES
POUR L'ESPACE AGRICOLE ?

C. MIGNON
CERAMAC, Université Blaise Pascal, Clermont-Ferrand

Etablies à partir de l'examen des situations actuelles et de l'observation des comportements au cours des dernières années, les conclusions ci-dessus peuvent-elles éclairer l'avenir et servir de base à une vision prospective quant aux évolutions futures des espaces agricoles du Massif central ? Les difficultés d'un pronostic, son caractère hasardeux, n'échapperont à personne, même si quelques probabilités - incertaines au demeurant - peuvent être formulées... avec la plus grande prudence.

A - Les obstacles à une analyse prospective raisonnablement fiable sont, en la matière, particulièrement redoutables. On les évoquera d'abord à partir de trois remarques.

1 - Il convient, en premier lieu, de rappeler **le caractère éminemment incertain de toute projection linéaire** de la situation présente vers l'avenir. Sans doute les « tendances lourdes » d'aujourd'hui risquent-elles de peser encore lourdement et prédéfinissent les contours d'un futur proche : les faiblesses humaines, la médiocre intensité de l'élevage du Massif central, etc., ne changeront probablement pas de façon radicale au cours des prochaines années. Fort de cette assurance, il serait alors tentant de se borner à prolonger les données essentielles d'aujourd'hui pour définir un court ou moyen terme probable. Ce serait pourtant négliger gravement les aléas de l'histoire, souvent imprévisibles et, à l'expérience, souvent décisifs, qui révèlent que les évolutions obéissent moins à une règle linéaire qu'elles ne procèdent d'une suite de crises ou de ruptures alternant avec des phases de rémission plus ou moins durables. Or, ces ruptures et les inversions de tendances qui les accompagnent apparaissent de plus en plus fréquentes dans l'histoire récente des campagnes du Massif central. Il suffit de se rappeler l'épisode des années 1970, puis celui des années 1990... Qui aurait admis, il y a une dizaine d'années, une possible rémission et *a fortiori* un renouveau agricole pour le plateau de Millevache dont l'amélioration récente déjoue pourtant les pronostics ? Qui pourrait parier, aujourd'hui, sur un prolongement durable de ces bonnes dispositions ?

2 - Or, le caractère généralement aléatoire de toute projection linéaire est, de plus, gravement exagéré par **l'extrême complexité des phénomènes qui régissent l'évolution des territoires agricoles.** On se bornera, sur ce point, à rappeler deux séries de faits fréquemment constatés :

◊ la grande variabilité spatiale des tendances observées sur des sites voisins et apparemment comparables. D'une commune à l'autre, les tendances peuvent s'avérer contraires - enfrichement ici, défrichement ailleurs - sans raisons clairement évidentes. Les pronostics trop confiants paraissent ainsi d'autant plus fragiles... ;

◊ la réversibilité à courte échéance du phénomène d'enfrichement ou de défrichement ajoute encore aux difficultés. La même parcelle, modérément embroussaillée au départ, peut tout aussi bien être remise en état ou à l'inverse totalement abandonnée en quelques années.

Miser sur le prolongement durable de l'état présent relève donc du pari le plus hasardeux lorsque la multiplicité des facteurs agissants ne peut être véritablement maîtrisée... Or, trop d'inconnues essentielles pour l'avenir demeurent insaisissables.

3 - Le poids considérable de quelques inconnues majeures oppose finalement une limite essentielle à un raisonnement prospectif. Sur deux registres au moins, des données déterminantes pour l'avenir de l'agriculture et des territoires qu'elle utilise nous font entièrement défaut.

• **Des facteurs exogènes** peuvent ainsi modifier radicalement les perspectives. On pense inévitablement aux **orientations politiques futures**, largement indifférentes aux logiques locales et qui restent imprévisibles. Ainsi, les choix de la **politique européenne** influeront directement, par le biais des aides à l'élevage extensif, sur le devenir agricole du Massif central. L'éventualité d'une crise en ce domaine ne peut être écartée…

De même, on ne saurait envisager les effets d'une modification de **politique fiscale**, notamment par la voie d'une réforme de l'imposition sur le foncier non bâti qui pourrait transformer profondément les rapports de l'agriculteur à la terre…

• **Des facteurs locaux**, non moins déterminants, sont tout aussi impossibles à préciser.

Au premier chef, le comportement futur des entrepreneurs forestiers plus ou moins actifs en matière de reboisement influera sur l'évolution du territoire agricole.

Plus généralement, la rationalité ou l'irrationalité des comportements des agriculteurs reste imprévisible. Ici et là, les conflits privés entre individus ou familles perturbent parfois gravement la logique foncière. Phénomènes anecdotiques lorsqu'il s'agit de différends isolés au sein d'une collectivité nombreuse, ceux-ci peuvent devenir déterminants lorsque la collectivité locale se trouve aujourd'hui réduite à quelques agriculteurs.

En définitive, les bases d'une réflexion prospective s'avèrent particulièrement fragiles et engagent à la plus extrême prudence. Pour autant, il paraît difficile d'éluder la question alors que des territoires fort étendus portent le risque de s'enfricher à brève ou moyenne échéance. Doit-on apprécier la présence des broussailles comme un état d'équilibre durable et sans grand danger pour l'avenir lorsque l'espace dégradé reste intégré à l'exploitation agricole, ou bien comme un stade provisoire vers un enfrichement complet ?

B - La méthode la moins sujette à caution nous paraît être finalement le recours à **l'appréciation constatée et prévisible des mouvements du marché foncier**. En confrontant les besoins de terre manifestés par les exploitants et l'offre prévisible de foncier utilisable, elle semble devoir exprimer les tendances réelles de l'espace agricole. Sans doute, compte tenu des réserves émises plus haut, s'agit-il d'une approximation, mais d'une approximation relativement fiable, du moins tant que d'éventuels changements politiques ne viennent pas modifier les données du problème.

L'estimation des besoins de terre dans un secteur géographique réduit (canton, commune) peut se fonder à la fois sur l'analyse des mouvements fonciers enregistrés au cours des dernières années (SAFER) et sur les perspectives d'agrandissement envisagées par les agriculteurs eux-mêmes. Elle permet de définir une situation de forte demande (« faim de terre ») ou, à l'inverse, une absence de besoins sensibles. A l'expérience, l'importance de la demande s'avère sans rapport avec l'insuffisance apparente des structures initiales. Ainsi, les petits exploitants du Livradois-Forez ne manifestent aucun souci d'agrandissement, alors que leurs collègues de l'Aubrac et du haut Limousin, déjà installés sur de vastes domaines, expriment toujours des besoins soutenus en nouvelles terres.

La demande foncière doit alors être confrontée à l'**offre prévisible de terres libérables et utilisables** dans le contexte de l'agriculture locale. L'enquête auprès des exploitants en activité permet assez facilement d'approcher le volume des terres libérables à proche ou moyen terme : l'âge des chefs d'exploitation, l'existence ou non d'un successeur connu, la nature même de l'exploitation, viable ou marginale, constituent autant de données qui autorisent à dresser au niveau communal un état assez précis des fermes en cessation d'activité qui seront reprises et de celles qui, au contraire, libéreront des terres qui seront pour partie réaffectées à l'agrandissement des exploitations restantes.

C'est alors qu'intervient la qualité des terres offertes à la reprise, les meilleures présentant de fortes chances de réaffectation rapide, celles qui par contre sont frappées de handicaps (médiocre valeur agronomique, accès difficile, exiguïté parcellaire) risquant davantage de tomber en déshérence. L'enquête parcellaire réalisée dans les communes étudiées (voir plus haut) offre la possibilité d'établir un « indice de handicap » susceptible de situer les chances de réaffectation des terres concernées. On sait, par exemple, qu'à Pigerolles (plateau de Millevaches), 6 % seulement des parcelles actuellement exploitées sont frappés de handicaps contraignants alors même que parmi les surfaces pour l'heure inexploitées, 33 % sont très faiblement handicapées et susceptibles de réutilisation en cas de besoin. Dans ce cas, le risque d'abandon territorial, dans l'hypothèse de cessations d'activités, est donc qualitativement limité.

Au total, le bilan demande-offre de terre apparaît suffisamment contrasté pour suggérer la distinction de trois types de situations correspondant grossièrement à trois ensembles géographiques.

1 - La terre vacante et délaissée, telle est la perspective qui semble s'imposer à terme pour la plus grande partie des bordures orientales du Massif, depuis le Forez ou le haut Beaujolais jusqu'aux Causses et aux Cévennes.

Compte tenu de l'âge des exploitants actuels et de la rareté des repreneurs potentiels, mais aussi des difficultés de l'exploitation, la libération des terres devrait être massive. Ainsi, à Bassurels, dans les Cévennes, les quatre cinquièmes des exploitations d'aujourd'hui cesseront leur activité au cours de la décennie.

La demande est, par contre, insignifiante, faute de perspectives économiques intéressantes. Dans les montagnes du Nord-Est, les agriculteurs d'aujourd'hui, pourtant à l'étroit sur des exploitations notoirement insuffisantes, n'envisagent aucun agrandissement. A l'inverse, l'avenir des très vastes unités pastorales cévenoles, voire caussenardes, repose sur la seule demande extérieure, fort aléatoire, d'éventuels transhumants...

2 - La terre rare et disputée : la formule paraît caractériser, au contraire, tout un ensemble de territoires surtout localisés à l'ouest du Massif et où l'on retrouve l'Aubrac comme le haut Limousin, mais aussi - à l'est - les monts du Lyonnais. Le groupe rassemble des systèmes de foyers laitiers intensifs (Lyonnais) ou d'élevage-viande extensif (Aubrac), et des systèmes longtemps jugés précaires, partiellement enfrichés, mais qui paraissent stabilisés (haut Limousin). Tous ont en commun de présenter à la fois :

◊ une véritable « faim de terre », un souci aigu d'agrandissement qui se traduit par une vive concurrence pour le contrôle des terres vacantes et par la prospection courante de nouveaux espaces hors de la commune d'origine ;

◊ une évidente faiblesse de l'offre foncière liée à la jeunesse des chefs d'exploitation, à la solidité économique de ces dernières et, dans le cas du système intensif beaujolais, à la pression du nombre.

3 - Les cas intermédiaires, plus incertains, sont nombreux. Les parties les moins élevées de la Montagne bourbonnaise ou de la Margeride pourraient illustrer ce cas de figure.

La demande existe, de la part des exploitations les plus dynamiques. L'offre est notable, parfois abondante, mais de qualité très inégale. Aussi la reprise pourrait, à l'avenir, se montrer très sélective. Dans cette perspective de forte sensibilité à la qualité de l'offre (valeur agronomique, dimension du parcellaire, éloignement), une déperdition plus ou moins importante est probable. C'est également dans ce cas qu'une réorientation des politiques actuelles d'aide à l'élevage pourrait être le plus fortement ressentie.

C - Comme on a dit plus haut, le raisonnement ci-dessus ne tient pas compte d'éventuelles variations des mesures d'aide aux agriculteurs actuellement en vigueur. C'est là, sans aucun doute, son défaut principal qui rend particulièrement incertaines les prévisions envisagées. En effet, le prochain élargissement de la CEE risque de modifier sensiblement les mesures de la PAC dans le sens d'une réduction des taux de subventions aux éleveurs (élevage allaitant extensif, mesures agri-environnementales) et d'entraîner ainsi de profondes conséquences sur les comportements futurs de ces derniers, engagés dans la voie de l'extensification et dont une large fraction des ressources provient désormais des aides publiques. Le seul recours, en l'absence de possibilité d'appréciation réelle de telles évolutions, consiste à imaginer des hypothèses opposées aboutissant, en matière d'entretien du territoire agricole, à des scenarii divergents.

1 - L'hypothèse la plus défavorable, celle d'une diminution importante des primes actuelles, amènerait très probablement à une crise sensible des systèmes extensifs d'élevage-viande qui ont aujourd'hui la faveur d'une majorité croissante d'agriculteurs en moyenne montagne.

Une partie des exploitations actuelles pourrait en faire les frais et disparaître, tandis que les agriculteurs restants devraient logiquement se réorienter vers des formules plus intensives. L'occupation de l'espace s'en trouverait sans doute singulièrement transformée :

◊ un noyau d'herbages soignés, bien entretenus, servirait de base à l'élevage amélioré survivant, noyau d'étendue restreinte à la mesure du nombre plus ou moins important d'exploitations encore en activité ;

◊ un large espace périphérique libéré par les exploitations disparues et sans grand intérêt pour les éleveurs actifs, serait alors inexploité et livré à l'enfrichement.

On aboutirait ainsi à une forte contraction du territoire agricole en même temps qu'à un paysage « heurté » juxtaposant sans transition, par contact frontal, îlots d'espaces herbagers et étendues totalement embroussaillées (ou reboisées dans le cas d'une reprise sensible de la dynamique forestière).

Ces « paysages forestiers » ou « enfrichés » en grandes masses continues existent déjà ici et là sur les franges orientales du Massif central, ou en bordure de la Montagne limousine. Ils pourraient alors s'étendre considérablement. Il est improbable toutefois qu'une telle évolution se réalise à court terme. Mais l'éventualité ne peut en être écartée à plus longue échéance.

2 - Une hypothèse inverse, qui tablerait sur le maintien à leur niveau actuel des aides à l'extensification, confortée par l'affirmation du souci environnemental visant à la défense des territoires « ouverts » (cf. les CTE), favoriserait sans doute des évolutions très différentes.

Le mouvement de concentration foncière autour d'exploitations encore agrandies pourrait alors se poursuivre dans le cadre d'un élevage extensifié orienté vers des produits de « qualité » voire « naturels ».

L'espace agricole intégrerait alors de grands espaces de parcours admettant partiellement la friche mais suffisamment entretenus et pacagés pour la contenir. **Un paysage d'embroussaillement diffus, de friches claires régulièrement exploitées,** pourrait alors s'étendre sur une grande partie de l'espace. On rejoindrait ainsi le modèle d'occupation du territoire décrit en haut Limousin, autour de Gentioux, avec cependant le risque de dérive d'une extensification exagérée du type caussenard.

Il reste qu'une généralisation de l'un ou l'autre scenario et l'uniformisation des paysages agricoles sur l'ensemble du Massif semble difficilement envisageable, au moins à brève échéance. Quelles que soient les orientations des nouvelles politiques, il est plus vraisemblable que la réalité du terrain, adaptée à des conditions locales très variées, se situera plutôt sous des formes nuancées, entre les extrêmes des cas d'école théoriques.

Table des matières

Introduction   5

**LES CAUSES FONDAMENTALES D'UN INÉGAL
DÉVELOPPEMENT DE LA FRICHE**   7
• La friche dans le Massif central - Du constat à l'essai explicatif
J.P. DIRY, C. MIGNON   9
• Friches et systèmes agricoles dans le Massif central : essai
sur les variations historico-géographiques - L. RIEUTORT   67

ÉTUDE DE CAS   95
• Friche et enfrichement dans le Massif central - Le cas de
la partie orientale du Massif - L. MONTMAIN, D. RICARD   97
• La déprise agricole en Montagne bourbonnaise - L'exemple
de la commune de Saint-Clément - J.L. ETIEN   109
• Canton de Gentioux-Pigerolles - A. TEUMA, C. MIGNON   137
• Déprise et gestion de l'espace par les agriculteurs - Le cas
de la commune de Cros (Artense) - J.M. PIVOT   161
• Embroussaillement et friches en Causses et Cévennes -
Les exemples de Bassurels et de Veyreau - J. WIART, J.P. DIRY   191

FRICHES ET TERRITOIRES   215
• Friches et enfrichements en Auvergne : l'apport des données
statistiques à une première approche du problème
A. GUÉRINGER   217
• Friches et sectionaux - P. COUTURIER   237
• Friches et estives - E. BORDESSOULE   249

Quelles perspectives pour l'espace agricole ? C. MIGNON   269

Achevé d'imprimer en novembre 2000

Imprimerie BARNÉOUD
BP 44
53960 BONCHAMP-LES-LAVAL

Maquette couverture : LIMEN-TAKIS
Dépôt légal : 3e trimestre 2000

Achevé d'imprimer sur les presses de l'Imprimerie BARNÉOUD
B.P. 44 - 53960 BONCHAMP-LÈS-LAVAL
Dépôt légal : décembre 2000 – N° d'imprimeur : 12316